August Scholtis:
Ostwind
Ein schlesischer Schelmenroman

Mit einem Nachwort von Horst Bienek



Deutscher
Taschenbuch
Verlag

dtv

Ungekürzte Ausgabe
April 1986
Deutscher Taschenbuch Verlag GmbH & Co. KG, München

Umschlaggestaltung: Celestino Piatti
Gesamtherstellung: C. H. Beck'sche Buchdruckerei, Nördlingen
Printed in Germany · ISBN 3-423-10554-2

## Das Buch

Schlesien nach dem Ersten Weltkrieg. Die Grenze zwischen Deutschland und Polen soll neu festgelegt, die Zuteilung Oberschlesiens durch eine Volksabstimmung entschieden werden. Es kommt zu blutigen Aufständen. Und mitten in diesen Geschehnissen findet sich – unfreiwillig – Kaschpar Theophil Kaczmarek, eine eulenspiegelähnliche Figur, ständig gebeutelt, aber schlau, gewitzt und ohne Respekt vor der Obrigkeit. »Der eminent politische Roman«, schreibt Jürgen Eyssen in der ›Frankfurter Allgemeinen Zeitung‹, »erzählt vom Leben und Leiden des kleinen Mannes in Oberschlesien, der polnisch sprach und preußisch fühlte, der zur Schwarzen Madonna von Czenstochau wallfahrtete und dem deutschen Kaiser gehorchte. Kaczmarek wird zur Symbolfigur seiner Heimat, die nach dem Ersten Weltkrieg zwischen die Mühlsteine der großen Politik und der internationalen Wirtschaftsinteressen geriet ... Fürwahr, eine literarische Wiederentdeckung!«

## Der Autor

August Scholtis wurde am 7. August 1901 in Bolatitz/Oberschlesien als Sohn eines Häuslers und Musikanten geboren. Er wurde zunächst Maurer, dann durch Zufall Schreiber in der Privatkanzlei des Fürsten Lichnowsky. Später arbeitete er in Güterverwaltungen, Banken und Behörden und schließlich, nach einigen Jahren Arbeitslosigkeit, als Schriftsteller und Journalist in Berlin. Scholtis starb am 26. April 1969 in Berlin. Werke u. a.: ›Nachruf‹ (1927), ›Baba und ihre Kinder‹ (1934), ›Jas, der Flieger‹ (1935), ›Das Eisenwerk‹ (1939), ›Die Zauberkrücke‹ (1948), ›Ein Herr aus Bolatitz‹ (1959).

Erstausgabe 1932, mit dem Buchumschlag von Hans Alexander Müller

Motto: Mein Herz ist zu groß für ein Vaterland und zu klein für zwei.

*René Schickele*

## Simson borgt sich einen Esel

Eines schönen Frühlingstags bist du bei mir eingekehrt und sprachst: Borge mir einen Esel.

Ich erwiderte: Hier hast du ihn bis zur Sonnenwende.

Du nahmst den Esel sogleich am Strick mit dir. Es war mein schönster Esel, wenn auch nicht gerade der klügste.

Na ... ich redete nicht weiter davon.

Nun aber höre ich, mein Esel ist tot. Du, Simson ... erschlugst mit diesem lebendigen Esel tausend Philister, weil du Feinde hast.

Simson! ...

Ich kenne die Philister zum mindesten ebensogut wie du und begreife nicht, daß das deine Feinde sind.

Mein Esel ist aber tot ...

... Reiße dir dein rechtes Bein vom Rumpf ... Simson ... und töte damit deine Feinde, wenn die Philister deine Feinde sind.

Aber mit meinem lebendigen, sehr schönen, wenn auch nicht gerade klügsten Esel ... tötest du Philister, die deine größten Feinde sind?

Mit geborgten Eseln willst du dein Vaterland retten und vor Gott aufrecht stehen, Simson?

... Ich verzeihe dir, Simson ... weil ich ein Christ sein will und weil der Esel im Himmel ist.

Dein Vaterland aber will ich fortan nicht mehr betreten, Simson. Ich habe keine Feinde.

Das schwöre ich dir bei meinem rechten Bein. Ich reiße es von meinem Rumpf für dich.

Da hast du es.

## Geburt eines Narren

Emilia, von den Kundigen Milka Balzerova genannt, Landstreicherin im Namen der allerheiligsten Jungfrau Maria von Czenstochau: Dreckig. Speckig. Klein von Wuchs. Gedrungen von Gestalt. Gedunsen von Gesicht. Weichselzöpfig. Krätzig zwischen den Fingern. Tochter des längst in Gott abgetretenen totgeprügelten Leibeigenen, Freiheitskriegers und Ackerknechtes zunamens Balzer, brach alljährlich entschlossen, einsam und allein gen Czenstochau auf, dem berühmten Wallfahrtsort im Russisch-Polnischen, um dort der schwarzen, wundertätigen lieben Frau zu danken, für abgewendete Epilepsie, etwelche ihr ungarische Honvedhusaren 1866 mutig tapfer und fürs Vaterland, unweit Ratibor, nahe dem Österreichischen, in den dreckigen Leib gehauen. Pünktlich, der Morgensonne nachgeübt, ging Milka los. An jenem bestimmten unverrückbaren Maientag, allwo die Sonne aus den Waldwipfeln stieg, um zugleich zwischen dem linken Kreuzflügel des marmornen, bombastischen Grabdenkmals: »Derer von Moto Homo ...«, ein wenig vielsagend ... zu rollen. Alsdann und zur Mittagszeit hoch und immer höher schraubend, nach ewigen Gesetzen. Prall und vertikal in die Jauchegrube sengend. Die Jauchegrube, deren etliche Quellen um, in und auf den Schweinestall des Bauern Jeremiasch Kukla sickerten, wo Milka zu kampieren beliebte. Ungestört seit vielen Jahren. Bereichert im Überfluß von den Düften (auch noch) aus der engnachbarlichen, protzigen Domäne der obig benamsten und selbigen »Edlen und preußischen Junker Udo Toto von Moto Homo, residierend in Gerechtigkeit auf Kosbuchna« im Oberschlesischen, unweit Pleß, einer kleinen schmutzigen Stadt, von den Bauern genannt Pschczynna, was heißt etwa soviel denn »Null Komma nischt«.

Klöße in schlumpigen Taschen. Läuse in weichsligen Zöpfen. Flöhe auf knorpliger Haut. Krätze zwischen knolligen Fingern. Gebete im verschütteten Herzen. Bestellungen der unabkömmlichen Bäuerinnen im schmalzigen Gehirn. Ein kleines Weihwasserfässel auf verhutzeltem Buckel. Rosenkranzklirrend. So zog Milka ihres sakralen Weges. Nördlich gen Pleß. Immerfort und weiter gen Sackowitz. Weiter, weiter gen Tarnowitz. Durch Feld und Wald, durch Sumpf und Moor.

Zwanzig Tage und noch mehr Nächte regnete der Himmel auf die Pilgerin. Bockte die Sonne diesen lebendigen Bolzen, abgeschossen gen Czenstochau. Mit wabbelndem Munde betend. Mit krätzigen Fingern den Rosenkranz abkullernd. Fromme Lieder krächzend zur Tageszeit. In Bauernkaten schmatzend zur Mittagszeit. Im Walde schnarchend zur Nachtzeit.

Zwanzig weitere Tage rutschend über unzählige Treppen, Fliesen und Terrassen zur Gnadenkirche. Mit dem Munde betend. Mit dem Herzen sehnend. Rosenkranz kullernd. Zerschluchzt. Zerknirscht.

Und seit Ewigkeiten seelisch zertreten. So wie nun solches geschehen in Überfülle, wie alle Jahre zwanzig Tage und noch mehr Nächte, füllte Milka das zierliche Fässel mit geweihtem Wasser (diesem wichtigen Konsum für oberschlesische Bäuerinnen). Zahlte ehrlich und brav so manchen Obolus aus frommer Hand, in erwartungsvoll klingende Kisten und Kasten. Bestellte Messen im Auftrage der Bäuerinnen und zog wieder von dannen: Dreckig. Speckig. Weichselzöpfig. Hungrig und in Gott Christum, nebst seinen Heiligen, südwestwärts gen Tarnowitz. Gen Sackowitz. Gen Kattowitz, Pleß und heim nach Kosbuchna. Schlipschlap.

Unweit Kosbuchna im Walde vernahm Milka erschrocken inmitten des dahinquellenden, dahinbrodelnden, dahinmurmelnden, schmerzreichen Rosenkranzes schlürfende Schritte hinter sich, im Takte der eigenen Schenkel.

»Schlipschlap.«

Es wurde überheiß ihr Leib. Die Krätze juckte die Finger noch mehr, und die Läuse bissen lustiger denn so.

»Schlipschlap.«

»Glucks ...«, machte das Weihwasser im Fässel.

Milka beschleunigte darob ihren Gang.

Zur Unendlichkeit wuchs der Wald in die Unheimlichkeit. Glucks ...

Schlipschlap. Schlipschlap.

»Bummbummbumm ...«, sagte noch das verschüttete Herz, und die wurmstichige Seele knarrte irgendwo als Föhre im Walde, daß es tönte gleich dem Tor der Hölle. Bummbummbumm.

Milka wurde noch schneller.

Ebenso der Verfolger.

Schlipschlap.

Ein Vogel der Nacht brauste mit Heidenradau in die Büsche.

»Ooooo ... Milka ... Milka ... armes Menschlein. Du gehst einen schweren Gang ...«

»Schlipschlap.«

Bumm. Bumm. Bumm.

Starr und ohnmächtig, rückwärts zu schauen, blieb Milka stehen. Ein Bock bebrüllte die Stille. Träge. Vollgefressen und verspätet. Und ein Zweig beknackte die Stille, weil ein Wurm ihn fressen wollte.

Und die Föhre knarrte.

Da schrie Milka auf, verlassen und einsam. Rast urplötzlich des Weges von dannen gen Kosbuchna.

»Schlipschlap«, auch der Verfolger.

Irgendwo weit schrie nun der Vogel. Brüllte der Bock. Das geweihte Wasser aber machte »glucks ...«

Milka lief eine Ewigkeit. Zwei Ewigkeiten. Drei. Fünf. Neun. Elf Ewigkeiten lief sie und noch eine.

Schlipschlap ...

Bis der Wald inmitten morgendlicher Erntepuppen verquoll, ein Ende nahm, eine ächzende Entlastung für Milkas aufgescheuchte Plagegeister genehmigte, und sie, von allen Kräften aufgegeben, stolperte, die Straße entlang aufschlug, rutschte. Ein Bolzen, geschossen aus Czenstochau gen Kosbuchna hin durch die oberschlesischen Bannwälder. Aus der Bahn geschleudert an den Grabenrand. Zitternd. Wimmernd. Winselnd. Einer Hindin gleich, ein Knäblein gebärend, auf Gemarkung des »Allseitigen, Allmächtigen, Edlen und preußischen Junker Udo Toto von Moto Homo«, residierend in Gerechtigkeit auf Kosbuchna unweit Pleß, einer schmutzigen Stadt, von den Bauern genannt Pschczynna, was da heißt soviel denn »Null Komma nischt«.

Da nun das Schlipschlapgespenst schweigsam in Milkas Schenkel gekrochen, auszuruhen vom geilen Aufschlagen, starb Milka, Emilia Balzer, Milka Balzerova, krätzige Tochter des Leibeigenen, Freiheitskriegers von Dreizehn-Vierzehn, des totgeprügelten, sogenannten Ackerknechtes zunamens Balzer.

Und sie begruben sie ohne Pose und Tamtam.

Und das Korn wuchs aus ihrem Leib. Fett und schwer und naturgemäß für den Edlen nebst preußischen Junker Udo Toto von Moto Homo, gerecht und residierend auf Kosbuchna und so weiter und so weiter.

Das Knäblein aber, das da hervorgekrochen aus Milkas Samen zur mächtigen Stunde des unseligen Schlipschlap, schenkten sie keinem Geringeren denn dem Bauern Jeremiasch Kukla.

Und sie nannten es »Kaczmarek«.

»Kaschpar Theophil Kaczmarek.«

»Kaschparek« statt Kaschpar die Nachbarn. »Thyll« statt Theophil das Dorf.

Kaczmarek, wie ja allbekannt die Preußen und ihre umliegenden Randstaaten. Auszulöschen und wieder einzuimpfen seine traurige Erinnerung.

Schlipschlap.

Und die Sonne prallte in die Jauchegrube.

## Die Besitzlosen

Der Leiermann Sefflik Pitulla war natürlich auch ein Deutscher.

Das ist eine sehr ernste Feststellung.

Außerdem konnte Sefflik weder lesen noch schreiben. Trotzdem aber hat er seine Pflicht getan, was man von allen Menschen nicht so restlos behaupten kann.

Preußen indessen kann sich über Sefflik nicht beklagen: Sefflik war ein Held (und Gott gebe ihm die ewige Ruhe).

»Wie geht's Sefflik?«

»Na ... auf ein' ... weil und da chap ich ja nur ein.«

»Will denn das andere nicht wachsen?«

»A bah ... scheiß drauf ...«, erwiderte Sefflik: »wenn nich is, da is ebent niech.«

Sefflik hob die Hand zur Mütze. Aber der gütige, sorgvolle Nachfrager war nur gütig und sorgvoll geblieben und ging weiter, ohne ein Almosen zu spenden.

Sefflik nun schob die Leierkarrete unter der Eisenbahnunterführung, die aus der Zaborzer Grubenlandschaft in die Stadt Beuthen hineinführt, fort und fort. Die Bahnhofstraße lang. Fluchend. Destillenwitternd: »Mallöör Prdon Sedan Molke Bismarck Paris Hurra Hei ruck ruck zuck Pieruna ...«

»Na, Sefflik ..., Jakusch?«

»A bah ... jakusch ... immer, a do diabla jukasch«, fluchte Sefflik und musterte frechen, mißtrauischen Blicks den Frager. Trumpfte gereimt und fest geleimt: »Jednemu Kuba drugemu Matusch.

Da chastu Jakusch.«

»War ja nicht so schlimm gemeint, Sefflik ...«, setzte Woicech hinzu.

Woicech, ein eleganter junger Mann: »Da – Sefflik. Hier hast du eine Zigarre. Aber Disziplin! Disziplin, Sefflik! Geraucht wird mit Disziplin, so wie bei den Preußen!«

Sefflik staunte das überraschende Geschenk an, roch daran mit Kennermiene und strahlenden Auges. Nun überkugelten sich seine Dankesworte, überbrodelten und überspritzten den Spender: »Zu Befell, Panie Kollegga auch Schuster! Zu Befell. Jaja ... ten Disziplin. Das war wer. Jaja. Un is imer gekoomen angeriten auf dem Ferde. Allonsch allonsch.«

»Schon gut, Dobre Dobre, Sefflik ...«, beschwichtigte Woicech, und Sefflik küßte ihm die Hand: »Abber Pieruna, wie spet da chastu kannstu mir noch saggen, weil un da muß ich ja noch feste leiern, weiste.«

Nun also schob er weiter.

Die Kinderkarrete, darauf der Leierkasten. Vor sich die schmalelegante Bahnhofstraße Beuthens in Oberschlesien. Gestopft mit Menschenmassen.

»Allonsch Allonsch. A bah ... Jednemu Kuba drugemu Matusch. Sedan. Pieruna hei ruck zuck. Pieruna.«

Ein Hoftor reizte ihn.

Einbiegen, Sefflik! Feste einbiegen! Pieruna bei Gleiwitz: Dideldumdei. Dideldumdei. Plumplumplum. Plimplimplim.

»Serdecna Matko Krista Spasitela.« Plomplomplom. Plemplemplem. Dideldumdei.

»Jesce Polska nie sginela.« Plaumplaumplaum.

»Komm, Heilger Geist, kehr bei uns ein.« Knetknetknet. Plamplamplam ...

... Allerlei den Hakatisten entgangene Reminiszenzen oberschlesischer Urwüchsigkeit rankten sich die kahlen Hofwände steil.

»Noch ist Polen nicht verloren.« Plemplemplem. Knetknetknet.

Sefflik grinste die steilen Wände hoch und spuckte unwillig auf sein Holzbein.

Plemplemplem. Knetknetknet.

Sefflik stapfte sein Holzbein ungeduldig auf die Erde:

»Da is sich niemand da ... he he heee ... veee ... fluuucht ...?«

Sein Auge suchte die Fensterreihen ab. Kein »Besboschnik« zeigte sich.

Kein Gottloser.

Plemplemplem. Knetknetknet. Hahaha. Plimplimplim.

»Noch ist Polen nicht verloren.«

Knetknetknet.

Der Leierkasten fluchte quietschvergnügt auf seine Art, und Sefflik trommelte mit seinem Holzbein den Parademarsch.

Plemplemplem. Knetknetknet.

»Komm, Heilger Geist, kehr bei uns ein.« Plimplimplim. Dideldúuu ...

Es öffnete sich hastig ein Fenster im dritten Stock. Eine Münze flatterte herunter, indes das Fenster barsch zukrachte.

»Na – da chaste ja gechapt vil Glick, Sefflik, Pieruna bei Gleiwitz.

Da chaste ja gechapt ginstigg.«

Sefflik grunzte, bückte sich nach der Münze. Es war ein Reichspfennig.

Ein deutscher Reichspfennig.

Sefflik musterte ihn, schmiß ihn auf den Boden und zog mit seinem Holzbein geheimnisvolle Kreise um ihn, spie aus, murmelte etwas und fluchte darauf. Fluchte französisch, deutsch und polnisch, hob das Holzbein in die Höhe, als wollte er damit drohen, statt mit der Rechten.

Aber mit einem Holzbein kann man nicht in die Höhe, kann man nur in die Tiefe drohen. Darum reckte Sefflik seine Rechte hoch und schrie: »O ti niemiecki Pierune!«

Auf deutsch: »O du deutsches Donnerwetter!«

Dann aber schob er rasch seine Kinderkarrete zum Hoftor hinaus und von dannen.

In Sachen gerade dieses einen Reichspfennigs nun hatte Sefflik die Deutschen falsch verdächtigt.

## Rechtsanwalt Dollny

Rechtsanwalt Dollny, der diesen Reichspfennig unwillig heruntergeworfen, Führer der Polnischen Irredenta im preußischen Oberschlesien, war durch das quälende Leiermannsspiel in Raserei gebracht. Freund und Angehöriger des sogenannten geknechteten polnischen Volkes, war ihm die Hymne des »Volksmannes« Sefflik Pitulla schon am frühen Morgen vergällt.

Endlich Ruhe . . .

Er warf unter die eingegangenen Briefschaften einen flüchtigen Blick. Griff hastig nach einem wohlbekannten Briefumschlag, dessen Aufdruck über die ganze Stirnfront die Generaldirektion des größten oberschlesischen Feudalherrn und Magnaten, des berühmten Herzogs von Sackowitz, trug.

Riß nervös an dem Umschlag herum, zerrte den Brief endlich heraus und las:

»In Sachen des Grubenarbeiters Johannes Wiemann aus Sackowitz, dessen Mandat in Ihren Händen liegt, bitte ich Sie, unter Wiederholung der Verwahrung gegen die absurden Verwandtschaftskonspirationen zwischen Ihrem Mandanten und meinem durchlauchtigsten Dienstherrn, dem Herzog von Sackowitz, um eine Unterredung unter vier Augen, im Hotel Staatshof in Beuthen, am 3. Mai, nachmittags 6 Uhr.
Kattowitz (Datum).

gez. Trockenbrott,
Generalbevollmächtigter des
Herzoglich Sackowitzschen Vermögens.«

Dollny zuckte fragwürdig mit seinen schiefen Achseln, stelzte durch das Zimmer, immer noch aufgebracht über den Leiermann, griff schließlich mit eleganter Handbewegung nach einer Postkarte im Schreibtischschubfach und schrieb, wie gewöhnlich, demonstrativ und in polnischer Sprache, die zusagende Antwort an Trockenbrott, eigentümlich in der Formel, deren er sich im Verkehr mit den deutschen Machtfaktoren zu bedienen angeübt:

»In Sachen meines Mandanten, des besitzlosen und bodenständigen Oberschlesiers, Grubenhauers Johannes Wiemann in Sackowitz, bin ich bereit, Ihrer Einladung Folge zu leisten und zur gewählten Stunde am genannten Ort zu erscheinen.
Beuthen Oberschl. (Datum).

Dr. Dollny, Rechtsanwalt.«

Die Karte lief alsbald ihrer Bestimmung entgegen.

Dollny jedoch machte sich eifrig am Telefon zu schaffen, verlangte den Industrieort Sackowitz, jenes schmutzige Dorf im oberschlesischen Kohlenbecken unweit Beuthens, und beorderte den Grubenhauer Johannes Wiemann durch bezahlten Telefonboten sofort zu sich, nach Beuthen.

Inzwischen fand sich sein Kampfgenosse Woicech ein, der vorhin dem Leiermann Sefflik die Zigarre verehrt. Woicech war ein Mann von gepflegten Umgangsformen, hundertprozentiger Oberschlesier, eitel, posenhaft und rednerisch.

»Gut, daß du kommst, Woicech. Eben bekam ich diesen Brief.«

Woicech nahm den Brief entgegen, sprach alles nebensächlich und schnoddrig vor sich hin, sog an der Zigarre: »Hier gibt es eben keine Zugeständnisse, Dollny. Die Herrschaften können mit Geld ihre Landfremdheit nicht ausbalancieren. Der Prozeß ist uns wichtiger als der gesamte herzogliche Besitz. Das mit dem gefälschten Testament hätte erfunden werden müssen von uns, wenn es nicht wahr wäre, überdies.«

»Tschjah.«

»Preußen hat allerdings Gerichte. Königliche Gerichte sogar. Hm. Laßt nur. Unsere Presse bringt es schon bescheiden unter die Menge.«

Woicech sog weiter an der Zigarre: »Tschjah. Vorhin sprach ich einen Leiermann. Leiermänner sind sehr wichtig, Dollny. Überhaupt, wenn Sie die ›Disziplin‹ persönlich gesehen haben.«

Woicech erging sich im Paradoxen, und Dollny schnitt ab: »Mein Mandant, der ja Johannes Wiemann heißt, könnte schließlich Jan Wymanek getauft werden. Er ist kein Oberschlesier, wie wir ihn brauchen. Im Fall Godulla hätte es passiert sein müssen. Doch davon später. Wenn man bloß irgendwie den Namen durch einen polnischen ersetzen könnte. Die Familie des Wiemann, seine Vorfahren, stammen aus Frankenstein in Schlesien. Da ist nichts zu wollen. Es sind Stockdeutsche. Zwei Brüder Wiemann wanderten nach den Befreiungskriegen nach Oberschlesien ein. Der eine machte sein Glück, wurde geadelt, ist Herzog geworden, und seine Nachkommen borgten den Hohenzollern für diese und andere Gefälligkeiten überflüssige Millionen.

Überflüssige Millionen aus unserer oberschlesischen Erde. Der andere, mein Mandant, samt dem Rattenschwanz von Verwandten in Sackowitz, Piekar, Schlesiengrube, Kattowitz und wer weiß wo noch, vegetiert in den herzoglichen Mietskasernen, schuftet sozusagen in den eigenen Bergwerken.«

»Der Begründer des Reichtums hat an seinen armen Bruder auch gedacht. Testamentarisch sogar.«

»Dieses Testament nun ist beiseite geschafft worden. Grafen und Fürsten verachten das Volk, aber du hast ja im Fall Godulla gesehen, daß sie auch dumme Bauernmädchen heiraten, wenn solche über Nacht in den Besitz von Riesenvermögen kommen ...«

»Besagtes Testament nun hat der Generaldirektor beiseite geschafft« –, warf Woicech dem Dollny in die Rede, anmerkend, daß er im Bilde ist.

»Wieso weißt du denn das, Woicech?«

»Das weiß ich von der Jungfrau Maria von Czenstochau ..., die ist ja nicht so dumm und nebenbei allwissend ...«

»A ti Pierniku dewati ...«, gockelte Dollny quietschvergnügt.

»Tu doch nicht so wichtig mit solchen Kehrseiten des Christentums, Dollny. Ihr Juristen übertreibt solche Einzelfälle. Das Land ist von Deutschland aus mit bodenlosen Halunken versaut worden.

Johannes Wiemann, selber Deutscher, aber kein bodenloser Halunke, ist Reklame für unsere Sache. Johannes Wiemann ist das Schild für unseren Kampf, den Kampf der bodenständig Besitzlosen gegen die landfremden Besitzenden.«

»Sehr richtig, Woicech. Du redest, und ich muß nicken. Da wir uns ja einig sind, reden wir getrennt oder vereint mit denselben Zungen.«

»Bodenständig Besitzlose. Landfremde Besitzende. Schöne Fanfare.«

»Johannes Wiemann, Janek Wymanek, Sohn seiner geknechteten Heimat ..., Vater vieler Kinder.«

»Katholisch?«

»Leider nicht. Evangelisch.«

»A bah ...«, rief Woicech und plagiierte den Leiermann: »Jednemu Kuba drugemu Matusch. Was in den Kram nicht paßt, wird nicht hineingezerrt. Wir brauchen Märtyrer für unsere Sache, und wenn sie nicht da sind, werden sie aus dem Rachen des Löwen kunstvoll herausgebrochen.«

»Christus war ja auch ein Jude.«

## Johannes Wiemann

Es klopfte.

»Das ist er ja schon«, bemerkte Dollny. »Ging das aber fix.«

»Herrein.«

Johannes Wiemann trat ein: »Pochvaluni bendze Pan Jeschisch Christus.«

»Na wieki ...«, dankte Dollny.

Woicech dehnte sein »Na wieki« hintergründig und sog an der Zigarre.

Dollny raschelte mit den Briefschaften: »Panie Wiemann ... Eben kam ein Pismo von der Generaldirektion.«

»A ... sooo ...«, entgegnete Wiemann. »Von derr Generalldirektion, na da is ja ginstigg.«

»Ja, die wollen was haben von uns«, meinte Dollny.

Wiemann lachte: »Da wolln sie waß chaben. Gutt is.«

Dollny setzte fort: »Der Trockenbrott bestellte mich für übermorgen, für den dritten Mai ins Hotel Staatshof. Sie müssen auch hierher kommen. Seien Sie um fünf Uhr hier. Sie gehen dann mit mir bis vors Hotel. Ich werde Sie vielleicht brauchen.«

»Gutt is ...«, sagte Wiemann. »Da werrde ich ja pinklich komen.«

»Na und wie geht es sonst, geplagter armer Mann?«

Wiemann zuckte die schrötigen Achseln: »Muß ja gutt gehen, Panie Rechtsanwalt. Wen un da chat man Arbeit un is gesund, dan ja is gutt.«

Dollny langte in seine Schublade, nach der ominösen Zigarre, die stets nach solchen kurzen Konferenzen zu kommen pflegte.

Woicech, der die größte Zeit über telefonierte, kam herbei, klopfte Wiemann auf den Rücken: »Wären alle Oberschlesier so wie Sie, man könnte für sie allerhand tun. Hier haben Sie eine Zigarre.«

»Eine Zigarre? ...«, meinte Wiemann und nahm sie entgegen.

»Eine Zigarre? ... na, da is ganz gutt, wenn da un man chat zwei Zigarren. Gutt is.«

Er steckte die Zigarre in die Tasche.

Woicech setzte fort: »Man könnte jedem zu seinem Acker verhelfen und zu seiner knusprigen Kuh im Stall. Tschjaja.«

Wiemann nickte: »Ja, da muß ich saggen, da is das ganz gut, wie Sie das so sagen. Stimmt. Gutt is.«

Wiemann nickte noch einmal und nachdenklich: »Eine gute Kuh, na da wer ja nicht schlecht.«

»Tschjaja«, meinte Woicech.

»Eine gute Kuh ist nicht schlecht.«

Dollny setzte rasch hinzu: »Was machen denn die Kinder?«

»A ... die Kinder ...«, machte Wiemann wegwerfend: »Weil, da sin ja noch ganz klein.«

Woicech hinzufügend: »Sind die Kinder katholisch oder evangelisch?«

»Na da, weil un is meine Frau katholisch, na da sin Kinder ja auch. Ist ja gleich. Bin ja ich auch schon lange katholisch. Weil na da is besser so.«

Woicech klopfte ihm auf den Rücken: »Is besser so.«

## Wolkenschieber

Generaldirektor Trockenbrott war Herr über vierzehn oberschlesische Kohlengruben, zwei der größten und modernsten Hüttenwerke, einer ganzen Grafschaft der üppigsten Wälder und fünfunddreißig Domänen in der Durchschnittsgröße von dreitausend Morgen. In seinen Machtbereich gehörten ferner Domänen und Waldungen in Ungarn, Ostpreußen, Pommern, des weiteren die Kontrolle der Bagdadbahn, der Schantungbahn, skandinavischer Erzgruben und einiger Kalibergwerke. Hierzu kam noch der ungeheure Besitz jener Gerechtsame, die das Gesetz »Kuxe« nennt. Auf diese Weise gehörte ihm das Gelände der Stadt Kattowitz, des schmutzigen Industrieortes Sackowitz. Ringsum die Industrieortschaften waren schließlich auch herzoglicher Grund und Boden und unterstanden somit der Trokkenbrottschen Macht und nicht zuletzt der Trockenbrottschen Willkür.

Die breiteste und eleganteste Straße der Stadt Kattowitz trug den Namen eines seiner Vorgänger, dem nachgesagt wird, daß er jenes Testament des Begründers der herzoglichen Dynastie beiseitegeschafft habe ...

Trockenbrott war stets auf Reisen. Selten einen ganzen Tag, noch seltener zwei, in Kattowitz. Immer, immer, immer unterwegs. In Paris. In Luzern. In Rom. In Moskau.

In Warschau. In Stockholm. In London. Zu Konferenzen, internationalen Vertrustungsverhandlungen. Oder zur Kur ...

Sein Brotherr, der Herzog von Sackowitz, vordem durch den Kaiserlichen Hof vollends beschäftigt, nahm von Trockenbrott kaum oder nur flüchtig Notiz. Trokkenbrott hätte ihn beim besten Willen nicht ruinieren können. Der Besitz war zu gewaltig ...

Trockenbrott war unabhängig. Allmächtig. Des Herzogs zweite Auflage. Er brauchte nur alle Dinge mit der geringsten Handbewegung aus der Welt zu schaffen, alle jene Dinge nämlich, die irgendwie das Prestige seines Brotgebers anliefen. Alles andere aber lief im besten verwaltungstechnischen Fahrwasser.

Die leidige Sache mit diesem gewissen Wiemann, die kompromittierend für Durchlaucht wirken konnte, war der große Alpdruck Trockenbrotts und mußte sein großes Kunststück werden.

Darum also schrieb Trockenbrott an Dollny, und es handelte sich nur um formelle Festsetzung der gänzlich gleichgültigen Summe.

## Rivalen

Das Auto spritzte durch den Kot der Grubenlandschaft. Kattowitz versank in einem grandiosen Qualmberg. Zur Linken, wie zur Rechten der öden grauen Felder, schlugen aus Gruben und Hütten gichtige Flammen.

Eine Sirene bläckte.

Straßenbahnen rauschten über die traurigen Feldchausseen. Kreuz und quer, vorbei an Tümpeln, Bruchwassern, hin durch die Zerrissenheit des Rauchs und Qualms ... dann und wann ein Fetzen der fernen Beskidenberge.

Königshütte.

Das Auto wühlt sich durch menschenübersäte Straßen. Hupend. Gellend. Bremsenkreischend. Mensch, Tier und Dreck spritzt auseinander, gleich einem Kloß. Bretterzäune kreischen Kinoreklame von sich. Bruchfelder, bimmelnde Bahnen, Autos, Fuhrwerke, traurige Straßen. Menschen von und zur Schicht. In der Ferne aber eine neue Hölle, ein neuer unübersehbarer, brodelnder Rauchkessel: Beuthen.

Beuthen, das schwelende Beuthen.

Der Wagen gleitet schon über die elegante, schmale Bahnhofstraße. Hält vor dem Hotel.

Irgendwo singen Menschen. Vielleicht in der Kirche. Vielleicht in der Andacht des Monats Mai.

Trockenbrott entsteigt dem Wagen, mittelgroß, prallendvoll, das Monokel im Auge. Gewinnt das Hotel.

Rechtsanwalt Dollny, dessen lauernde Mundzüge immerfort auf und ab gespitzt spielen, erblickt Trockenbrott und schreitet ihm vom Tisch entgegen.

»Grüß Gott ...«, ruft Trockenbrott, wie er es stets frivol zu rufen pflegt, wenn jemand seine Gefilde streift, den Gott grüßen mag, aber nicht Trockenbrotts innerster Hochmut.

»Guten Abend, Herr Generaldirektor ...«, spricht Dollny.

»N'amt, n'amt ... Bitte ins Separee, lieber Herr Dollny.«

Sie begaben sich ins Separee und schlossen hinter sich die Türe.

»Mein lieber Rechtsanwalt ...«, hub Trockenbrott an. »Was unser Geschäft anbetrifft ...«

»Pardon ...«, warf Dollny dazwischen. »Wir beide machen miteinander keine Geschäfte.«

»Aber lieber Dollny ... die Sache mit dem Wiemann da ...«

»Herr Generaldirektor ... mein Mandant kämpft um sein Recht. Er ist das Bruderbruderkind Ihres Herzogs. Die Klage lautet auf Herausgabe von gestohlenem Vermögen.«

»Unverschämt ...«, schrie Trockenbrott und sprang auf.

»... Meinen Sie die Ausbeutung des eingesessenen Volkes durch wilhelminische Feudalherrn? ...«, schnitt ihm Dollny die Rede.

»Kein Wort mehr davon, Herr Rechtsanwalt. 500000 Mark. Hier ist der Scheck.«

Dollny, der bis dahin mit seinen kleinen grauen Äuglein stets in die Ecke geschielt, wagte Trockenbrott einige Sekunden gerade anzuschauen: »Die Zukunft unserer Sache ist unbezahlbar, Herr Generaldirektor.«

Trockenbrott schüttelte sich vor Wut, faßte den Scheck mit den Spitzen der Finger und zerriß ihn.

»Na – mein lieber Dollny ... was Ihre Zukunft angeht, dann werden wir sie so billig wie nur möglich herunterschrauben. Ihre Zukunft. Wo ist Ihr Mandant?«

Dollny sprang auf: »Mein Mandant ist nicht ein einzelner. Ich habe eine Million Mandanten. Eine Million mal 500000 Mark ist selbst die Firma Krupp nicht wert.«

Trockenbrott schrie ihm ins Gesicht: »Unverschämter Ton. Wir haben noch königlich preußische Gerichte.«

»Und wir haben Zeit ...«, kreischte Dollny.

Damit trennten sich die beiden mit hochroten Köpfen.

Na da wird's da paare gebben ...

Johannes Wiemann stand vor dem Hoteleingang, geduldig, wie es ihm geheißen ward. Trockenbrott, der hastig aus dem Hotel stieß, rannte ihn an, wich zurück und kroch in sein Auto.

So streiften sich einige Sekunden zwei Zugehörige des großen deutschen Volkes. Der Besitzende und der Besitzlose. Zwischen ihnen jedoch und unsichtbar stand eine Sache: die Sache des Polenanwalts Dollny.

Johannes Wiemann, der deutsche Kumpel Johannes Wiemann, diente der großen Sache, und die Gerechtigkeit dieser Welt würde sich heute nicht entblöden, ihn wegen Hochverrats auf dem Scheiterhaufen zu verbrennen, wegen: »Vaterlandsverrat ...«

... Die Bahnhofstraße hinauf und hinab wogte das Volk. Menschen aus allen Gauen Deutschlands, hergeweht nach Oberschlesien, ihrer stolzen Nation zu dienen. Dann und wann ging unter ihnen einer, der gerade keine Schicht hatte. Das war ein Kumpel.

Er sang, wenn man es haben wollte, »Deutschland über alles«, nicht, weil er es mußte, sondern weil es ja völlig einerlei ist, was man singt.

In der Destille, wenn er sich betrank, ja, da sang er: »Noch ist Polen nicht verloren ...«, nicht, weil er an der Rettung Polens ein Interesse hatte, sondern weil es ja einem Kumpel völlig einerlei ist, was er singt.

Nur singen muß er, denn Gott gab ihm eine Kehle und kein Vaterland. –

Trockenbrotts Auto war in die Menschenmassen fortgeglitten.

Dollny trat aus dem Hotel.

Er klopfte, wie gewöhnlich, dem katholisch gewordenen »Evangelischen« auf den Rücken, welcher gewölbt war gleich einem gigantischen Brückenbogen, und sagte scheinbar überzeugt, bestimmt überzeugend: »Glauben Sie mir das eine, Panie Wiemann. Die Deutschen sind ganz unverschämte Schweine. Bei denen spielt das Geld eine große Rolle.«

Wiemann spürte das erstemal eine Entrüstung in seinem Herzen: »Na – da wern ja nich ale so sein. Na da kan man schon saggen. Na da, paare wird's gebben, was da na da sind Schweine. Na da kann man nichs machen.«

## Die Grube

Die Grube ist ein ganz harmloses Herdentier.

Sie zu schlagen, zu zerschlagen oder gar zu töten, um eine Menschheit zu retten, zu erlösen, jammert jeden Grubenhund.

Der Grubenhund, lieber Leser, ist der kleine Floh der Grube.

Glaube mir, der Grube macht der Floh nichts aus.

Die Grube ist ein ganz harmloses Herdentier.

Durch Häuser, durch Kirchen, durch Friedhöfe, durch Siedlungen, Städte und Wälder brodelt ihr Dasein, gichtet, schnaubt ihr Atem und pocht und hämmert und stößt und dröhnt.

Bim.

Und wieder ruckt ein Rudel vollgepackten Menschenschweißes aus ihrem dunkeln, ahnungslosen Maul.

Bimbim.

Die Räder des Förderturmes spielen ...

So leicht. So traumhaft. So federnd. So enthoben aller Schwere. So festlich. So gewandt. So zuversichtlich. So sicher. So allverständlich.

Bimbim.

Die Grube ist ein Herdentier und nimmt mit Menschen vorlieb. Sie zerstieben auf der ersten Sohle.

Bimbim.

Auf der zweiten Sohle.

Bimbim.

Auf der dritten. Auf der vierten. Bimbimbim.

In allen unterirdischen Winden hacken und bohren, stöhnen und fluchen.

Beten und weinen, singen und rufen Menschen ...

Menschen.

Sankt Barbara, hilf. Glückauf.

Bimbim.

Das Dorf Sackowitz aber, in dessen Bauch sich jenes grandiose Spielverbrechen vollzieht, steht da, formlos hingeschmissen, gleichsam dem Weib der unzähligen Weiber, die in den traurigen Straßen irren, mit Schüsseln und Näpfchen, nach diesem und jenem zum kärglichen Mahl.

Bimbim.

Aus den Schornsteinen züngelt dürrer Rauch der dürren Suppen.

Bimbim.

Aus den Wiegen schreien dürre Stimmen der dürren Früchte.

Bimbim.

Aus den Kirchen dringen dürre Stimmen der dürren Gläubigen.

Bimbim.

Aus den Kneipen rufen gebrochene Kehlen ausgequetschter Trunkenbolde.

Bimbim.

Aus den krummen Gassen plärren die schwachen Brüste hungriger Buben.

Bimbim.

Im Kot liegt ein Weib, das Weib der Weiber: es ist »Emilia ... die Große« ...

Bimbim.

## Die Herren

Aus der Fontäne gleiten die Bilder Tausendundeine Nacht. Sie zerstäuben, kehren wieder in sich, stehen auf, gleich den gebündelten edlen Seelen der Leibeigenen unserer Erde, zerstäuben wieder und gehen fort ... fort ... in die Wälder der großen Barmherzigkeit ... in die oberschlesischen Bannwälder, die sich um das Schloß endlos breiten, gen Norden und Süden, gen Westen und Osten.

Weißbekieste Wege frohlocken im Juni.

Eine klare durchsichtige Wolke segelt.

»Paß auf, Schloß! Paß auf, Fontäne!«

Ich zeige dir mit meinem Finger, den ich ehrlich von meinem Vater geerbt, die weiße, die durchsichtige Wolke, die aus dem Osten segelt über alle kiesbestreuten Märchenwege.

»Paß auf, Fontäne!«

Noch ist die Wolke klar und durchsichtig.

Wehe dir, wenn sie grau wird und prall, gleich einem Sack voll Sturm. Wenn sie platzt, schnurgerade über dir, Fontäne, und dann hast du traurig ausgespielt im lauen Wind des Westens.

Durch deine öden, ausgestorbenen Becken pfeift ein Sturm aus dem Osten, weil du den Wind nicht lieben mochtest.

»Fontäne, allerherrlichste Fontäne!«

»Paß auf!«

Aus den grünen Fenstern des Schlosses schlug das scheckige Licht durch die herabgelassenen Jalousien, vermischt mit Gesprächsfetzen. Hinter der Parkmauer, auf der Dorfstraße, schwankte ein Fuhrwerk dahin. Eine Kuh brüllte. Ein Bube pfiff. Die Abendglocke setzte ein. Im Kavalierflügel des Schlosses versuchte jemand immer und immer wieder einige synkopische Takte, die sich in der Landschaft nicht wohlzufühlen schienen.

»Chopin?«

»Ja.«

Aber Chopin im Schloß ...

Friede ... Friede Oberschlesiens trieb sein Wesen. Ringsum der Bannwald. Die Schanze der Ruhe. Dahinter erst, weit ... weit in der Ferne, die unruhigen, großen Städte. Die Gruben.

Die Gruben, jene Tücke der Hölle, die unter dem Wald den ewigen Frieden unterhöhlte.

Auch das aber geschah in Begleitung von sicheren Zeichen am Himmel, wie jedes Geschehnis auf Erden seine Zeichen hat für die, die sie nicht sehen und doch an ihre Mächte glauben.

Gleich der weißen, durchsichtigen Wolke, die um die Fontäne kreiste, stand eine Warnung am Himmel aufgestellt zur Nacht: Der flammende Widerschein.

Über dem Wald trieb er sein Gewölbe in die unendlichen Höhen und treibt es fortan. Bis der Wald verschwunden sein wird und eine Öde den Boden bedeckt, zur Strafe für des Menschen Tun.

Der Herzog hatte Besuch.

Der Fürst, ein zweiter Magnat, war nachmittags mit seinem Auto angekommen, aus seinem Machtbereich jenseits und diesseits des oberschlesischen Oderflusses.

Dann aber war noch jemand da: »Udo Toto von Moto Homo, residierend auf Kosbuchna im Kreise Pleß« von den Bauern genannt »Pschczynna«, was bedeutet etwa soviel denn »Null Komma nischt«.

Das Gespräch streifte aus dem Wirtschaftlichen ins Politische, aus dem Politischen ins Anekdotische, aus dem Anekdotischen ins Höfische, in Klatsch und Tratsch und wieder zurück, so recht nach Lust gelangweilter Leute.

Udo Toto belustigte zuweilen mit recht derben Wunschzetteln. Er wünschte sich die Leibeigenschaft für sein Menschenmaterial.

»Menschenmaterial.«

Der Fürst stimmte in das Gelächter nicht ein.

»Hoppla.«

Der Herzog sagte dies mit einem ordinären Lachen. Zum Fürsten gewendet: »Freund ... ich empfehle dir, dein Kavalierhaus aus Sandstein herstellen zu lassen. Es ist ferner nicht gut ...«

Der Fürst half ihm vorwärts, da sein Gesprächsfaden abriß, wohl infolge eines trunkenen Defekts.

»Was soll nicht gut sein, Herzog?«

»... Das Fehlen eines Tunnels zwischen dem Hauptschloß und dem Kavalierhaus. Die Speisen werden beim Transport kalt. Die Sache wäre ganz einfach zu machen.«

»Und wie ...?« fragte der Fürst.

»Ich schicke dir einen Grubeningenieur und hundert Mann durch Trockenbrott.«

Udo Toto lachte wie ein alter Appelschimmel.

Der Fürst dachte an Aufbruch. Zu was war er denn hergekommen? Um sein aristokratisches Bewußtsein vor die Hunde zu schleppen?

Schon wieder begann der Herzog: »Na und die Politik! Majestät sind für völlige Ausschaltung der katholischen Konfession in diesem Lande. Allweg gut Bismarck! Mein Trockenbrott ist evangelisch und sorgt für seine Gefolgschaft.«

Um Mitternacht fuhren die beiden Autos vor.

Der Himmel wollte schier in Weißglut steigen, denn der Widerschein diktierte ihm seinen Triumph.

Der Wald duckte sich.

Während der Fürst durch das westliche Parktor in die Wälder hinausstrebte, dem Oderflusse zu, fuhr Udo Toto zum östlichen Tor hinaus und bog südlich in den Wald, mitten in den glühenden Industriewiderschein hinein.

Sein Auto brauste die schnurgerade Chaussee hinab. Der Motor pendelte gleich einer Uhr.

Plötzlich aber stoppte der Chauffeur. Die Bremsen knirschten. Der Wagen hielt.

»Was ist los ...?« schrie Udo Toto.

»Weiber gehen betend mitten auf der Chaussee ...«, erwiderte der Chauffeur und entstieg dem Wagen.

»Wohin denn, ihr Weiber ... wohin?«

»Czenstochau ...«, murmelte die Schar.

Der Chauffeur stieg wieder ein und kurbelte an.

»Was ist denn los mit der Bande ...?« schrie Udo Toto.

»Ach ... das ist die Ulka, die Betschwester aus Kosbuchna, die Emmerenzianna vom Kukla und paar Bauernfrauen, die pilgern nach Czenstochau.«

Udo Toto brüllte: »Das nächste Mal fahren Sie der blödsinnigen polnischen Gesellschaft in die Knochen. Die sollen in der Nacht in ihren Schweineställen schlafen und nicht meine Wälder unsicher machen. Die Hasen können gar nicht ruhig brüten. Na. Fahren Sie.«

»Zu Befehl, Herr Graf.«

## Ein Kürbis zum Lobe Gottes

Kaczmarek watete Jahr um Jahr in Jauche und in Sonne und bekam Hiebe zum ersten Frühstück.

Schläge zum zweiten Frühstück.

Haue zum Mittagessen.

Dresche zur Vesperzeit.

Püffe zum Abendbrot.

Klapse zur Nacht.

Und die Begleitmusik hierzu war die Morgenglocke, die Meßglocke, die Mittagsglocke, die Vesperglocke, die Nachtglocke und die große Nachtstille von Kosbuchna.

Und Kaczmareks Appetit fraß dieses Leben mit all den unvergeßlichen Begleitmusiken, Bimmeleien, Orgeleien und unheimlichen Nachtstillen. Zudem nun Kukla, der Jeremiasch, ein frommer Mann, wie ja dorfbekannt, Jeremiasch Kukla also, der den Kaczmarek Hurensohn nannte, weil man etwas betonen muß, was ohne Betonung auch da ist und schwer genug fällt, zur Betonung ohne Ton. Weil Kaczmarek ja nicht wußte, was eine Hure ist, und mit fünf Jahren für einen frommen Christen die Pflicht reift, von seinem frommen Vater zu erfahren, wie es um seine Hure Mutter steht.

Schlipschlap.

Kaczmarek spitzte seine Ohren und merkte auf sie. Es ist was Wunderbares um ein Paar gesunde Ohren ...

Und er begann sich selber zu äffen, um sich selber zu

hören in seinen eigenen gesunden Ohren, eines Abends nach den Püffen begleitet von der Abendglocke des Herrn.

Emmerenzianna Kukla nun, die vom Jeremiasch seine, hörte, daß Kaczmarek klug redete für sein Alter, versuchte komisch zu grinsen, gab ihm wegen Gotteslästerung, wie sie bemerkte, und wegen des von sich gegebenen Kraftwortes: »Ich bin ein Hurensohn ...«, eine sogenannte Ohrfeige mit der Bemerkung, daß der blöde Balg endlich langsam und vernünftig zu sprechen beginne, jedoch von der falschen Seite her.

Und sie befahl ihm, dem Hurensohn, in die späte Nacht hinaus mit ihr fortzugehen.

Kaczmarek ging mit.

Der Mond schien. Der Widerschein wuchs. Beim Udo Toto brüllte ein Ochse.

Emmerenzianna Kukla, die vom Jeremiasch seine, ging vor ihm. Übern Hof. An der Dominialgrenze des Udo Toto entlang und in den kleinen Garten der Betschwester Ulka.

Dort löste Kaczmarek, wie geheißen, den allergrößten Kürbis von den vieren aus den Blättern und keuchte damit davon.

Zu Hause angekommen, legten sie den Kürbis in den Kuhstall. Dann gingen sie schlafen.

Am frühen Morgen, da die Glocke bimmelte und der Nebel der Nacht in die Gassen kroch, weckte Emmerenzianna den Kaczmarek recht unsanft, und sie gingen zur Pfarrei.

Kaczmarek keuchte mit dem Kürbis dahin. Emmerenzianna vornan.

»Was kommt dort von der Höh, was kommt dort von der Höh ...«, pfiff ein Dominialeleve von Udo Toto und spazierte um den Düngerhaufen.

An der Pfarrküche klopfte Emmerenzianna, und schon rasselte die Köchin mit den Schlüsseln.

»Gelobt sei Jesus Christus ...«, sprach Emmerenzianna.

»In Ewigkeit Amen ...«, erwiderte die Köchin. »Was bringen Sie mir schon so früh am Morgen, Emmerenzianna?«

»Hier diesen Kürbis für Hochwürden«, entgegnete Emmerenzianna. »Wir können so etwas nicht zubereiten, und das wächst wie Unkraut in den Hecken. Schade um den Einmachzucker. Hochwürden aber können so etwas gut und mit dem nötigen Verstand verschmausen.«

»Gott bezahl's, Emmerenzianna ...«, sagte die Köchin.

»Schlipschlap ...«, räusperte sich Kaczmareks Seele, und er rollte das Geschenk lustig den Flur entlang zur Küche.

»In Gottes Namen ...«, sagte Emmerenzianna.

»In Ewigkeit Amen ...«, die Köchin.

Dann raschelten die Schlüssel wieder, und die Pfarrei war zu.

Emmerenzianna Kukla und Kaczmarek schritten über den Friedhof, vorbei am großmächtigen Grabdenkmal derer von Moto Homo, nach Hause.

Ein Käuzchen schrie im Morgengrauen. Es war im Turm. Ein Holzwurm knackste. der war in der Totenkammer.

Im Dominium pfiff immer noch der Eleve: »Was kommt dort von der Höh. Was kommt dort von der Höh.«

»Schlipschlap ...«, notierte Kaczmareks Seele.

Emmerenzianna, die vom Jeremiasch seine, einbiegend in den Hof, sprach mit feister Stimme zum Kaczmarek: »Pfarrer wirst du werden, Kaczmarek, und dafür sorgen, daß ich und der Jeremiasch in den Himmel kommen.«

»Schlipschlap ...«, notierte Kaczmareks Seele.

Und er sprach: »Holen wir noch einen Kürbis von der Ulka?«

Emmerenzianna zuckte darob plötzlich im verknäulten Gewissen und gab ihm eine wohlmeinende Backpfeife.

Ohrfeige ist was anderes, lieber Leser.

## Kaczmarek

Es war Sonntag, und Jeremiasch, der Kukla von der Emmerenzianna, sagte zum Kaczmarek, ihn schmerzhaft berührend und fortstoßend: »Hier, zieh dir meine alte enggewordene Weste an, dort die alten Zuggamaschen und geh in die Kirche wie die andern Jungs.«

Kaczmarek tat wie geheißen, die Weste kleidete ihn gleich einem hochmodernen Frack, und die Zugstiefel sagten einmal »Willkommen« und einmal »Ade«.

Die Glocken bimmelten lustig, und Kaczmarek beschaute seine glänzende Weste mit den schraffierten Knöpfen von oben nach unten und ging zwischen murmelnden Männern und Weibern durch die menschenvollgepfropfte Kirche, bis ganz nach vorn, dicht vor den Hauptaltar zu den andern Jungs.

Und der Antek, ein anderer Junge, ging auch mit.

Die versammelten Frommen beteten den freudenreichen Rosenkranz, was Kaczmarek zwar nicht wußte, aber zur Untermalung gesagt sei, und Ulka, die Kürbisulka, die Vorsängerin und Betschwester, rundete jedes Kapitel mit dem Jauchzer einer Lerche ab, in welchen die Gemeinde ekstatisch einschlug.

Nur ein Licht brannte über Kaczmareks Haupt, und der Antek sagte dem Kaczmarek, das sei das Ewige Licht. Ewig wäre eben etwas, was schon immer war und immer sein wird. Basta.

Aber kaum sah der Kirchenpolizist, der Momek, wie er ja hieß, daß die beiden miteinander lispelten und nicht den Rosenkranz, den freudenreichen, andächtig und mit dem Munde wabbelten, langte er mit seinem Würdenstab über all die anderen wabbelnden Jungs hinweg zu den beiden, gab dem Antek einen leichten Klaps, weil er ihn schon kannte, dem Kaczmarek aber zwei kräftige, schmerzhafte, weil er ihn noch nicht kannte.

Alle Jungs schauten nach den beiden, hatten giftige Augen auf einmal und wabbelten mit dem Munde noch mehr wie zuvor und schielten nach dem Momek.

Kaczmarek wagte sich die Beule nicht zu liebkosen und vergaß sie, denn die Orgel setzte ein, indes das freudenreiche Gebet zu Ende war und die Ulka jubilierte, daß es zuvor gleich einer Lerche gezwitschert schien, hernach durcheinanderwogte und wirbelte, wie vielleicht, na sagen wir, im Paradies.

Und das Ewige Licht leuchtete.

Dann kam ein Geschmückter heraus, irgendwo zwischen dem Altar, mit gleichfalls langer Stange, an deren Spitze ein Licht flackerte. Damit entzündete er ringsum die vielen Kerzen. Die Orgel brauste, wurde breit und breiter im Ton, in der Gewalt und Einwirkung auf Kaczmareks Brust, die enger und enger schmerzte. Nun war die Orgel verbraust, eine behagliche, erwartungsvolle Stille setzte ein, die Menschen schienen nicht mehr zu atmen, und Kaczmarek wagte nicht, nach hinten zu schauen, was denn mit allen plötzlich los war. Jedoch, schon bimmelte ein helles Glöckchen in diese Ruhe vor dem Sturm. Die Ministranten traten irgendwo hinter dem lichtflutenden Altar hervor. Einer trug ein dickes Buch, und hinter ihnen kam noch einer. Richtig, das war ja Hochwürden. Der Herr Pfarrer.

Sicher hatte der den Kürbis schon verschmaust. –

Ob der kleine Zwerghahn im Pfarrhofe wirklich für die Suppe Hochwürdens abgeschlachtet worden war? Kaczmarek dachte nichts Gutes von diesem Herrn Hochwürden.

All diese Erwägungen ertranken in den Dingen, die da nun des Weges daherkamen. Denn die Orgel, nein diese Orgel, setzte mit einem brausenden Akkord Kaczmareks Sinne außer Sicht. Irgendwo im Ewigen Licht nistete seine Seele, fortgeschwemmt in die Höhen. In schwelgendem, üppigem Glück trugen Seligkeiten ihn samt und sonders von dannen.

Kaczmarek tat wie die andern Jungs, warf sich mit seinen Knien auf die nackten Fliesen, kniete nun andächtig gleich den andern Jungs und riskierte auch nicht ein Auge auf Antek zu werfen, wegen Momek, dem Kirchenpolizisten.

Antek aber sang und krähte wie ein Hahn. Gern hätte Kaczmarek auch gesungen. Aber was war denn das ... singen?

Die Menschen schienen ihm nicht mehr dieselben.

Ob der Momek, der das Geheimnis des Ewigen Lichts für sich gepachtet zu haben schien und ihn wegen nichts und wieder nichts zweimal auf den Kopf geschlagen hatte, auch singen durfte? Gern hätte er ihn angeschaut.

Ob Jeremiasch Kukla, sein grausamer Stiefvater, auch singen durfte? Die Vorstellung quälte Kaczmarek, wenn er an Emmerenzianna, seine Stiefmutter, folgerichtig weiterdenken mußte.

Die beiden durften wohl nicht singen?

Mit etlichen Unterbrechungen dieses Gesinges, mit Ausrufen, Befehlen des Herrn Pfarrers, die irgendwo hinten einer mutig und kräftig zurückwies, ging die Sache im Orgelgebraus zu Ende. Wieder bimmelte der eine Ministrant. Die drei packten ihre Sachen zusammen und verkrochen sich hinter den Altar. Der Geschmückte mit der langen Stange kam wieder und klapste die Kerzenlichter, so daß sie erstickten und wunderliche Kringel von sich gaben, die sich hinaufzogen bis zur Decke, wo ein Heiliger mit einem schrecklich langen Gesicht aufgepinselt war. Kaczmarek sann dem Kringel verträumt nach.

Nur das Ewige Licht ließ man brennen, weil es ja ewig war, wie der Antek doch sagte.

Der mit der Stange nun. Kaczmarek überlegte, daß es ja der Häusler Matusch war und glaubte mit dieser Feststellung das kirchliche Geheimnis ein wenig gelüftet zu haben. Der mit der Stange also verkroch sich wieder hinter den Altar, von wo er gekommen war. Die lautlose Stille setzte wieder ein, und Kaczmarek hätte wieder zu gern erfahren, was denn die Menschen diese Zeit über hinter seinem Rücken anstellten. Da kam der Ministrant wieder plötzlich hervor. Kaczmarek erkannte, daß es ein Sohn war vom Häusler Matusch, der Kuba, und alles wurde um so vertrauter. Der Kuba nun, der Ministrant, bimmelte wieder mit dem Glöckchen, und Hochwürden kam auf dieses Kommando hin heraus, bedächtig ausschreitend, eine Treppe erklimmend, von der Höhe herab mit einschüchternden Worten schimpfend, randalierend, drohend und fuchtelnd, so daß Kaczmarek ein bißchen an Jeremiasch Kukla dachte.

Beide ähnelten einander, und einer hatte sicher den andern eingeübt. In den Handbeschwörungen. In den Wortwendungen. Hm.

Kaczmarek trotzte beiden.

Unendlich dehnte sich diese Schimpferei, die Kaczmarek im Zusammenhang nicht begriff, und er spürte einen Zwang an seinem Körper, einen Zwang, der ihn beunruhigte, flehentlich umherblicken ließ. Einen Druck, dessen Abwehr nicht in seiner Macht lag. Kaczmarek preßte die Beinchen zusammen, zog die Luft schmerzlich durch die Zähne in sich.

»Aaamen . . .«, sagte endlich Hochwürden.

»Aaamen«, erwiderte die Gemeinde.

Schon wieder setzte die Orgel brausend ein, zum Glück für Kaczmarek, dessen Instinkt für Politik zu funktionieren begann, indem mitten in den Gesang und das tumultuarische Segensgeräusch die Funktion seines Körpers aufblähte, um die schwarze Weste von innen zu begießen.

Kaczmarek begriff nicht, daß Gott so etwas zuließ, Gott, in dessen Macht sein Körper stand nebst dieser Kirche da, samt der Orgel, Momek, den Ministranten Matusch, Kuba und dem Ewigen Licht. Wieder leuchteten alle Kerzen, sangen alle Menschen. Aber Kaczmareks Sinne hatten mit einem Schlage eine Wendung angelegt, die Wendung des Unabwendbaren, die Abfindung mit der Existenz der Weste, die dem grausamen Jeremiasch Kukla gehörte, an den Gott offenbar nicht dachte. Jeremiasch Kukla, den Gott nicht mit Barmherzigkeit züchtigte. – Kaczmarek liquidierte im Geiste die üblen Exkremente, die sich jeden Augenblick aus der Weste ergießen mußten, jeden Augenblick nämlich, da er sich von seinen Knien erheben mußte.

Warum muß man knien, wenn man nicht will, und warum darf man nicht knien, wenn die Not es erfordert?

Alle schlugen sich schließlich, den Segen empfangend, an die Brust, erhoben sich und gingen im Gewühl durcheinander zum Ausgang. Kaczmarek in ihrer Mitte. Plötzlich raste er, das Portal gewinnend, wie von Furien gehetzt, den Friedhof entlang, die Dominialgrenze des Udo

Toto entlang, hops, hops übern Zaun, hops, hops über die Jauchegrube, nach Hause.

Jeremiasch Kukla, dem solches aufgefallen, schrie ihn an: »Was jagst du so, verdammter Furiant?«

Doch dann gewahrte er die bedreckte Weste, riß ihm mit respektablem Hinweis auf dieses unersetzliche Bräutigamsstück die Lumpen vom Leibe und schlug dem bebenden Kaczmarek mit dem knotigen Strick auf den nackten Steiß, eine Strafe, die Kaczmarek entwürdigend zur Kenntnis nahm, fürchterlich in sich fraß und zeitlebens nicht verdaute.

## Wieviel ist zwei und zwei?

»Zwei und zwei ist? . . . Kaczmarek!«

Kaczmarek, der zufällig vor dem Lehrer spekulierte und einige Sekunden zuvor ausgerechnet hatte, wieviel zwei und zwei sein müßte, sagte flink auffahrend: »Zwei und zwei ist vier.«

Solches geschah blitzgeschwind, und der Lehrer wunderte sich über den tüchtigen Kaczmarek.

Kaczmarek aber dachte: »Also so steht die Sache.« –

Und er rechnete im voraus, wieviel drei und drei sein müßte nach dem Gesetz der Finger, oder vier und vier, und er hatte mehr Glück denn Verstand, wurde Politiker, und der Lehrer sagte zu ihm: »Setz dich zu mir nach vorn, braver Kaczmarek. Hier in die erste Bank, tüchtiger Junge. Nach der Schule darfst du mir die Stiefel putzen, am Sonntag darfst du die Bälge der Orgel treten und im Sommer in meinem Garten die Kirschen pflücken, meinetwegen auch die Ziegen hüten, wenn du durchaus willst.«

Und er gab ferner dem Kaczmarek fünf Pfennige, weil er so flink gewußt, wieviel zwei und zwei wäre.

Kaczmarek putzte ihm die Stiefel, den Paletot, hütete die Ziegen, weil ihm das Spaß machte, ging die Abendglocke schwingen und machte sich somit allein Musik zu den Abendprügeln des Jeremiasch, sang zu Begräbnissen und bei Litaneien Solo und freute sich königlich, wenn ein Bauer die viere von sich streckte. Denn dann gab es nicht fünf, sondern zehn Pfennige Sängergeld.

So sang er sein Repertoire von fünfzig slawischen Begräbnisliedern. Tag um Tag. Mal im Hofe. Mal am Friedhof. Mal vor der Kirche.

Miserere ...

Und er lernte ferner, wieviel zwei und fünf sein müßte nach dem Gesetz der Finger, wann der Große Kurfürst geboren ward, wie unser Landrat hieße, was unser Landkreis wäre, Regierungsbezirk, Provinz, und sagte alles vor dem Jeremiasch Kukla so schnell und geschwind und bewußt, daß dieser manches Mal verdutzt den Strick am Nagel hängen ließ. Emmerenzianna aber schüttelte den Kopf, um zu verkünden: »Das wird einmal ein sehr kluger Pfarrer.«

Eines Tages nun, da der Schulinspektor kam, aus der Stadt Pleß, begann Kaczmareks Komet zu schimmern. Der Herr Lehrer zwinkerte ihm verbunden mit den Äuglein, und der Herr Schulinspektor fragte salbungsvoll, die Augen zur Decke gerichtet, als wüßte er die Antwort auf seine Frage selber nicht: Wie heißt unser Kaiser?«

Plötzlich ... nach absichtlich verschleierten Beiworten, Stimmbeklemmungen aus heiterstem Himmel auf Kaczmarek mit durchbohrendem Finger zielend, donnernd: »Du.«

Kaczmarek aufspringend, geistesgegenwärtig: »Unser Kaiser heißt Wilhelm der Zweite. Er ist geboren am 27. Januar 1859. Unsere Kaiserin heißt Auguste Viktoria. Sie ist geboren am 22. Oktober 1858. Unser Kaiser hat sieben Kinder. Sechs Söhne und eine Tochter. Kro ...«

... Der Schulinspektor wackelte zufrieden mit seinem Kopf, stutzte, erhob sich vom Platz und gebot mit einer Handbewegung dem redebrausenden Kaczmarek Halt. Stieg vom Katheder herab, klopfte ihm auf den Rücken: »Brav, mein Junge. Brav gemacht.«

Zum Lehrer gewendet: »Ausgezeichnete Klasse.«

Wiederum zu Kaczmarek: »Sag mal, mein lieber Junge, wie heißt du denn?«

»Kaschpar Theophil Kaczmarek aus Kosbuchna, Kreis

Pleß, Regierungsbezirk Oppeln, Provinz Schlesien, Königreich Preußen, Deutsches Reich, Europa, östliche Erdkugel.«

»Soso. Das ist ja sehr schön. Sag mir mal, so, wie ich es jetzt spreche: Gelobt sei Jesus Christus.«

Kaczmarek: »Geluuubt sei Jesus Christus.«

Der Schulinspektor wackelte mit dem Kopf: »Also nicht geluuubt, sondern gelobt.«

Kaczmarek: »Gelobt sei Jesus Christus.«

»So ist's schön, Kaschpar Theophil Kaczmarek. Sag mal, möchtest du nicht gern Lehrer werden? Hm?«

Kaczmarek, berauscht von dem Lob, selbstsicher geworden, überlegte und warf zurück: »Nu ... eine große Fresse hätt' ich ja.«

## Was ist die Beichte?

»Was ist die Beichte? ... Kaczmarek!«

»Die Beichte ist das Sakrament, in welchem der Priester an Gottes Statt die Sünden nachläßt, wenn der Sünder sie herzlich bereut und den Willen hat, Genug zu tun.«

Kaczmarek plapperte diese Sätze auswendig, ohne zu begreifen, was er da sprach.

Je näher nun der Tag der ersten Beichte herantrat, um so grausamer empfand er die Einrichtung, jemand Fremdem seine eigensten Regungen zu offenbaren und sei es Gott selber. Er dachte daran mit Mißbehagen ...

... Nun also standen sie vor dem Beichtstuhl, fünfzehn Mann hoch, und der leise, geheimnisvolle Vorgang darinnen traf ihre Ohren. Kaczmareks trockene Zunge klebte am Gaumen und er schluckte immerzu, um nicht in der Wüste seines Gewissens zu ersticken.

Nun war es soweit.

Schlotternder Glieder betrat er die Stufe vor dem vergitterten Fensterlein. Sank willenlos in die Knie: »Ich armer sündiger Mensch bekenne vor Gott dem Allmächtigen, der allerheiligsten Jungfrau Maria, allen Heiligen und Ihnen, Hochwürden an Gottes Statt, daß ich mit folgenden Sünden Gott beleidigt habe.

Ich habe ...« Er stockte.

»Na, Junge? ... Was hast du getan?«

»Ich habe ... meiner Mutter, der Emmerenzianna Kukla, Zucker gestohlen.«

»Zucker hast du gestohlen. Soso. Wieviel?«

»Einen Löffel.«

»Mehrere Male?«

»Ja.«

»Wievielmal?«

»Oft.«

»Hast du's gezählt?«

»Nein.«

»Das mußt du immer zählen.«

»Es konnten fünfzigmal gewesen sein.«

»Gut. Weiter.«

»Ich habe meinem Vater, dem Jeremiasch Kukla, den Tod gewünscht.«

»Was hast du?«

»Er sollte vom Heuboden herunterstürzen und sich das Genick brechen.«

»Gut. Weiter.«

»Ich habe einen Kürbis gestohlen.«

»Einen Kürbis?«

»Ja. Von der Vorsängerin Ulka.«

»War er groß?«

»Sehr groß.«

»Was hast du damit gemacht?«

»Auf die Pfarrei getragen.«

»Gut. Weiter.«

»Ich habe an Gott gezweifelt.«

»An Gott gezweifelt? ...«

... Der Pfarrer streckte entrüstet seine Hand zum Fenster heraus und zog Kaczmarek heftig am Ohr: »Alles andere verzeiht Gott eher, aber den Zweifel an ihm verzeiht er nicht. – Na, weiter.«

»Ich weiß nichts mehr.«

»Nichts mehr?«

»Hast du nicht mit Mädchen nackend gespielt?«

»Nein.«

»Hast du nicht mal daran gedacht?«

»O ja.«

»Gut. Bereue.«

»Diese und alle Sünden meines ganzen Lebens bereue ich vom ganzen Herzen, und ich bitte Euer Hochwürden an Gottes Statt um die Lossprechung und um die verdiente Buße. Ich nehme mir ernstlich vor, nicht mehr zu sündigen.«

Hochwürden murmelte nun lange lateinische Gebete, machte ein Kreuzzeichen gegen das Gitter und warf die Stola über die Halbtür des Beichtstuhles. Kaczmarek stand auf, machte das Kreuzzeichen, küßte die Stola und ging nach vorn zum Altar, schluckte auf und fand, daß seine Kehle ausgedörrt war. Dann betete er widerwillig die aufgetragenen Gebete immer und immer wieder sinnlos durcheinander. Nach etwa zwei Stunden ging er heim.

In dieser Nacht war ihm sehr leicht zumute, und am Morgen schien es ihm, als zupfe jemand sein Ohrläppchen und hauche ihn freundlichst an, um ihn pünktlich zu wecken.

Doch jetzt fiel es Kaczmarek ein, daß er doch eine Sünde vergessen hatte, nämlich das Stehlen eines wunderschönen roten Buches vom Herrn Lehrer, das sich nannte ›Andersens Märchen‹. Er wollte es das nächste Mal nicht vergessen.

Aber ›Andersens Märchen‹ las er beim Ziegenhüten, am Waldrand und beim Buttern.

In der Schule erwarteten ihn die Jungs mit Hohn, und sie sagten: »Der Herr Pfarrer hat den Kaczmarek im Beichtstuhl feste am Ohr gezogen.«

## Gaudeamus igitur

Es kam noch ein zweiter Lehrer ins Dorf.

Jeremiasch Kukla holte dessen Siebensachen mit dem Einspänner vom Bahnhof und sagte zu Hause von ihm, das wäre ein ganz junger Brillok, so charakterisiert, weil er eine Brille trug.

Der junge Brillok quartierte sich ganz oben im Dachstuhl des Schulhauses ein und trug zum Gaudium der

Bauern vormittags einen Kneifer, nachmittags eine Brille und abends beim Kartenspielen in der Schenke gar nichts, was die Bauern zu nachdenklichen Erörterungen über so ein bißchen Augenlicht veranlaßte. Die Monotonie seines Daseins jedoch versuchte der Brillok in der Schenke gegenüber der Schule nach Kräften zu balsamieren, und nach einigen Monaten war Brillok soweit, seine alkoholischen Stärkungen vermittels einer Seltersflasche während des Unterrichts einzunehmen.

Kaczmarek aber spielte den Schnapsboten.

Kaczmarek und auch die andern Jungs empfanden diese Einrichtung durchaus in Ordnung. Erstmal spielten ja alle Jungs Schnapsboten bei ihren bäuerlichen Vätern, und in der Schule lautete der unumstößliche Kodex auf Abgrenzung, auf unumstößliche Reserve. Abstand. Achtung vor einem Lehrer, einem Wesen, das ohnehin den Nimbus der deutschen Sprache mit sich herumtrug, der deutschen Sprache, die die Jungen wie auch die Alten als den Schlüssel, als das Prädikat für allerlei Vorrechte betrachteten und heißhungrig erlernen wollten.

Brillok trat stets losgelöst von aller Erdenschwere in die Schulklasse, wo ihn ein plärrender frommer Gruß empfing. Alsdann setzte er sich spontan in den Katheder und kommandierte schnoddrig: »Lesebücher heraus. Mal herhören. Tränenkrüglein.«

Dieses Tränenkrüglein war der ominöse Hinzusatz, dem ein Hinlümmeln des Brillok auf das Pult vermittels seiner Ellenbogen folgte.

Die Jungens wußten, daß er das Märchen vom »Tränenkrüglein« meinte, das sie nun der Reihe nach, jeder einen Satz herunterzuleiern hatten. Brillok indessen schnarchte, und wenn er gerade mal erwachte, stieß er in den Schlachtruf der alten Cherusker: »Kaczmarek!«

»Hier ...«, antwortete der.

Und Brillok hielt ihm die Seltersflasche wortlos vor: »Dreißig Pfennig ... Steinhäger ... Bezahl' abends ... Schönen Gruß an die Wirtin ...«

Kaczmarek flitzte von dannen.

Brillok schnarrte die Klasse nun an: »Wie weit seid ihr denn mit dem Tränenkrüglein, ihr Arschlöcher?!«

Die Jungens wußten keine Antwort.
»Na ... weiterlesen, ihr Arschlöcher ihr.«
Solches geschah prompt. Die Jungens glaubten, diese Titulatur Arschloch sei ein Kosename und hätten es auch sonst nicht übel vermerkt, denn es hatte ein »Pan Ucitel« gesagt. Ein Mann mit Nimbus.
In der Pause aber spielten sie ein Abzählspiel namens »Arschloch«.
Schon brachte Kaczmarek die gefüllte Seltersflasche, die Brillok mit Behagen leerte, um sich danach erneut in verschärftes Schnarchen hinabzubegeben.
»Jungs ...«, zischte Kaczmarek zu seiner Umgebung: »Kommt mit.«
Gekrümmten Rückens zwischen den Bänken lavierend, taten es einige.
Kaczmarek sprach: »Von der gestrigen Hochzeit stehen drüben im Saal noch Überreste von Getränken umher. Wir wollen sie mal probieren.«
Und sie ergossen sich in den Saal, mixten die Gläser und Flaschen mit den Weinüberresten, dem Bier und Schnaps zusammen und taten sich gut daran.
Schwankenden Körpers schlichen sie in die Klasse zurück, wo Brillok weiterschnarchte.
Und nun beteiligten sich an den kargen Genüssen der deutschen Kultur besoffene Jungs, hingebungsvoller, gemäß der geistigen Anstrengung. So überbrüllten sie sich schier und debattierten heftig, gleich den Alten. Sie dichteten und sangen einen Spottvers auf Brillok, indessen er schnarchte:

»Kleiner Mann, großer Kopp,
Geht zum Kneipen, hopp, hopp, hopp.«

... Es klopfte an die Tür.
»Herein«, schrien die Jungs, wie sie es zuweilen beim Brennereiverwalter des Udo Toto beobachtet und nicht schlecht abgeguckt hatten.
Die Pfarrköchin war's, die in die Klasse trat. »Ihr Bengels ... wollt ihr euch nicht ein bißchen stiller verhalten? Hochwürden ist außer sich vor Wut. Ach ... der Herr

Lehrer ist ja auch da. Ich glaubte, der ist weg. Ist dem nicht wohl? Der liegt ja so leblos am Katheder?«

»Ach«, erwiderte Kaczmarek wegwerfend, »das macht der alle Tage so.«

## Irredenta

»Die hängen wie die Kletten zusammen ...«

... Sagte Dollny zum Woicech.

»Den Prozeß haben sie nach Berlin abgeschoben ... weil der beklagte Herzog seinen dauernden Wohnsitz in Berlin habe. Nun geht die Sache schon sechs Jahre, und immer noch kein Ergebnis. Verschleppung über Verschleppung. Da stirbt mal der, mal jener, der zur Aussage gezwungen werden müßte.«

»Und wie ist das mit den Zeitungsaufsätzen ...?« fragte Woicech.

»Bis auf die Krakauer Presse alles vergeblich. Aber die Krakauer Blätter liest hier kein Mensch und kann sie auch nicht lesen. Die Bauern können weder polnisch lesen noch sprechen. Das ist doch ein verwässertes deutsches Gewurstel, was die da reden. Außerdem gibt eine Krakauer Zeitung mit Nachrichten sofort ein Aufsehen und polizeiliches Eingreifen. Wenn selbst die kleinste Notiz, die die Ausrangierung des Prozesses auf das Berliner Geleise brachte, der Zensur verfiel.«

Woicech hüstelte nachdenklich: »Ich hätte folgendes in Umrissen zu berichten. Es handelt sich darum, das gesamte Gebiet für eine Aktivierung zu formieren. Unsere Bewegung ist geboren. Da wäre also erstmals der Norden Oberschlesiens mit dem Sitz in der herzoglichen Residenz. Dort hätte ich einen völlig ruinierten Bauern namens Tatschitschek ermittelt. Das ist ein Trunkenbold. Der Schankwirt heißt Moschek, übernimmt jede Gewähr und wird von uns, wie du weißt, besoldet.«

»Das wären also die beiden im Norden.«

Woicech kritzelte auf seine Notizblöcke, die er aus der Brusttasche hervorzog, räusperte sich, hüstelte, zupfte sich an der Nase: »Sackowitz, der eigentliche Kohlenpott, ja ... das wäre dein Fall. Das wäre dein juristisches Kunststück, Dollny. Der eigentliche Industriebezirk muß mit dem Fall Johannes Wiemann, mit dem Prozeß auf Herausgabe des gestohlenen Vermögens zugedeckt bleiben.«

»Diese Karte muß im Zentrum stechen.«

»Dann wäre ein amüsanter Fall im Süden, im Plesser Bezirk. Der Junker heißt Udo Toto von Moto Homo. Ein selten blödes Luder, das seine Leute wie die Leibeigenen auf den Feldern prügelt. Dieser Fall wäre zu meinem größten Behagen reif. Hier ist eigentlich nicht viel Arbeit und recht wenig Geld erforderlich. Das wickelt sich programmäßig ab. Vertrauensmann wäre erstmal der Pfarrer von Kosbuchna und ein Bauer namens Jeremiasch Kukla. Die Frau ist ganz besonders zuverlässig.«

Woicech wieherte ...

»Dann hätten wir noch die wichtigen westlichen Bezirke an der Oder um Ratibor.«

»Ich dachte da an Borodin, die Residenz des Fürsten. Dort soll sich ein besonders aufsässiger Musikant herumtreiben, dem die Amtsvorsteher alle Wochen einen Streich spielen. Diesen wunderlichen Kauz sehe ich mir demnächst an. Hm.«

»Und wie ist das mit der Geistlichkeit ...?« fragte Dollny und lauerte der Antwort.

»Im allgemeinen befriedigend. Im speziellen hoffnungsvoll. Hier aber ist allergrößte Vorsicht vorderhand am Platze. Die Breslauer Diözese versteht keinen Spaß. Wilhelm hat da ein bißchen angebandelt.«

»Das wichtigste bleiben für uns die Kreditinstitute.«

»Die Bauern müssen nicht nur Geld bekommen, das so billig wie möglich. Nein. Noch mehr. Es muß sich herumsprechen. Was ich ferner unbedingt vorschlage und für alle Fälle schnellstens brauche, ist die systematische finanzielle Fundierung meiner drei Zellen im Norden, im Süden und Westen.

Punkt eins das wäre der Fond Herzogliche Residenz.

Punkt zwo das wäre der übrigens minimale Fond Udo Toto. Ganz billige Sache.

Punkt drei das wäre der Fond Fürstliche Residenz.

Den Fond Sackowitz, die Arbeit Johannes Wiemann, überlasse ich deiner juristischen Geschicklichkeit.

Mir jedoch solle man das platte Land restlos zur Bearbeitung überlassen.

Unsere Sache ist geboren ...

Ich gehe von den feudalen Residenzdörfern aus. Man muß dem Löwen in den Rachen springen. Anschauungsunterricht muß der Bauer haben.

Anschauungsunterricht.

Bei der demnächstigen Reichstagswahl marschieren meine drei Fonds des Nordens, Südens und Westens getrennt, aber schlagen vereint.

Das bedeutet also ein Mandat und eine Überraschung mehr für die Hakatisten.

Bevor ich's vergesse: Hier, das kannst du übrigens im Kassenschrank behutsam aufheben. Das wird noch mal sehr wichtig bei der Generalabrechnung.« –

Woicech überreichte Dollny ein Originalschreiben der Oppelner Regierung, folgenden Inhalts:

Der Regierungspräsident. Oppeln, den 3. Mai 19..
Geheim.
Polnische Irredenta.

Die polnischen Geheimbestrebungen, die von Krakau und Posen ausgehend nun auch in Oberschlesien Fuß zu fassen versuchen, erfordern die größte Wachsamkeit vor allen Dingen der ländlichen Ortspolizeibehörden.

Von dem Prinzip, die Amtsvorsteher und Gendarmerieposten ausschließlich mit protestantischen Anwärtern zu besetzen, darf unter keinen Umständen abgewichen werden, um allen Konspirationen dieser Stellen mit der einheimischen katholischen Landbevölkerung von vornherein zu begegnen.

Weitere Instruktionen, betreffend Umgang mit dem oberschlesischen Landvolke, folgen.

gez. (Unterschrift).

»Sind Briefe aus Krakau oder Posen für mich da ...?« fragte Woicech nebenbei.

»Bis jetzt noch nicht.«

»Also ich gehe. Morgen bin ich im Norden. Übermorgen im Süden. Alsdann im Westen um Ratibor.

Wenn was los ist, weißt du ja Bescheid: Bank Ludowy.«

Als Woicech auf die menschenüberflutete Bahnhofstraße Beuthens hinaustrat, segelte gerade Sefflik, Sefflik der Leiermann, mit seiner Leierkarrete an ihm vorbei.

Sefflik grinste und zog seine Mütze.

»Na, Sefflik ... Jakusch?«

Sefflik schmollte: »Jednemu Kuba drugemu Matusch.«

»Das ist ein feines Gedicht, Sefflik. Das hör' ich gern. Hier hast du eine Zigarre dafür.

Na, Sefflik, S' Panem Bohem ...«

Sefflik kratzte sich mit der Zigarre in der Hand hinterm Ohr: »Piernika, wer war das? A bah ... Jednemu Kuba drugemu Matusch. Wenn er's nicht hätte, würde er nicht geben. Soll sein, wer will. Scheiß darauf.«

Und er schob seine Leierkarrete weiter.

Dideldummdei.

## Der Amtsvorsteher von Borodin

Der Amtsvorsteher, über dessen Haupte Wilhelm II. in Lebensgröße mit einem Purpur umhüllt aus der Wand trat, zwirbelte seinen martialischen Bart in die Höhe und schickte sich an, die Morgenpost durchzuschauen.

Ein versiegelter Brief lag obenauf.

Der Regierungspräsident. Oppeln, den 3. Mai 19..
Polnische Irredenta!
Vorsicht. Geheim!

Um den Bestrebungen der polnischen Irredenta Einhalt zu gebieten, ordne ich unnachsichtige, strengste Ahndung der Vergehen gegen die Polizeiverordnungen an. Ferner ist die sogenannte kleine Landbevölkerung an die Handhabung der deutschen Amtssprache zu gewöhnen.

gez. (Unterschrift).

... der Amtsvorsteher konnte einen grunzenden Ton nicht unterdrücken und verlangte von seinem Schreiber unverzüglich die Termine.

»Adam Woitulik. Vorgeladen für neun Uhr.«

»Treten Sie vor.«

»Nech bendze pochvaluni Pan Jeschisch Christus.«

»Guten Morgen.«

»Also Sie stellen Antrag auf Invalidenrente?«

»Nie rozumia ... Co?«

»Deutsch sprechen! Deutsch sprechen!«

Woitulik stammelt, zuckt mit den Achseln.

»Scheren Sie sich 'raus, Adam Woitulik. Lernen Sie erst deutsch sprechen, und dann kommen Sie hierher.«

»Erledigt. Der Nächste.«

»Johann Krziwanoga. Vorgeladen für halbzehn.«

»Nech bendze pochvaluni Pan Jeschisch Christus.«

»Guten Morgen.«

»Also Sie haben einen Unfall gehabt?«

»Nunu. Nunu. Co? Nierozumia ... Pane Amvoschter.«

»Deutsch sprechen! Deutsch sprechen! Scheren Sie sich 'raus. Lernen Sie deutsch, und dann kommen Sie hierher.«

»Erledigt. Der Nächste.«

Der Nächste!

Der Amtsvorsteher von Borodin stützte seine Hand auf das Dekret von Oppeln und trommelte nervös mit seinen Fingern.

Der Nächste! –

Der Gendarm erschien in der Amtskanzlei und erstattete pflichtgemäß eine Anzeige: »Hier ist ein Fall von Gotteslästerung, Herr Amtsvorsteher. Es ist schauderhaft mit diesem Lumpen Peter Okon. Heute gegen vier Uhr morgens, als ich von Radubin kommend die Oderbrücke überschreite, sehe ich vor dem Holzkreuz einen Mann knien, der geradezu unglaublichen Unsinn redet. Nur einiges konnte ich definieren: ›Na, mein lieber Christus ... Dich haben sie ermurkst. Aber bei mir können sie hopsen ...‹

Dann steht der Kerl auf und bläst vor dem Kreuz

Trompete. Ich sage Ihnen, Herr Amtsvorsteher, einfach zum Lachen. Hier bitte sehr die Anzeige.«

»Was blies er denn?«

»›Großer Gott, wir loben dich‹.«

»Hm.«

»Ich habe den Kerl arretiert und führe ihn auf Wunsch vor, Herr Amtsvorsteher.«

»Na führen Sie ihn vor, Herr Gendarm.«

»Jawohl, Herr Amtsvorsteher ...«

Der Gefangene in seiner Zelle protestierte.

Praktisch sah das so aus: Die Pritsche lag verkehrt mitten in der Zelle und die Trompete stand darauf, gleich einem Wundermännchen. Der Kübel war umgedreht und die Unterhosen lagen darüber gebreitet. Der Gefangene starrte die Trompete an, titulierte sie mit »Herr Bismarck« und unterhielt sich mit ihr wasserpolnisch, indem er ihr ein ›Märchen vom Tränenkrüglein‹ erzählte.

Dann kam der Gendarm. Er mußte den Gefangenen mit Gewalt herauszerren und schleifte ihn in die Kanzlei.

Der Amtsvorsteher und sein Opfer Peter Okon musterten sich: »Sie lästern Gott ...?«

»Was? Wissen Sie, wer Gott ist? ... Sie? ...«

»Das werde ich Ihnen schon anstreichen, Gott zu lästern. Bei mir wird Gott nicht gelästert. In meinem Amtsbezirk wird Gott nicht zum Narren gehalten, solange ich regiere ... Verstanden?«

Peter Okon erwiderte: »Herr Amtsvorsteher, ich weiß von nichts.« –

Der Gendarm griff ein: »Sie haben doch beim Kreuz allerlei dummes Zeug geredet?«

Okon: »Seit wann geben Sie sich mit meinen Dummheiten ab, Herr Gendarm? Ich habe beim Kreuz gesagt, mein lieber Christus, bitte sorge dafür, daß die Musikanten im Fasching ein gutes Geschäft machen. Außerdem war ich besoffen.«

Der Amtsvorsteher brauste auf: »Also besoffen waren Sie, und von Gott haben Sie geredet? Unverschämt, Gott so zu belästigen. Saufen Sie Himbeerwasser! Wissen Sie, wer Gott ist?«

Okon: »Herr Amtsvorsteher, ich weiß ...«
Gendarm: »Sie drehen ja alles um.«
Okon: »Ich habe wasserpolnisch gesprochen. Wie können Sie mich da verstanden haben, da Sie nicht wasserpolnisch verstehen ...?«
... Der Amtsvorsteher jedoch, der dahinter einen Angriff auf den Staat witterte, brüllte von neuem: »Wenn du auch polnisch geredet hast. Eine Frechheit ist es, Christus im besoffenen Zustande mit du anzureden.«
Peter Okon: »Herr Amtsvorsteher, ich weiß von nichts.«
Und sie gaben ihm drei Monate ...

## Die erste heilige Kommunion

Kaczmarek war soeben zwölf Jahre alt geworden und ging zum Kommunionunterricht, den Hochwürden in polnischer Sprache abhielt: »Wenn ihr bei der Generalbeichte vor der ersten heiligen Kommunion eine Sünde auslaßt, dann kann es passieren, daß euch beim Empfang des allerheiligsten Sakraments der Schlag trifft, der euch also vom Leben zum Tode befördert.«
Kaczmarek merkte sich vor allem diese Worte Hochwürdens genau, in ihrer grauenhaften, gruseligen und greifbaren Realität. Denn alle anderen Erläuterungen des Sakraments waren ihm nicht einleuchtend, und wiewohl er sie auswendig dahinzuplappern wußte, etwa vor Kukla und seiner Emmerenzianna, und auch vor Hochwürden, erschienen sie ihm dennoch zu geheimnisvoll, zu unfaßlich.
Und seine Gedanken erlahmten hierüber ...

## Jüdischer Dreh

Jeremiasch Kukla spannte sein Pferd ein und hatte seinen besten Kleiderstaat angelegt. Emmerenzianna und Kaczmarek saßen schon auf dem Wagen, und es trabte das Gefährt alsbald über den morastigen Waldweg gen Pleß.

Man schwieg den ganzen Weg. Man sog die Betulichkeit der Reise als Erholung in sich, versunken in die Saaten, die dann und wann den Wald zerschnitten.

In Pleß glücklich angekommen, lenkte Kukla das Gefährt in die Ausspannung »Zum Preußischen König«, band das Pferd los, führte es in den Stall, und alle drei strichen sie dahin: »Do Schida«, zum Juden, um für Kaczmarek die nötige traditionelle Kommunionskonfektion zu erstehen. »Gelobt sei Jesus Christus, Panie Schockner ...«, sagte Kukla mit Bosheit und zwinkerte Emmerenzianna zu, um zu zeigen, wie er den Schockner auf den Arm zu nehmen versteht.

»In Ewigkeit Amen ...«, sagte der Jude prompt. »Na wieki, na wieki, eiwei. Pan Kukla, Pani Kuklova. Eiwei.« Und er klopfte dem Kaczmarek wohlwollend auf den Buckel, ihm gütig mit seinem Gettogesicht in die Augen schauend: »Na, junger Kukla, wie geht's?«

Kaczmarek sammelte sich vor soviel Liebkosung und dachte: »Der Jude ist ein famoser Mann.«

Der Kukla nun sagte: »Ich brauche für diesen Frosch hier etwas zur allerheiligsten Kommunion.«

»Weiß schon. Weiß schon ...«, schnitt händereibend Schockner ab. Er flitzte hintern Ladentisch: »So ... Panie Kukla, wie wär's damit?«

Und er reichte einen schwarzen Anzug von der Stange.

»Nicht so einen feinen ...«, wehrte Emmerenzianna ab.

»Wollen wir ihn erst mal anprobieren ...?« schmeichelte Schockner. Und schon hatte er Kaczmareks Jackett in den Händen, dessen Hosen mit einer Zuckerschnur befestigt am Leibe hingen.

Dergestalt geschält, schämte sich Kaczmarek vor dem Juden.

»Ssso. Eiwei. Seht euch jetzt den Druschba an! ...«, sagte Schockner triumphierend, weil das schwarze Jakkett wie angegossen saß.

»Druschba ...«, brummte Emmerenzianna unwillig.

»Ist doch wahr ... nicht wahr, nicht wahr ... Eiwei ... Pani Kuklova ...?« warb Schockner.

»Co koschtuje?«

»Nicht so schlimm. Alles halb so schlimm ...«, dienerte Schockner, gleichzeitig Kaczmarek liebkosend und an den Wangen streichelnd: »Weil Sie es sind, Panie Kukla, alter Kunde, guter Kunde, treuer Kunde, neun Mark. Kein Pfennig mehr.«

»Jeschisch Maria Josef ...«, schrie Emmerenzianna und machte das Kreuzzeichen über der Brust.

»Schnell ausziehen. So einen dummen Jungen und neun Mark. Nie, nie, Panie Schockner.«

»Nie ...?« wiederholte der Jude.

Kaczmarek knöpfte das Jackett ab.

»Nicht doch. Nicht doch ... Pani Kuklova ...«, jammerte Schockner.

»Acht Mark fuffzig ...«, sagte Emmerenzianna ganz schnell.

»To nie idže Ludove ...«, sagte Schockner lamentierend.

»A bah ... nie nidže ...«, erwiderte Emmerenzianna.

»Pan Kukla. Sehen Sie sich doch den Druschba an. Nur einmal im Leben geht er das erstemal zur allerheiligsten Kommunion. Und das hier ist Ware. Ware, sag' ich Ihnen. Fühlen Sie mal. Nu fühlen Sie. Das kostet ja nischt. Englisch.«

»Englisch ...«, schlug Emmerenzianna die Hände überm Bauch zusammen. »Was braucht der englisch ... so ein Dupa.«

»Acht Mark und nicht einen Pfennig mehr ...«, sagte Emmerenzianna ganz schnell und wichtig.

»Acht Mark ...«, jammerte Schockner und zupfte sich die Haare einzeln am Kopf.

»Acht Mark ...«, stampfte Emmerenzianna mit dem Fuß. »Was braucht der Frosch englisch.«

»Sieben Mark fünfzig ...«, sagte Jeremiasch der Kukla.

»Eiwei ...«, sagte Schockner.

»A bah ...«, sagte Jeremiasch. »Sieben Mark und keinen Heller mehr. Dann geben Sie mir noch einen Schlips, einen Hut, Schuhe und ein Hemd.«

Schockner tat es, und Jeremiasch der Kukla zahlte alles in allem, klipp und klar und sicher zehn Mark.

Alsdann begaben sie sich in den »König von Preußen«

zurück, aßen vom mitgebrachten Brot, und Kukla kaufte für alle zusammen ein Selterswasser.

Kaczmarek, der zum erstenmal in seinem Leben eine Stadt sah, starrte auf die blanken Schaufenster, die feinen Figuren darinnen, die sonntäglichen Menschen auf den Straßen. Und im Geiste rümpfte er vor den andern Jungs stolz die Nase.

Emmerenzianna drängte noch darauf, in die Kirche zu gehen, aber der Kukla brummte: »Zu was?«

»Na so ... gucken ...«, erwiderte Emmerenzianna und kaute die Brotkrume, widerlich schmatzend.

»Tumm ...«, sagte Kukla, und dann spannte er ein.

Sie fuhren heim.

Kaczmarek wäre am liebsten vor dem Dorfe vom Wagen gestiegen, um mit den zierlichen Päckseln, mit den Schuhen, dem Anzug, dem Hut, die alle, eingewickelt in elegantes Packpapier, umschnürt und an allerliebst gedrechselten Klötzchen baumelten, durch die Straßen zu ziehen. So aber winkte er nur vom Wagen allen erreichbaren Jungs, die, vor den Katen und Düngerhaufen stehend, das Fuhrwerk anstaunten und den Kukla samt und sonders, der sich's leisten konnte, nach Pleß zu fahren, um einzukaufen.

»Hemhem ...«, machte der Kukla.

Prr.

Als nun Kaczmarek im Hof vom Wagen stieg, war es ihm unermeßlich traurig zumute. Er hatte nun gesehen, daß es außer diesem Dorf, diesem Hof, dieser Jauchegrube, noch etwas anderes gab, und Jeremiasch der Kukla riß ihn grausam aus seinen wehleidigen Träumen, indem er barsch befahl, die Deichsel auszunehmen. Emmerenzianna stieß ihn heftig in den Rücken: »Nun sind wir für dich nichtsnutzigen Balg zehn Mark und einen ganzen Arbeitstag losgeworden, du Bengel, der du nicht folgen kannst auf die Sekunde. Marsch in die Küche. Feuer im Herd anschüren. Wasser und Kartoffeln anstellen für die Schweine.«

Und Jeremiasch der Kukla bekräftigte diese Rede mit einem Peitschenknall, dessen Striemen Kaczmarek galt, ihn indessen nicht mehr erreichte.

Die Kommunionswoche brach an.

Kaczmarek mußte am Mittwoch zur Generalbeichte. Alle, etwa sechzig Beichten seines bisherigen Lebens hieß es peinlichst überschlagen, der einzelnen Sünden sich erinnern und so die Würde vervollkommnen, für den nahenden Sonntag, den größten Tag für das Leben eines gläubigen Christen. Das hochtönende Wort Generalbeichte, das Kaczmarek gleichfalls nicht begriff, brachte ihm, vielleicht gerade um seines lieben Eifers willen, eine schmähliche Niederlage, dermaßen, daß Hochwürden ihm die Absolution nicht erteilte, eine Maßregelung, die kaum in der dörfischen Kirchengeschichte von Kosbuchna unter den Absolventen jemals vorgekommen war ... seit undenkbaren Zeiten. Kaczmarek genügte den Formalitäten nicht am Mittwoch und mußte am Donnerstag noch einmal vor Hochwürden erscheinen, was im Dorf denkbarstes Aufsehen erregte. Und in der Schule hänselten ihn die Jungs: »Kaczmarek hat die Absolution nicht empfangen, denn er ist ein Esel.«

Am Donnerstag und angesichts seiner freien Zeit, nahm Hochwürden Kaczmarek eifrigst in die Zange, und die Tränen liefen ihm die Wangen herab. Selbst die Gitterstäbe des Beichtstuhles waren naß, weniger aus reuigen, viel mehr aus Eitelkeitsgründen, um der erlittenen öffentlichen Schmach.

Endlich war auch dieses Fegefeuer vorbei, und dem also gereinigten Kaczmarek blieben nur noch die Bußgebete, die sich auf einige Rosenkränze und Litaneien täglich erstreckten.

Außerdem forderte Hochwürden Wiedergutmachung des Diebstahls von ›Andersens Märchen‹. Von dem Kürbis jedoch wollte er scheinbar gar nichts wissen. Kaczmarek hatte Andersens Märchen dem Lehrer einstmals entwendet und vergaß merkwürdigerweise gerade diese Sünde jedesmal völlig und unabsichtlich. Nun also schärfte er sich's ein, vergaß es nicht, und Hochwürden forderte zu seinem größten Entsetzen, daß das Buch noch vor der Kommunion bis Sonntag an Ort und Stelle zurückzuschaffen sei, ein artistisches Stückchen, über welches jedoch der ganze Freitag in die Brüche ging. Kaczmarek jedoch überlegte hierbei, warum Hochwürden nicht die Rückgabe des Kürbisses an Ulka befahl. Denn mit dem größten Vergnügen hätte er auf der Pfarrei den Kürbis eingefordert ...

## Gottes Welt, wohlbestellt, wieviel zählst du Sternlein?

Am Sonnabend nun war die kleine, die Interimsreinigung etwaiger Makel seit der Generalbeichte.

An diesem Abend, nach Rückkehr Kaczmareks aus der Kirche, waren Emmerenzianna und auch Jeremiasch der Kukla ausgenommen freundlich, schlugen ihn nicht, und es gab Bratkartoffeln mit Schlickermilch. Alsdann vertiefte sich der Konfirmand in seine etlichen Bußgebete, und Emmerenzianna unterließ es nicht, neugierig mitzubeten. Kaczmarek schlief diese Nacht mit kindlichem, gereinigtem Gewissen und träumte wundersame Sachen von einer fernen Musik. Diese Musik jedoch war nur die Sonntagsmorgensonne, die ihm ins Antlitz schien, wovon er erwachte.

Der Jeremiasch hatte die Pferde schon abgefüttert und verhielt sich auffällig in der Nähe Kaczmareks so feierlich, so überaus ausgenommen, langte die Päcksel vom Schrank, half dem Kaczmarek in die schwarzen Hosen, in die blanken Schuhe, band ihm mit seinen klobigen Händen den weißen Schlips vor und setzte ihm den Hut visierend auf den Kopf.

»Nicht stolz sein ...«, mahnte er freundlichst.

»Nun gehe noch zum Fleischer und hole ein Pfund Gehacktes ...«, sprach er dann zu Kaczmarek.

Kaczmarek, nagelneu an Körper und an Seele, ging, die Silbermark in die schweißige Hand drückend.

Der Fleischer, in alter Form, gab zum Hackfleisch auch die übliche Leberwurst »für den Weg«, die Kaczmarek gewohnterweise schnurstracks und gierig verschlang.

Da dies geschehen, fiel ihm ein, daß ihm für heute strengste Abstinenz anbefohlen, und er erschrak. Es war unmöglich, so beschloß er kurz, von der Kommunion zurückzutreten, angesichts der Gesamtlage daheim, und er richtete sich wohl oder übel auf den unerhörten Bruch ein, den Leib des Herrn nach der Leberwurst zu empfangen. Mit grauenhaften Gedanken wälzte er den durch Hochwürden angekündigten Schlaganfall, den jähen Tod vor, was sich ja alles aus dieser Unwürdigkeit konsequent ergeben müßte.

Aber lieber tot als lebendig und noch einmal gekennzeichnet durch Hochwürden ...

Emmerenzianna rief ihn in die gute Stube, in die es nur zu den großen Feiertagen Eintritt gab. Jeremiasch in seinem schwarzen Rock stand gleichfalls da. Vor dem Bildstock überm Bett brannte eine Kerze. Alle drei knieten hin und schweigend, von einer unerklärlichen Gewalt niedergedrückt, schlotterte Kaczmarek am ganzen Körper. Emmerenzianna betete zur Maria von Czenstochau für Kaczmarek, und Jeremiasch tat es auch.

Das griff Kaczmarek wie die Häckselmaschine in ihre Schneide und schnitt ihn in zwei Teile.

Sie standen auf. Kaczmarek blieb weiter knien. Emmerenzianna netzte ihre Finger im Weihwasserkessel, dessen Inhalt noch von der seligen Milka auf Czenstochau herrührte und segnete Kaczmarek, indem sie sein Gesicht und sein Haar besprenkelte. Auch Jeremiasch der Kukla tat solches und sagte mit weinerlicher Stimme: »Also Kaczmarek, bleibe immer gottergeben. Denn wer Gott nicht vergißt, den vergißt Gott auch nicht.«

Kaczmarek sagte, mit vertrockneter Kehle aufstehend: »Ja, Amen ...«

Dann ging er, mit einem Taschentuch und einem Gebetbuch versehen, zur Schule, von wo sich der ganze Zug feierlich unter Vorantritt des Hochwürdens, mit Glockengeläut, Blechmusik und Pauken zur Kirche bewegte.

In der Kirche dann auch wieder die Musikanten mit den Trompeten, Klarinetten, Bässen und Pauken, erschlugen die Orgel, die nur ein wenig dazwischenwimmerte und die Menge sang deutsch. Deutsch, nicht wie sonst polnisch:

Gottes Welt, wohlbestellt, wieviel zählst du Sternlein?
Ohne Zahl, soviel mal sei gelobt das Sakrament.
Großes Meer, weit umher, wieviel zählst du Tröpflein?
Ohne Zahl, soviel mal sei gelobt das Sakrament.
Wald und Feld, Himmelszelt, wieviel zählst du Stäublein?
Ohne Zahl, soviel mal sei gelobt das Sakrament.

O Mensch, gedenke, daß du Staub bist ...

Kaczmarek weinte.

Dieses Lied war zu schön, zu groß, zu gewaltig und sprach von Gott mit innerster Wahrheit.

Kaczmarek dachte an seinen jähen Tod, und weil die Sonne durch die barocken Kirchfenster spielte, war der Gedanke um so grausamer. Dann ging er, das erstemal in seinem Leben der Würde befunden, mit der Kerze um den Altar, zum Opfergang und warf ein Scherflein in den Kasten.

Schon bimmelte das schmale Glöcklein zur Wandlung.

Nun aber schon zur Kommunion.

Hochwürden unterbrach die Messe und hielt an die Kommunikanten eine Predigt.

Die Weiber schluchzten laut.

Dann begann der Akt.

Kaczmarek bat Gott inständigst um Gnade, um Abwendung des jähen Todes. Die Sonne, die von draußen im Frühlingswind lockte, durch die Weihrauchwolken violette Kringel schlug, nährte seine ungestüme Lebenslust, und dann plötzlich war er im Gewühl ertrunken, kniete vor der Kommunionbank.

Schon kam Hochwürden.

Kaczmarek streckte die Zunge aus.

»O Mensch, gedenke, daß du Staub bist und zu Staub wieder werden wirst ...«, sprach Hochwürden und schaute ihn an.

Kaczmarek fühlte das Plätzchen, die Hostie, auf der Zunge, wie es sich krümmte, in die Zunge hineinfraß, nicht hinunter wollte in den Schlund. Er kämpfte unheimlich mit seiner Zunge, mit seinen Kiefern gegen die Oblate und vergaß seinen fälligen Tod.

Also das ist Gott, der in mich zog?

Er wartete.

Und das erstemal stand in ihm jemand auf, den er widerstrebend, aber mit achtunggebietender Verbeugung empfing: Der Heuchler.

Da er nun nach Hause eilte nach alledem, fand er Emmerenzianna zerflossen in Tränen vor dem Herd. Die Platten sprangen lustig mit ihren Karbonaden, und die Suppe brodelte gewaltig.

Emmerenzianna berührte seine Schulter: »Nun bist du so rein wie ein Lamm, und Jesus Christus, mein lieber, kleiner Heilanditschek, mein lieber, kleiner Jesussek, Jesussetschek, wohnt in dir. Kaczmaretschitschek. Wisse das!«

»Ja . . .«, sagte Kaczmarek. Aber er aß nichts von all den schönen Sachen und mußte sich erbrechen.

## Blut

Des Mittags ging er wie befohlen wieder zur Kirche und nach der Kirche auf die Dorfstraße, wo die Jungens »Klipa« spielten und »Arschloch«, ein Klötzchenspiel.

Hierbei warf Kaczmarek ein Klötzchen unabsichtlich, jedoch so ungeschickt, daß er einem Jungen das Auge verletzte, so daß es blutete.

Die Nachbarn kamen zusammen, und sie sagten: »Der Hurensohn war heute zur Kommunion, und schon fließt um ihn Blut. Aus dem wird nichts Gutes.«

# Generaldirektor Trockenbrott

Der Oderfluß, der mitten durch die schönste preußische Provinz Schlesien fließt, ist ein Messerschnitt, ist eine Scheide für die Menschen und ihre Daseinsberechtigungen.

Während links des Flusses, absteigend von den Höhenzügen der Sudeten urdeutsche Menschen siedeln, urdeutsche Menschen dem Feudalismus entgegentraten und das Recht auf freies Bauerntum forderten und verwirklichten, zumeist schon zu Zeiten des Florian Geyer ..., ist rechts des Flusses bis zum heutigen Tage ein mittelalterlicher Feudalismus ungebrochen am Ruder. Weit oben beginnend, an der Grenze der heutigen polnischen Provinz Posen, geht es los. Domäne an Domäne, Herrschaft an Herrschaft reiht sich an. Sind es nicht die Fürsten Hatzfeldt, dann ist es die Kaiserin Hermine. Ist es nicht diese, dann ist es der Kronprinz. Dicht neben ihm der König von Sachsen. Unter ihm, bereits im Oberschlesischen, der König von Württemberg, die Henckel von Donnersmarck. Die Tiele-Winckler. Die Ballestrem. Die Schaffgotsch. Und im engeren Industriebezirk, im eigentlichen Kohlenpott Oberschlesien noch einmal die Tiele-Winckler. Die Schaffgotsch. Die Giesches Erben. Die Herzöge von Ratibor. Die Fürsten Lichnowsky. Die Fürsten Pleß.

In diese Machtbereiche nun hineingestreut, liegen die armen Dorfgemeinden, liegen die Katen der Dominialknechte und kleinen Bauern, zwischen deren Lebensbedingungen, Lebensauffassungen und Lebensgewohnheiten im Vergleich zu den Schlesiern links des Oderflusses ein großer Gegensatz klafft ...

... Links der Oder Lebensbejahung. Lebenskraft. Rechts der Oder Fatalismus. Müdigkeit. Unterdrükkung.

Das ist der Machtbezirk Trockenbrotts.

Dort, wo die kronprinzlichen und die königlich sächsischen Ländereien ein Ende nehmen, beginnt das Reich Trockenbrotts und erstreckt sich über die Residenz des Herzogs hinunter gen Sackowitz, über den Kohlenpott hinaus gen Kosbuchna, von dort weiter gen Borodin, um beiderseits des Oderflusses im Tschechischen zu verebben.

Trockenbrott kontrolliert neben seinen, das heißt des Herzogs, Grubenwerken und Hütten sämtliche restlichen sechzig Gruben Oberschlesiens, da die Kuxanrechte des Herzogs durch die Bodenspekulationen des Begründers der Dynastie auf den allergeringsten Wegen und Stegen Oberschlesiens lasten und ohne Trockenbrotts, das heißt des Herzogs, Zustimmung nicht der geringste Bauplatz in den Großstädten Oberschlesiens und den umliegenden Industrieortschaften angetastet werden kann.

Denn der oberschlesische Industriebezirk ist ein gewaltiges und einziges Labyrinth der unerhörtesten Interessensphären einiger fünf geldaristokratischer Familien. Ganze Städte gehören heute noch einer einzigen Familie ... die jeden Schritt des Grund und Bodens zähe umkämpft ...

... Als es nun Trockenbrott geglückt war, den heiklen Prozeß nach Berlin abzuschieben, ordnete er an, daß Johannes Wiemann und sein gesamter verwandtschaftlicher Anhang, soweit er als Kläger gegen den Herzog auftrat, aus dem Dienst zu entlassen und aus den Dienstwohnungen zu exmittieren sei.

Mit diesem Triumph im Gehirn und in der Aktentasche brauste sein Auto von Kattowitz her durch Sackowitz in die herzoglichen Wälder.

Der Herzog empfing ihn: »Guten Tag, lieber Trockenbrott.«

»Euer Durchlaucht möchte ich untertänigst den Fall Johannes Wiemann unterbreiten.«

Der Herzog wurde leicht erregt: »Ist denn das immer noch nicht in Ordnung?«

»Gewiß, Durchlaucht ... Wir haben es abgeschoben.«

»Abgeschoben?«

»Der Termin findet in Berlin statt. Wer weiß wann. Inzwischen hatte ich die Entlassung aus den mir unterstehenden Betrieben für alle Prozeßgegner angeordnet.«

»Warum denn das, lieber Trockenbrott?«

»Die ganze Geschichte bekommt ein politisches Profil.

Der Rechtsanwalt Dollny ist, wie ich feststellen konnte und auch aus seinem eigenen Munde weiß, in Diensten der polnischen Irredenta. Ich habe mir gedacht, daß wir alle Prozeßbeteiligten hauptsächlich aus Oberschlesien beseitigen. Wir können ihnen ja irgendwie unter der Hand zu verstehen geben, daß es im Ruhrgebiet für sie eine Arbeit geben kann. Zudem habe ich, kraft meines Kontrollrechts bei den Knappschaftsvereinen und übrigen oberschlesischen Werken durchgedrückt, daß eine Einstellung anderswo in Oberschlesien nicht in Betracht kommt. Also wird die ganze Gesellschaft abwandern, oder sie verhungert.«

»Was soll das heißen? ... «, näselte der Herzog.

»Daß ihnen mit der Zeit die Lust am Prozessieren vergeht.«

Der Herzog nickte mit dem Kopf ...

»Hoffentlich haben Sie darin eine glückliche Hand ... Na ... Ja ... ferner, mein lieber Trockenbrott, Majestät beabsichtigt demnächst hierherzukommen, paar Böcke zu schießen und von hier aus über Sackowitz, Kattowitz nach Kosbuchna zum Grafen Udo Toto von Moto Homo weiterzureisen. Von dort aus soll es weiter gegen Borodin gehen. Majestät will mit dem Fürsten in den schlesischen Wäldern gleichfalls Böcke schießen, und außerdem ist eine Begegnung mit dem österreichischen Kaiser geplant. Vielleicht, mein lieber Trockenbrott, interessieren Sie sich für die Chausseen. Das wäre von hier aus nach Sakkowitz, nach Kattowitz, weiter nach Kosbuchna, Borodin und so weiter.«

»Jawohl, Durchlaucht ...«, meinte Trockenbrott.

»Außerdem ...«, fing der Herzog wieder an ..., »äußerte Majestät den Wunsch, sich eine meiner Hütten anzusehen. Ich dachte da an die Eulaliahütte.«

»Jawohl, Durchlaucht.«

»Majestät kommt Mitte November.«

»Jawohl, Durchlaucht.«

»Alsdann sorgen Sie dafür, daß bis dahin alles in Ordnung ist.«

»Jawohl, Durchlaucht.«

Trockenbrott wollte sich zurückziehen.

Durchlaucht aber meinte überraschend: »Lieber Trokkenbrott, bleiben Sie noch. Ich bitte Sie, mit mir zu frühstücken. Es ist ferner ein Geschichtsprofessor aus Berlin da. Herr Larrifarri. Sicherlich haben Sie von dem schon etwas gehört?«

»Einiges doch, Euer Durchlaucht.«

... Professor Larrifarri hatte etwas abstehende Ohren, und auch die Augen krochen über Gebühr aus der Haut. Da Majestät ihn besonders mochten, nachdem Larrifarri so überzeugend darzutun verstand, daß in Posen eigentlich keine Polen wohnten, sondern nur Menschen, die halt die deutsche Sprache nicht verstünden, was aber noch lange kein Beweis dafür wäre, daß das keine Deutschen seien, und daß dieser Umstand durchaus keine Veranlassung sei, diese Menschen etwa nicht in die deutschen Schulen zu schicken, war er überall gern gesehener Gast.

Seine abstehenden Ohren und seine Froschaugen übersah man darum, und außerdem war Larrifarri große Mode.

Herr Professor Larrifarri hatte den einzigen Vorzug, daß er schon damals den Faschistengruß benutzte, und als Trockenbrott ihm vorgestellt wurde, geriet dieser in nicht geringe Verlegenheit zu sehen, wie sein neuer Bekannter allerlei rhythmische Bewegungen vollführte.

Da Trockenbrott, vielleicht gar nicht mit Unrecht, gewohnt war, Professoren innerlich im Prinzip zu unterschätzen, überging er diese klassische Verrichtung.

»Ach, Herr Generaldirektor ...«, begann Larrifarri mit wotanischer Stimme: »Sie werden mir doch sicherlich verraten können, wieviel anderssprechende Menschen es in Oberschlesien gibt.«

»Herr Professor, welche anderssprechenden meinen Sie?«

»Ich meine die Deutschen anderer Zunge.«

»Ach, Sie meinen die Wasserpolacken?«

Der Professor lachte über dieses Wort: »Wasserpolakken ist wohl nicht ganz richtig, Herr Generaldirektor. Nennen wir sie Wassermenschen.«

Alles lachte über den unfreiwilligen Witz. Larrifarri: »Meine Herren, Durchlaucht, bitte zu bedenken, daß es nicht angängig ist, einen Volksstamm der großen germanischen Rassenfamilie als Wasserpolacken zu bezeichnen. Wir müssen in Deutschland die Rasse pflegen.«

Trockenbrott lachte.

»Professor ...«, sagte der Herzog. »Sie müssen mal zum Udo Toto von Moto Homo nach Kosbuchna hinunterfahren ... Dort werden Sie Ihre Wassermenschen ausstudieren können.«

Professor Larrifarri machte eine abweisende Handbewegung: »Zu Graf Udo Toto fahre ich nicht.«

»Warum denn nicht? ...«, fragte der Herzog.

»Mit dem Grafen Udo Toto kann man über Rassenfragen heute nicht ernsthaft reden. Der meint, sein Menschenmaterial in Kosbuchna und Umgebung seien lauter polnische Landsäue. Vielleicht bekehrt er sich später einmal ...«

Man lächelte verlegen.

Nach dem Frühstück, dem keine Damen beiwohnten, da die Herzogin in Südafrika weilte, verabschiedete sich Trockenbrott, und auch der Herzog ließ sich eine Schlafwagenkarte für Berlin zum Nachtschnellzug besorgen.

Professor Larrifarri blieb allein und studierte die oberschlesische Rasse.

## Die Emigranten

Vierzehn Tage nach der letzten Schicht kam ein Gendarm, in seiner Begleitung ein Plateauwagen und fünf kräftige Männer. Diese machten sich ohne irgendeine Erklärung über die wenigen Habseligkeiten des Grubenhauers Johannes Wiemann her, luden den Tisch, den Küchenschrank, die alte Kommode, die kärglichen Federbetten, Kohlenkasten und Kinderwiege auf den Wagen und fuhren damit zum Gemeindehaus, wo schon ein großes Treiben herrschte.

Da waren da: die Wiemanns von Piekar. Vater und Sohn. Die Schwieger aus Schlesiengrube. Ein Schwestersohn aus Bobrek, an die zwanzig Menschen, nebst einer großen Anzahl weinender Kinder.

Johannes Wiemann mit seiner Frau und ihrem kleinen Buben stießen dazu.

Die Männer beratschlagten, was zu machen wäre. Johannes riet dazu, Dollny aufzusuchen, und die ganze Schar samt Kindern machte sich auf den traurigen Weg.

»Wisset es ...«, schrie ihnen Dollny entgegen ... »Ihr seid eine kleine Auswahl der Besitzlosen dieses Landes, und die Besitzenden haben euch einen Streich gespielt. Wisset ferner, daß die elfte Stunde geschlagen hat. Bald kommt der Tag der Abrechnung.«

Die Männer ballten die Fäuste. Die Frauen wimmerten und machten sich Vorwürfe wegen des angestrengten, fluchwürdigen Prozesses.

Dollny aber sprach weiter: »Ich miete jetzt sofort einen Leiterwagen, und wir alle, so wie wir hier versammelt sind, fahren unverzüglich nach dem herzoglichen Schloß. Gehet alle in das Fuhrgeschäft Klekotka in der Piekarer Straße. Ich komme nach.«

Die traurige Schar der Emigranten bewegte sich die Bahnhofstraße hinauf zum Fuhrgeschäft.

Miserere.

## Marienlieder

Eine Stunde später war ein vollgepackter Leiterwagen unterwegs in die oberschlesischen Wälder. Während die Kinder sich an den von Dollny spendierten Speisen den Magen beruhigten, beschlossen die Männer untereinander, was zu tun sei.

»Ich werde dem Hund vor die Füße speien und ihm sagen, daß unsere Urgroßväter Brüder waren.«

»Das werden Sie nicht tun ...«, wehrte Dollny ab. »Das werde ich besorgen, ohne zu spucken.«

»Totschlagen müßte man den Kerl.«

»Das müßte man ...«, beschwichtigte Dollny, »aber das kann und darf man nicht. Wollen wir nicht lieber singen?«

Dollny intonierte ein Marienlied, in das die Frauen einstimmten. Die Männer aber sprachen, daß ihnen die Lieder nicht vertraut seien und daß das blödes polnisches Zeug sei.

Johannes Wiemann wurde schweigsam.

Eine der letzten Schichten, die er einfuhr, wird er sein Lebtag nicht vergessen. Dem Förderkorb entstiegen, eilte er seinem Hang zu. Instinktiv griffen seine Beine nach vorn ... gleich den Grubenpferden, die hier seit Jahrzehnten das Licht entbehren, nichts wissen von der Sonne des Lebens. Wagen um Wagen rollte aus dem gähnenden Stollen hervor, dicht an ihm vorbei, fort zum Förderkorb. Grubenwasser rauschten geheimnisvoll im Unsichtbaren. Die Lampe warf seinen Schatten über Stempel und Risse. Da schlug plötzlich ein kopfdicker Stempel vor ihm nieder. Haaresbreite vor ihm lag der Klotz, der ihm zugedacht schien. Der ihn zerschmettern sollte.

Oben im Gestein fluchte ein Kumpel.

Johannes Wiemann dachte nun darüber nach, wer denn ein Interesse haben konnte an seinem kargen Dasein ...

Einige Tage später kam dann die Aufkündigung der Arbeit und gleichzeitig der Wohnung ...

... Das ist nun mein sogenanntes Leben unter Tage. Unter Tage auch bohren, hämmern, sprengen und fluchen meine Gedanken. Kumpel bin ich, so sagt man.

Viel Haß ist in meinen Augen ... o ich weiß ... denn in meinem Magen ist meistens nichts denn ein bißchen Säure ... gallig und grün.

Unter Tage ...

Unter Tage heißt, diejenigen hassen, die über Tage nicht wissen, was unter Tage heißt.

Unter Tage kreist meine Seele.

Unter Tage ...

Verstehe mich, o Freund, der du die Sonne schaust Tag um Tag, was es bedeutet, von Sekunde zu Sekunde, von Hieb zu Hieb auf den Tod gefaßt zu sein. Von Schlag zu Schlag die Gewißheit zu erneuern, daß nichts weiter los ist mit diesem Leben hier auf Erden für die Kumpels unter Tage.

Unter Tage ...

Das heißt geboren werden von ausgequetschten Müttern. Genährt werden von eingetrockneten Brüsten. Zu Grabe getragen werden von ausgemergelten Männern.

Was dazwischenlag, war Unter Tage.

Glaube mir, o Freund, daß es keine ewige Seligkeit mehr gibt für die Unter Tage.

Es gibt nur ein Geborenwerden.

Es gibt nur ein Gestorbensein.

Dazwischen Unter Tage.

Dahinter die ewige Seligkeit des Nichts ...

## Odyssee der Besitzlosen

Der Leiterwagen lenkte in das herzogliche Parktor hinein. Die Schar entstieg dem Wagen und gruppierte sich zu einem Karree vor dem Portal.

Dollny verschwand im Schloß.

Nach einigen Minuten kehrte er wieder mit der Nachricht, der Herzog sei nicht anwesend. Man müsse halt auf dem schnellsten Wege nach Kattowitz zum Trockenbrott.

Professor Larrifarri kam, aufmerksam geworden durch die Menschenschar, und fragte, was denn eigentlich los sei.

»Wer seid Ihr denn?«

»Mein Name ist Rechtsanwalt Dollny!«

»Larrifarri ... sehr angenehm. Vielleicht kann ich Ihnen helfen?«

Dollny winkte ab.

»Was wollen denn die Leute?«

»Zu essen. Zu trinken. Zu schlafen. Zu wohnen und lustig sein ...«, erwiderte Dollny.

Larrifarri lachte: »Sie sind ja ein netter Spaßvogel. Aber was in meiner Gewalt steht, das will ich tun. Hier haben Sie mein ganzes Bargeld.«

Damit zog Larrifarri seine Börse aus der Tasche.

Es waren sechs Mark fünfundsiebzig Pfennige darinnen, und als die Emigranten das festgestellt hatten, wurde grenzenlos darüber gelacht, und Larrifarri mochte dieselbe Rolle angetreten haben, die Voltaire in ganz anderem

Zusammenhang bei den märkischen Bauern spielte: Die Rolle des Leibaffen des Herzogs.

Dollny begab sich mit seinem Gefolge ins Dorf. Hier war ja der Gastwirt Moschek ansässig, der Vertrauensmann Woicechs, und man bewirtete vor allen Dingen die Kinder und sorgte für ein Nachtlager der ganzen traurigen Gesellschaft im Saal. Am nächsten frühen Morgen fuhr man zurück gen Sackowitz. Die Herrlichkeit nahm ein jähes Ende. Einige Gendarmen lösten diese Odyssee der Besitzlosen in allerkleinste Menschengrüppchen auf, noch ehe man Sackowitz erreichte.

Der leere Leiterwagen rumpelte gen Beuthen.

Das verzweifelte Umherirren der Emigranten währte noch einige Wochen, und nacheinander verdrückten sie sich ins Innere des Reiches: Ins Ruhrgebiet.

## Kaczmarek geht zur Jagd

Es war im Herbst.

Die Kartoffeln hatte Emmerenzianna Kukla, wie schon alljährlich, seitdem sie dem Kukla samt und sonders als Arbeitstier zugehörte, mit der Hacke ausgegraben, und das waren immerhin an die drei Morgen, wenn man das gelinde bemerkt, derweilen Jeremiasch der Kukla nebenan pflügte und eggte, zum Abend aber den von Kaczmarek vollgeladenen Kastenwagen mit Kartoffeln heimfuhr. Und was Kaczmarek auf dem Acker aufgeladen, mußte er mühselig und über Mitternacht hinaus ebenso allein einkellern, Korb um Korb, indes Emmerenzianna die Kühe molk, alles Geviech abfütterte und der Jeremiasch die Pferde.

Der Herbst ist ja für die Bauern die schwerste Zeit.

Wenn die eigene Feldarbeit beendet ist, die letzten Rüben daheim bereits winterlich zu keimen, in den Kellern auswüchsig zu atmen beginnen, geht die Zuckerrübenernte los, auf den endlosen Schlägen und Gemarkungen des edlen Udo Toto von Moto Homo. Gegen Übereignung der Rübenblätter nun ist es den Bauern gestattet, die Rüben aus der Erde zu stechen, zu säubern, zu beschneiden und in die Schober zu häufen. Dies geschieht zumeist schon zu Beginn des ersten Schnees, der nassen Stürme und der schwadigen Nebel.

Nach alledem nun ließ Udo Toto die Jagden proklamieren in seinen Waldungen, Remisen, auf seinen Gemarkungen und in allen Schlupfwinkeln seiner Hasen, Böcke und Kaninchen. Und die Bauern, die Knechte nebst Burschen eiferten als billige Treiber hierbei.

Kaczmarek hörte das Geknatter rings um das Dorf und entwich dem Hause in der Richtung der vielen Männer und der Aufregung, die den grauen Erdboden in der Ferne bekrabbelte und belief. Gleich hinter dem Dorf, in einer Bodensenke, passierte er einige abgesprengte Männer mit kurzen Knüppeln in der Hand, die sie von Zeit zu Zeit geheimnisvoll von sich schwangen gegen die Erde und ihre Maulwurfshaufen. Kaczmarek trat hinzu und erkannte als ersten den Momek, den Kirchenpolizisten, der in eifrigster und rascher Gebärde den Knüppel erneut von sich schleuderte, indes sich aus der angezielten Stelle ein Schwarm von Fasanen kreischend erhob. Momek lief hinzu, griff in den Boden und hielt einen betäubten Fasan in seiner Hand, ihm den Hals rasch umdrehend und zugleich in seiner Joppe verbergend. Also, das ist eine Jagd ..., dachte Kaczmarek und machte sogleich mit. Er griff nach einem Knüppel und half dem Momek, die aufgescheuchten und ängstlich in der Erde eingebuddelten Fasanen zu fangen, und gab ihm so manches derart erschlagene oder betäubte Vogeltier.

Und Kaczmarek dachte an die zwei Klapse in der Kirche und fand das alles belustigend und verwunderlich zugleich. Aber Momek kümmerte sich nicht darum, wer da für ihn so fleißig wilderte. Inzwischen verringerte sich der Spielraum zwischen den Herumknallenden, und wie ein rascher Windstoß lösten sich aus dem anderen Haufen einige Männer in der Richtung der Momekschen. Ehe dieser sich versah, hielt man ihn am Arm. Andere kamen hinzu, schlugen mit Krücken nach Momek, rissen seine Joppe auf, und siehe, darinnen verbargen sich zehn abgegurgelte Fasanen.

»Der Udo Toto wird dir das anstreichen ...«, versicherten die Männer und schrien: »Pack dich. Fort mit dir zum Amtsvorsteher, du pierunischer Wilderer.« Sie gingen mit Momek von dannen. Kaczmarek aber beachteten sie nicht, ließen ihn gänzlich in Frieden, so daß er dem Walde zu lief, wo es ja lustig knallte. Hier ging es einfach toll zu.

Immer in kurzen Abständen war einer, der schoß, während die Bauern, Burschen und Knechte aus dem Dorf und auch Unbekannte mit großem Hallo und Negergeheul in den Busch krochen und dort einen Hasen, da einen Fasan hervorbrachten. Mit Triumphgeheul, daß sie Hasen sammeln durften für andere Leute.

»Tam ta Kuuuraaa ...«, schrie einer.

Es hieß, das sei der alte Udo Toto. Man dürfe nicht in seine Nähe geraten, denn der schlüge jeden mit seiner Krücke auf den Buckel, was das Zeug halte.

Kaczmarek sah, wie er andauernd schoß und wie die Patronenhülsen aus dem Verschluß hüpften. Er pirschte sich rücklings an den alten Udo Toto heran, griff nach den bunten, verlockenden Hülsen, die überall am Boden umherlagen und steckte sie in die Tasche. Als Kaczmarek restlos abgegrast hatte und, von der Versuchung verlockt, die frische, soeben aus der Flinte gehüpfte Hülse schnappen wollte, die Udo Toto zwischen den Stiefeln zu liegen kam, hob Udo seinen Stiefel und trat Kaczmarek, ehe dieser kaum etwas ahnte, heftig in den Hintern.

Das war nun für Kaczmarek nichts weiter, in Erinnerung an Jeremiasch Kukla. Aber er zog sich von diesem Schützen zurück. Einige hundert Meter zur Linken schoß ein zweiter. Der war jung und schweigsam, und rings um ihn balgten sich die Burschen um die Hülsen, unbehelligt.

»Das ist der junge Udo Toto, der Sohn vom alten Udo Toto ...«, hieß es. Ein Treiber bemerkte, das sei ein sehr feiner Kerl und rauche die Zigaretten nur halb.

Kaczmarek umkreiste den jungen Udo Toto, der da schoß, nichts traf und nach jedem Schuß ärgerlich mit dem Kopfe schüttelte.

Plötzlich aber, wie vom Teufel verfolgt, stoben die Treiber und Burschen und Knaben auseinander. Der alte

Udo Toto kam daher mit schnarrender, rülpsender Stimme, mit nichts Gutes versprechender Gebärde. Kaczmarek, eingedenk des Trittes von vorhin, kroch eiligst in das Gebüsch in nächster Nähe und beobachtete die Dinge, die da aufzogen.

Der alte Udo Toto postierte sich vor den jungen Udo Toto: »Na, mein Sohn, alter Feger, wieviel hast du schon geschossen?«

»Noch nichts, Papali ...«, entgegnete der junge Udo Toto.

»Noch nichts ...?« kreischte der Alte, wie von der Hölle geimpft ... »Noch nichts ..., das sagst du mir altem, ergrauten preußischen General?«

Und er schwang seinen englischen Sitzstock und schlug den jungen Udo erbarmungslos auf den Buckel, so daß Kaczmarek zu glauben begann, der wilde Mann könne ein Gewitter veranstalten, ohne Wolken und den lieben Gott.

Dann ging der alte Udo von dannen und jammerte: »Ach ... was hab' ich für einen Esel von Sohn ... ach, was hab' ich für einen riesengroßen Esel von Sohn.«

Da er hierbei einige Treiber anstarrte, durfte er das diesen Bauern verkündet haben, die mit Behagen davon Kenntnis nahmen. Da die Luft nun rein geworden war, lief Kaczmarek heim.

Und er dachte, wie gut er es eigentlich hatte beim Jeremiasch, eingedenk der Hiebe, die der junge Udo Toto vom alten entgegennahm.

## Ludwina

Die Betschwester und Vorsängerin Ulka, die Kürbisulka, hatte eine Tochter namens Ludwina, und sobald Kaczmarek das Mädchen sah, mußte er an Hochwürden denken und dessen Worte: »Hast du schon einmal ein Mädchen nackend befühlt?« Da nun Ludwina zum Krämer lief, einen Petroleumdocht kaufen, weil daheim Gänsefedern gezupft werden sollten für die Federbetten, stellte Kaczmarek sich in ihren Weg: »Ich lasse dich nicht weiter, Ludwina!«

»Du mußt mich durchlassen, dummer Kaczmarek!«

»Wer sagt das?«

»Ich.«

Und sie gab ihm einen Schlag ins Gesicht, so daß er wütend in ihre Brüste stieß und gewahrte, daß ein Glücksgefühl in seinen Körper kroch.

Er dachte: »Das also hat der Herr Pfarrer gemeint.«

Ludwina kreischte.

»Warte, du böser Kaczmarek. Ich werde das meiner Mutter sagen. Die Lossprechung hast du auch nicht bekommen, du Sünder.«

Kaczmarek verfolgte sie, stieß sie in den Rücken, so daß sie hinfiel, streckte seine Hand in ihre nackte Brust und wußte, daß es ihm wohltat.

Ludwina erhob sich, klopfte ihr Kleid, um von dannen zu gehen ...

... Aber am Abend, da es dunkel war, schlich Kaczmarek vor Ludwinas Haus, blieb vor dem Fenster stehen, gewahrte drinnen in der Küche die versammelten Burschen, Mägde und Ulka, die fromme Lieder sang, Christi Leidensweg schilderte und Märchen erzählte.

Und Kaczmarek mußte immer auf Ludwina starren, die ein glühend rotes Gesicht trug, das Kopfhaar gescheitelt und so straff zu beiden Seiten heruntergebürstet, daß die Scheitelfurche allerliebst funkelte. Ihm war es unheimlich, seine Zähne klapperten und die Zunge lallte: »Ich liebe dich, Ludwina. Ich liebe dich, Ludwina.«

... Um Mitternacht brachen die Burschen mit ihren Mädchen auf, erwischten Kaczmarek und schleppten ihn lachend in die Stube zu Ulka.

Ludwina jedoch lachte nicht, aber sprach zu Ulka, ihrer Mutter: »Das ist der Kaczmarek. Er hat mich heute in den Dreck gestoßen, da ich zum Krämer lief, einen Docht kaufen.«

Ulka erwiderte und sprach zum Kaczmarek, der zu Boden starrte: »Du sollst doch meine Ludwina nicht in den Dreck stoßen, garstiger Junge ...«, und dann gingen die Burschen und Mägde endgültig von dannen. Kaczmarek nahmen sie in ihre Mitte. Jeremiasch, dem sie alles noch zur späten Nacht unterbreiteten, holte den geknoteten Strick und schlug Kaczmarek auf den Steiß.

Die Burschen aber, die solches angerichtet, besannen sich des plötzlichen einer Rache: Sie zerlegten noch zur selben Nacht ganz leise Kuklas Kastenwagen in kleinste Teile. Diese kleinsten Teile, als da waren Räder, Deichsel, Seitenbretter sowie Achsen, schleppten sie auf den Scheunenfirst.

Und am Morgen lachten alle Leute.

## Kaczmarek soll Pfarrer werden

Jeremiasch Kukla hatte sich eine Sau angeschafft, vermittels dieser Geld zu verdienen, da sie Ferkel werfe.

So fuhren sie durch den Wald, die Sau vergittert im Wagen.

Kaczmarek aber hinten am Wagen als Wächter.

Solchermaßen die Sau gedeckt war, warf sie Ferkel, dreißig an der Zahl.

Und das war sehr gut für Jeremiasch den Kukla.

Schon einige Tage darauf aber starben alle jungen Ferkel an Rotlauf, darüber Kukla in formlose Wut verfiel und mit dem Klötzchen des Stallriegels grundlos auf Emmerenzianna einhieb, die ohnehin vor dem Stalle seit Stunden fassungslos geweint.

Jeremiasch stieß etwa dreißigmal gegen ihren rechten Oberarm, so daß Kaczmarek diesem sadistischen Jeremiasch in den Arm fallen mußte und gleichfalls zwei Querschläge gegen die Stirn entgegennahm, die sich ausnahmen wie ein kennzeichnendes Brandmal.

Emmerenzianna wimmerte vor Schmerzen, und die Sau starb obendrein. Und Kaczmarek blutete und war gekennzeichnet.

Und am Sonnabend ging der Jeremiasch zur Beichte.

Emmerenzianna hatte nach den Schlägen des Kukla vermittels dieses stumpfen Klötzchens den Arm am folgenden Tage nicht mehr bewegen können. Die wundgestoßene Stelle war angeschwollen, blutüberkrustet und litt den enggewordenen Ärmel nimmermehr. Da sie nun die Leute fragten, was denn geschehen sei, so sagte sie: »Nichts weiter. Ich habe mich am Boden etwas gestoßen, derweilen ich Speck holte.«

Und die Leute schüttelten mit den Köpfen.

Emmerenzianna salbte die Wunde mit grauer und blauer Salbe, mit roter und grüner, legte Quark darauf und Sahne, wusch sie aber nicht und ging auch nicht zum Arzt, denn es wäre schade um das Geld, das doch die Sau mitgenommen hatte, samt ihren Ferkeln. Vielmehr ließ Emmerenzianna Messen lesen zur Beschwörung ihres Unglücks, in Hrabin eine, in Annaberg eine und in Czenstochau vier. Dann gelobte sie Gott, eine Kapelle zu bauen auf dem kurzen Gartenstück an der Straße, darinnen zu Fronleichnam und sonstwann das Allerheiligste wohnen und kampieren könnte. Und da der Arm immer dikker wurde unter dem lose aufgelegten Ärmel, ging sie zu Hochwürden, sich beraten, wie man den Kaczmarek am ehesten zum Pfarrer befördern könnte. Hochwürden nannte die Adresse eines tschechischen Klosters, wohin er auch bald dieserhalb schrieb, und Emmerenzianna entschloß sich noch einmal und bestimmt dafür, den Kaczmarek hinzuschicken, damit er Pfarrer werden sollte.

»Warum schickst du die Emmerenzianna nicht zum Arzt? ...«, redeten die Leute zum Jeremiasch, dem Kukla.

»Zu was ...?« entgegnete Jeremiasch. »Wird schon so gut werden, die Sache.«

Trotz dieses Geizes aber hieß er den Gedanken, Kaczmarek Pfarrer werden zu lassen, für sehr gut und war dafür zu haben.

Ehe nun der Frühling in die Wälder mächtig einschlug, schaffte der Jeremiasch den Kaczmarek zum Bahnhof, wie Hochwürden geheißen, von wo ihn ein Mönch weiterbringen sollte.

Kaczmarek, dem solches eröffnet wurde, sagte weder ja noch nein und begriff langsam, auf weite Monate und auch Jahre fort zu müssen. Schluchzte und ergab sich.

Der Mönch nahm ihn in Empfang, warf die Kisten und Päcksel, die Jeremiasch und Emmerenzianna mit Butter, Speck und Wurst gefüllt, ins Abteil, derzeit Kaczmarek dem Kukla seinen letzten Sohneskuß gab, welcher nicht schmeckte. Dann setzte sich die Eisenbahn in Bewegung. Kukla stand mit der Peitsche in der Hand am Perron, dem ringsum Disteln und Brennesseln entsproßten, armselig, zerknittert, tückisch und verschlagen.

»Mit Gott ... Hochwürden ...«, rief er dem Mönch noch nach.

Dieser jedoch machte aus dem Abteilfenster einige Kreuzzeichen nach ihm, die so widerwillig ausfielen, als wolle er den Jeremiasch drei Schritt vom Leibe halten.

Sie waren kaum einige Stationen gefahren, als der Mönch, ohne Kaczmarek auch nur eines Wortes zu würdigen, dessen Gepäck aufzubinden begann, die Kisten aufknabberte und sich über das Brot, die Butter, die Würste und den Käse hermachte. Er verspeiste etliche sechsundzwanzig Schnitten, die er sündhaft mit Butter bestrich und mit Wurst belegte. Obenauf biß er noch in den Käse, lockerte die hartgekochten Eier und die nötigen Äpfel. Alsdann kaufte er sich auf einer Station ein Maß Bier und eine dicke Zigarre und schlief nach diesen Genüssen schnarchend ein. Nur an der Reichsgrenze fuhr er aus dem Schlaf, ließ Kaczmarek die restlichen Kisten und Bündel, mitsamt den Federbetten durch die Grenzsperre zum Anschlußzuge schleppen, um sich selber nach einem gewaltigen Maß Pilsner umzusehen, hernach den tschechischen Zug zu besteigen und dort mit ungestümer Andacht erneut über die Fressage herzufallen.

Kaczmarek, der langsam begriff, daß all dies sein Eigentum zum mönchischen Teufel fuhr, räusperte sich »hem, hem« und schaute dem Mönch ins feiste Antlitz.

»Schweig still. Gottvergessener Bengel Ti Hrome dewati ...«, schrie der Mönch ohne äußere Veranlassung, und Kaczmarek überlegte, daß er dieselbe Gebärde trug, wie Hochwürden damals, als Kaczmarek ihm frivol und aufrichtig im Beichtstuhl erklärte, er hätte an Gott gezweifelt.

Dann kam endlich ein weißgetünchtes Gebäude, die Abtei, deren Tor hinter ihnen knarrte, wie die Pforte der Hölle.

»Hast du endlich einen, Paulus ...?« fragte ein feister Kuttenträger Kaczmareks Begleiter.

»Und ob ich einen habe, Petrus.«

»Das ist aber gut, Paulus. Die Jauche fließt schon seit Tagen übern Bottich, und der Stall ist schon zwei Wochen nicht ausgemistet.«

Und man führte Kaczmarek treppauf, treppab. Zum Abt, der nicht minder feist war.

Dieser nun segnete ihn mit geweihtem Wasser, das bißchen schal war, murmelte dies und jenes vom ärmsten und leidenden Jesulein in sein Doppelkinn und hieß Kaczmarek schlafen gehen, um des Morgens um zwei Uhr munter und fidel zu sein. Seine Kutte und ein Paar Sandalen flogen barsch in die nackte Zelle, jedoch die Federbetten, die Emmerenzianna Kaczmarek fürsorglich mitgegeben, blieben aus und waren fortan nicht gesehen ...

Kaczmarek bettete sich auf der Decke seiner Pritsche, ohne einzuschlafen. Um zwei Uhr morgens bimmelte eine Glocke. Bald darauf holte ihn einer ab, geleitete ihn zur Kapelle, wo er gemeinsam mit der Schar im schweigenden Gebet verharrte, das der Prior mit Ausrufungen untermalte. Man reichte ihm mit andeutenden Gebärden ein Töpfchen karge Magermilch, eine Krume Brotes und hieß ihn dann sein Pfarrstudium beginnen, nämlich die Jauche aus dem Bottich zu schöpfen und damit den Düngerhaufen andächtig begießen, was er bis Mittag willig tat. Zu Mittag gab es Wassersuppe, die er nachdenklich schlürfte. Nachmittag befahl man ihm, den Dünger aus den Ställen zu werfen, sintemalen dies zum Pfarrstudium gehöre.

Kaczmarek tat es und fühlte sich recht wohl, inmitten der Kühe, Ochsen, Esel, Ziegen, Hühner, Enten und Gänse.

Das währte bis zum Abend, und man reichte ihm alsdann jene bekannte Wassersuppe und hieß ihn, in der Kapelle mit den andern beten, was er betulich verrichtete.

Und zur Nacht blieben die Federbetten weiter verschollen ...

Am nächsten Tage also setzte er sein Pfarrstudium wie

geschildert fort, denn die Jauche hatte sich über Nacht angesammelt, und dieweil er sie ausschöpfte, kam neue hinzu. So auch neuer Dünger zum alten.

Und so ging es abwechselnd hin und her.

Des folgenden Mittags schnitt man ihm die Haare kurz.

Also gingen die Tage dahin, und Kaczmarek studierte solchermaßen Pfarrer, wie es der fromme Wunsch war der Emmerenzianna und auch ihres Jeremiasch.

Und die Sonne prallte in die Jauchegrube.

## Flucht

Nach einigen Wochen, übermannt von der Sehnsucht nach daheim, gewann Kaczmarek das Weite und wanderte barfüßig durch das sonnige Land Mähren in die Kreuz und die Quer.

Schlipschlap.

Der Wald flutete und brandete unaufhörlich und schlug über seinem kahlgeschorenen Haupte immer neue Bogen. Die Hosen wetzten.

Kaczmareks verängstigtes Herz dachte an den Verfolger, der da im Schenkeltakt mit ihm um die Wette lief im tiefen Wald.

Schlipschlap.

Die Bäume wurden Kuttenmönche und sprachen mit heiseren Stimmen. Gotterfüllt. Gottvergessen. Wissend. Schweigsam.

»Du Sünder. Schlipschlap.«

»In die Hölle mit dir!«

Und Kaczmarek lief noch schneller, denn das Schenkelgespenst peitschte ihn von dannen. Er durchmaß die Ewigkeit der grausigsten Ängste, der sein Blut verfallen war, von den Leibeigenen her, von der Mutter Milka der Krätzigen. Und die Menschen alldort im Lande Mähren schauten ihn an, da er barfuß war und ohne Haare und schienen zu fragen:

Kaczmarek ... wo kommst du des Wegs daher?

Kaczmarek ... wo willst du des Wegs dahin?

Sie gaben ihm zu essen, im schönen Land Mähren. Seine Angst wich dem Hunger völlig, im schönen Land Mähren. Und Kaczmarek spürte, daß er einsam war und allein, grausam allein, im schönen Land Mähren.

Und da es Abend wurde auf der Landstraße, kroch er in einen Strohschober seitlich des Wegs, um zu schlafen.

Alle marschierten sie an ihm vorbei: Der Jeremiasch als Teufel. Die Emmerenzianna als Hexe. Der Brillok als armer Reisechristi. Der Zweimalzwei als Federwisch. Der Schulinspektor als Kaiser Wilhelm II. Hochwürden als Ziegenbock. Die Köchin als Kuh. Ulka aber als Engel und Ludwina ganz nackt.

Darob geriet er in Gier und griff nach Ludwina. Jedoch nichts war rings um ihn denn Stroh. Leeres Stroh.

Er erwachte, und in der Ferne dampfte das Tal im Morgengrau. Da setzte er seine Barfüße in Bewegung, ging ins Tal hinab.

Auf der anderen Seite aber war ... Deutschland.

Deutschland ... Deutschland.

## Heulen und Zähneknirschen

Die Kuttenmönche indessen schrieben an Hochwürden, der Kaczmarek wäre auf und davon.

Hochwürden ließ Emmerenzianna kommen und sagte ihr solches.

Emmerenzianna weinte und wischte sich die Tränen mit dem linken und gesunden Arm. Der rechte aber war dürr geworden vom Knochenfraß.

Und der Jeremiasch betrachtete den knotigen Strick am Nagel und dachte an die verlorenen Würste, an den Speck und den Käse.

Aber Kaczmarek blieb verschwunden. Emmerenzianna sprach: »Wir wollen Messen lesen lassen für sein Heil. In Czenstochau eine, in Hrabin eine und in Annaberg eine.«

Und sie gab das nötige Geld mit der linken Hand, denn die rechte war dürr vom Knochenfraß.

»Wir wollen auch eiligst die Kapelle bauen«, sprach sie ferner, »diese also im Garten an der Straße, aus Backsteinen, innen mit Gold ausgemalt, darinnen Gott kampieren soll, wenn es ihm Spaß macht.«

So taten sie es auch, und Emmerenzianna zahlte das nötige Geld mit der linken Hand, denn die rechte war dürr vom Knochenfraß.

Jeremiasch sagte gar nichts, denn es war sein Geld und für den lieben Gott.

Die Leute aber sagten: »Aus einem Hurensohn wird nie ein Pfarrer. Das haben wir schon längst gewußt.«

Dann vergaßen sie Kaschpar Theophil Kaczmarek, von dem Dorf Kaschparek genannt oder auch Tyll, Sohn der krätzigen Milka Balzerova, die die Tochter des leibeigenen und totgeprügelten Ackerknechtes Balzer war.

Und die Sonne prallte in die Jauchegrube.

## Radau um Mitternacht

Bumba kauerte auf seiner Pritsche, die Beine bis zum Kinn gezogen. Er wartete auf etwas Unbestimmtes.

Aus der Dunkelheit der Schlafkammer krochen die unzähligen Heiligenbilder von den Wänden. Wurden lebendige Zerrgestalten und drangen halb lächerlich, halb feindselig auf ihn ein. Bumbas Gehirn, von stundenlanger Arbeit erschlafft, wuchs und wuchs und wuchs. Wie eine Träne im nassen Auge.

Atem rollte im Raum.

Schnarchig fett und rüpelhaft, der resonante Rachen seiner Mutter. Dünn geziert und melodisch, der kranke Ton Zerkas, seiner Schwester. Kurz und lustig die Schweinslungen im anschließenden, dünnwandig getrennten Koben. Von dort her fletschten und knabberten die Ratten.

Nun mummte die Kuh einmal.

(So mag die Schöpfung einst erwartungsvoll geknurrt haben.) Bumba legte sich auf sein linkes Ohr und dachte an den lieben Gott.

Draußen die Nacht.

Rollend durch die krummen Gassen. Wie ein tauber Klang des Schöpfers. Wie ein erstickter Schrei der verfluchten Erlösung. Wie eine Klage der verpfuschten Form.

Ein plötzlicher Ton, ein mummliger Schrei klatschte an Bumbas Ohr.

Mutter schrie.

Unartikuliert und gequält. Überfallen und grausam. Stark und rücksichtslos.

Bumba schoß in halbe Körperhöhe: »Was ist los, Matschitschka? Was schreist du denn?«

Stille.

Nur ein schwaches »No«.

»Noo.«

Matschitschka bestätigte ihr Wachtum. Und legte los: »Nichts ist geschehen, Bumba, mein Kind. Nichts. Nur Mora war wieder da.«

»Mora.«

»Ich habe ihr spitzes Mausgesicht geschaut, als ich aus kopfüberstülpter Decke hinauszuschauen wagte. Vor Schreck versagte mein Atem, und Mora kroch mir ins Gesicht. Ich konnte nicht Rettung schreien. Endlich entrang sich ein schwacher Schrei meiner Brust, und dann riefst du, und alles war vorbei. Oooo muj mili Pane Bosche. So quält man sich auch noch zur Nacht.«

»Mora!«

»Mora ...!« schrie Matschitschka nun in die Finsternis hinaus. »Hol dir morgen früh ein Stück Speck und laß mich heute in Ruh.«

Dann legte sich die Stimme. Modulierte hinab zum alten trocknen Lamentieren.

»Ooo muj mili Pane Bosche. Und Tatschitschek ist immer noch nicht gekommen. Wie kann er nur beim Moschek so lange trinken.« Sie schluchzte.

Die Uhr drüben im herzoglichen Schloßturm schlug halb eins.

»... Ich möchte gern tot sein ...«, mischte sich das Stimmchen Zerkas hinzu.

»Warum, Zerka, mein Täubchen?«

»Ach ... weil Tatschitschek mich gestern ein buckliges Luder genannt hat. Warum hab' ich einen Buckel, Matschitschka?«

Schweigen.

Das alte Schnarchen setzte ein ...

... Bumba kauerte auf seiner Pritsche, die Beine bis zum Kinn gezogen.

Er wartete auf etwas Unbestimmtes.

Das, was Zerka und Matschitschka da soeben sprachen, war dumm. Sehr dumm. Hm.

Mora ... und warum Zerka einen Buckel hatte?

Danach fragte kein Mensch.

Wieder wurden die Heiligen lebendig und stachen nach Bumba. Der heilige Florian mit einem Feuerhaken. Der heilige Sebastian mit einem Dolch. Die heilige Katharina mit einem Kehrbesen. Brr. Brr. Hui. Hui.

Bumba fürchtete sich plötzlich. Schnappte nach Mut. Drum rief er laut und selbstbewußt: »Matschitschka!«

»Noo. No ... Bumba. Noo?«

»Matschitschka! Wenn ich erst größer bin und stärker. Oooo! Ich werde Tatschitschek verprügeln. An den Türpfosten anbinden. In den Bauch treten. Schnaps unter die Nase kitzeln. An der Flasche riechen lassen. Riechen. Hahaha. Riechen. Heiheihei. Und er wird mit verbundenen Händen vor Zips krepieren. Krepieren. Hahaha.«

Bumba hatte sich in Wut gesprochen und schnellte seinen Körper hoch: »Totschlagen werde ich so einen Hund von Vater.«

Matschitschka unterbrach den Besessenen: »Bumba! Du Gottloser! Was sprichst du denn da? Bist du etwa auch betrunken wie Tatschitschek? Wer hat dich denn so sprechen gelehrt? Daß ich nicht aufstehe und dich züchtige. Du nichtsnutziger Teufel! Morgen in aller Frühe gehst du mir unverzüglich zur Beichte und reinigst deine sündige Seele. Pfui. Bumba. Pfui, wie kann man von seinem eigenen Vater so sprechen. Pfui, Bumba. Pfui.«

Die Worte spickten sich glühenden Bolzen gleich in Bumbas Hirn, so daß er schwieg.

Er warf sich trotzig auf das rechte Ohr und dachte an den lieben Gott.

Eine Ratte huschte über seine Decke.

Hinter der Parkmauer drüben im herzoglichen Schloß ratterte ein spätes Auto.

Dann schlug die Uhr im Schloßturm eins.

Schritte kamen über den Hof. Tatschitschek torkelte heim. Die Tür heftig hinter sich zuschlagend brüllte er: »Licht. Licht. Licht. Du Hure mein Weib. Licht.«

Bewegung kam in die Kammer.

Matschitschka war längst dem Bett entstiegen. Suchte die Streichhölzer. Entzündete die Kerze.

An den Wänden huschte nun ein großer Schatten.

Jetzt schwiegen die Heiligen stur, die sich im Dunkeln so mausig gemacht.

Tatschitschek brüllte: »Wie lange dauert das mit dem Licht, hee? Dir soll ich wohl in den Bauch treten, hee? Zu fressen verlange ich. Verstanden, hee?«

Matschitschka flitzte dahin. Eine Schranktür knarrte. Schweigend stellte sie Brot, Speck, Butter auf den Tisch. Mit einer heftigen Armbewegung schob Tatschitschek alles vom Tisch.

Die Uhr im herzoglichen Schloßturm drüben schlug einhalb zwei.

»Ich wünsche heiße Kartoffeln und Kischke, verstanden, hee?«

Matschitschka beschwichtigte: »Kischke kannst du gleich haben, Tatulitschku mein. Momentchen. So, hier hast du einen Riesentopf voll Kischke. Kartoffeln aber, Tatulitschku, mein lieber guter, müssen erst gewärmt werden. Einen Augenblick nur. Gleich sind sie fertig. Wärest du doch eher heimgekommen, ja ... da waren die Kartoffeln heiß. Es ist ja zwei Uhr nachts. Tatulitschku, mein lieber guter.«

Tatschitschek wartete auf dieses Stichwort: »Was? Du wagst mir mein Nachhausekommen vorzuschreiben? Du Hure mein Weib.«

Bumms ... Rrratsch ...

Der Bunzlauer Topf mit der Kischke zerging an Matschitschkas Körper.

»Ich scheiße dir auf dein Fressen. Zieh mir die Stiefel aus ... Du Hure mein Weib ... Verstanden, hee?«

Matschitschka tat es.

Quälte sich mit dem absichtlich Störrigen und flog mit einem heftigen Leibtritt winselnd in die Ecke.

»Bumba ... Buuumbaaa ... Buuuuumbaaaaa ...«, schrie der Trunkene nun.

»Jaaaa ... iiiich ... koooooommeeeeee ... schoooonn ...«, kreischte Bumba und quietschte wie ein räudiger Hund aus der Ecke: »Nun kannst du in deinen Stiefeln zum Satan spazieren.«

In seiner Rechten schwang Bumba das Christuskreuz von der Wand und brüllte:

»Du Hund von meinem Vater. Nun ist es aus mit dir.«

Mit diesen Worten schlug er auf den Trunkenen ziellos ein. Das Licht ward ausgelöscht.

Flüche dröhnten in der Finsternis. Bumba fühlte sich aus dem Tumult, aus dem Knäuel von den Händen Matschitschkas fortgezerrt. Er sah die Heiligen. Schon wieder machten sie sich mausig. Aber die Hand zerrte ihn ins Freie.

»Bumba ..., wie konntest du es wagen? Du Unglückseliger. Fliehe, denn er schlägt dich tot. Fliehe, Bumba. Fliehe.«

Schon drang Tatschitschek, fletschend gleich einem Panther, aus der Kammer.

Hinter ihm her die Schar der Heiligen, denn im Dunkeln läßt sich's munkeln.

Haha.

Da setzte Bumba übern Zaun und war von der Finsternis sogleich verschlungen.

Die Uhr im herzoglichen Schloßturm schlug drei.

## Mora

Mit dem Holzkreuz in der Hand fror Bumba in der Nacht, und das Morgenrot war noch sehr ... sehr weit.

Er brauchte nur ein Jackett, um dann entschlossen in die Welt zu wandern.

Die Wolken rollten auf und nieder. Zerstückelt. Chaotisch zerrissen. Wie graue Gräten eines aufgesprengten Steinbruchs. Irgendwo war ein Licht zerrieben worden. Irgendwo war ein Stern zerstäubt, ehe er zu leuchten anhub, und die Gedanken Bumbas, die nach Rache schrien, schichteten sich rund um das herzogliche Schloß und wuchsen immer höher. Immer kräftiger aus ihren Dissonanzen über alle Firmamente.

Bumbas Morgenrot wollte Fanfaren blasen und brachte es nur zu einem Heulen und Zähneknirschen.

»Ich hole mein Jackett und dann: Heihei ... Deutschland. Deutschland, oooo Deutschland.«

Mit einem Satz war er zurück übern Väterzaun. Knarrte die Stalltür auf. Suchte die Wände ab. Fand es. Sein einziges Erbteil für die Wanderung. Für seine Erfüllung. Hurtig angezogen. Nu los. Noch etwas? Ja. Das Holzkreuz.

Was mach' ich mit dem grotesken Teufelsding?

Er überlegte kurz. Sprang zur Ziege. Löste ihr den Strick vom Hals.

»Ziege, deinen Strick brauch' ich zum Aufhängen. Hahaha! Der andern, der andern. Hahaha. Ich denke nicht daran, Ziege. Die andern. Die andern. Ziege, ich ... ich ... ich will leben. Aber die andern. Die andern.«

Und er band den Strick um seinen Leib.

An die linke Seite steckte er sein Christuskreuz gleich einem wunderlichen Schwert.

Nun hinaus.

Prasselnd schlug die morsche Stalltür in die Pfosten. Der Fluch eines jäh Enttäuschten ...

Was war das?

Ging sie nicht noch einmal auf? Kroch nicht ein Ungetüm hervor?

Bumba griff zur Abwehr nach seinem Christus, küßte ihn und bat um Verzeihung, daß er mit ihm um sich schlüge, gleichsam mit einer Axt.

Hihihi ... quietschte es aus allen Gerümpeln, und die Kuh rasselte mit ihrer schweren Kette.

Bumba starrte das ungetüme Nichts in den Stallpfosten mit absonderlicher Ruhe an.

»Wer bist du denn, du stinkende Bestie ...?« und er umklammerte sein Christuskreuz. »He?«

»Ich. Ja ich. He. Gestatte mich vorzustellen: Mora.«

»Aaa ... Bumba mein Name. Bumba. Zufällig auf der Welt. Im Straßengraben gezeugt. Beinahe vor der Geburt auf die Welt gekommen. Vor der Hochzeit bestimmt.

Und du, Mora? Was heißt Mora? Was heißt hier Mora? Raus mit der Sprache. Ich habe meines klipp und klar gesagt. He?«

»Ja. Du siehst, Bumba. Habe weder Arm noch Bein noch sonst was. Das ist bei Ungeheuern üblich. He. Hab' nur einen Hauch in mir und spreche polnisch. He.«

»Dieser Hauch.« –

»Er ist Teufel und Gott.«

»He«.

»Siehe. Deine Mutter Matschitschka versprach mir soeben Schinken und Speck ... Warum nicht ein Gebet? Warum Vergängliches? Damit du es weißt, Bumba, Sohn des Tatschitschek: Ich bin die Volksseele. Hihi ...«

... Die Wolken rollten auf und nieder, und Mora verschwand, begleitet von dem quirlenden Geräusch eines aufblähenden Kuhmagens.

Bumba huschte hinunter ins Dorf. Am Schloßpark vorbei. Er schnupperte an sich. An seinen Kleidern klebte Stallgeruch. Heimatsünde. Heimattreue. –

Dann fluchte er der Scholle gräßlich und laut ...

... Alle Wunden der Schöpfung waren aufgerissen. Klafften von oben nach unten. Vom Himmel zur Erde. Im Dorfe bimmelte das Morgenglöckchen. Bumba schien es sein Totenglöckchen. Fort. Fort von hier. Fort. Fort von hier.

Im Schloßpark schlug es fünf.

Der barocke Lichtkegel im Südosten, der die oberschlesischen Industrien anzeigt zur Nacht, war von seinen Höhen hinabgestiegen. Schrumpfte zusammen und blieb als kleiner, schwacher Ballen überm herzoglichen Park hängen.

Dann verschwand er ganz.

Ein Hahn krähte. Ein zweiter erwiderte.

Dann war nur Wald ... Wald rings um Bumba. Nichts als Wald ... Wald, den er gen Deutschland zu durchmaß.

Seine ganz dunklen Gedanken wichen im Morgendampf. Ein Specht hämmerte den Takt, und Bumba sang. Sang, wie er's bei deutschen Lehrern, in deutscher Schule gelernt:

»Wem Gott will rechte Gunst erweisen,
Den schickt er in die weite Welt.
Dem will er seine Wunder weisen
In Berg und Wald und Strom und Feld.

Die Bächlein von den Bergen springen,
Die Lerchen schwirren hoch vor Lust.
Was soll ich nicht mit ihnen singen
Aus voller Kehl' und frischer Brust?

Die Trägen, die zu Hause liegen,
Die wissen nichts vom Morgenrot.
Die träumen nur vom Kinderkriegen,
Von Kühen, Ochsen, Schweinen und von Ziegen ...
Valleri vallera valleri vallera
Valleri vallera valleri vallera.«

Deutschland, ooo Deutschland ... dich grüße ich aus Herzensgrund!

## Deutschland

Kaczmarek überschritt die Grenze nach Deutschland am selben Tage, einem Sonntagnachmittag, da Bumba durch den Wald gen Deutschland zu marschierte.

Das war jedoch nicht an einem engeren Punkte seiner engsten Heimat Oberschlesien, wo die Menschen seiner wasserpolnischen Zunge sind, sondern bereits in der herrlichen Schläsing, die von Oberschlesien wie von einer Stiefschwester zu sprechen gewohnt war und auch noch zu sprechen gewohnt ist.

Das schlesische Städtchen unweit der böhmischen Landesgrenze feierte Fahnenweihe, und durch die krummen Gassen zockelten die alten Krieger von 70, Anno Dunne und Anno Dünnemal, hinter ihren bunten Bannern.

Die Sonne flutete auf den gelben, spitzen, altersmorschen Kirchturm die letzten Abendtropfen, und diese Alterspatina war's, die Kaczmarek zum Stehen zwang.

Noch nie hatte er geschaut, was ein Sonnenstrahl vermag, und es war zum erstenmal, daß ein Stäubchen des Mysteriums Natur seine Seele traf.

Die Musikanten mit ihren Kriegerkolonnen, den Fahnen und den Zivilisten, schwankten vorüber, gleich überreifen Garben. Sektion um Sektion, und immer wieder neue Fahnen mit neuer Musik. Die Menschen schienen freier wie daheim in Oberschlesien, lustiger, ganz anders wie drunten in den Wäldern, sagte sich Kaczmarek.

Sie jauchzten und schrien vor Übermut. Klatschten sich gegenseitig auf die Bäuche vor Ungestüm und schrien andauernd Hurra.

»Hurra...«, schrie Kaczmarek mitgerissen und schaute einem Burschen voll ins Gesicht.

»Mer Usinger juju..., mer seen doch allerhoanc nene...«, sagte der Bursche und stieß Kaczmarek neckisch in die Seite. Kaczmarek wurde verlegen, denn er hatte kein Wort verstanden. Er lächelte und entgegnete in seinem oberschlesischen Deutsch, so gut und höflich es nun mal ging: »Das ist serr scheen.«

Der Bursche stutzte: »Du seist wohl goar a Pullscher?«

Das verstand nun Kaczmarek wiederum nicht, und er erwiderte: »Waß?«

»Scheiße nich ›woaß‹, pullsches Oaß...«, sagte der Bursche entfremdet und ging weiter...

Kaczmarek ging landwärts und überlegte: In der Schule lernte ich, daß wir alle Schlesier seien. Aber er tröstete sich, daß die Menschen vielleicht nur an der Grenze so seien. Was mag der nur geredet haben? War das Deutsch oder war das Portugiesisch?

Es kam immerfort das Wort Pullscher darinnen vor. Dieses Wort quälte ihn unterbewußt.

In einem Gartenlokal an der Straße tranken die müden Krieger. Die Musik spielte die Wacht am Rhein, das Preußenlied, und Kaczmarek, der all diese Lieder von der Schule daheim wie das Vaterunser kannte, sang übern Zaun hinweg den alten Kriegern zu, eigentlich nur von der schmissigen Musik animiert. Ein gutmütiger alter, bärtiger Oberkrieger bemerkte das, schwenkte das Bierglas in der Luft und rief: »Nu komm ock bale har, Junge ... Hier hußt a Stickla Pullsche ...«

Wieder das Wort Pullsche ..., dachte Kaczmarek, schwang sich übern Zaun und riß die angebotene Wurst an sich.

»Erscht trinkst a bißla und ißt awing von dem pullschen Zeug hier, und nachher singst Gloria Viktoria ...«, nickte der alte Oberkrieger.

»Na mach oock keen Gemahre.«

Kaczmarek machte auch kein Gemahre. Aß und trank und sang danach:

»Gloria Viktoria
Mit Herz und Hand
Fürs Vaterland.«

Tränenden Auges klopfte der alte Oberkrieger Kaczmarek auf den Rücken. Gab ihm eine Mark und den Rest der Pullschen.

Kaczmarek ging weiter.

Links neben der Straße fand er einen Strohschober, und weil der Abend eingetroffen war, schlief er mit befriedigtem Magen, mit einem Stickla Pullschem Zeug in der Tasche. Ringsum aber die Frösche jubilierten, und die Grillen zirpten. Montag früh, da er wieder mächtig seinen Weg maß, bäumte sich langsam die Erde. Die Erinnerungen an den alten Krieger wurden schwächer, und indem Kaczmarek aufhörte, mit der Mark zu würfeln, überlegte sein Hirn: Wenn du Hunger hast irgendwo in der Welt, dann mußt du singen irgendwo in der Welt, und der Hunger geht allein davon irgendwo in der Welt ...

In der Ferne steilten sich die Berge zu lieblichen Märchenbildern.

»... Das wird das richtige Deutschland sein ...«, frohlockte er.

Sind das Berge?

Berge?

Berge, wie sie in Lesebüchern beschrieben wurden? Gab es so etwas wirklich? Ebenso wie es mächtige Wasser geben soll, die man Flüsse nennt? Oder Städte, durch deren Straßen die Bahn fährt und die Menschen nicht vor Angst davonlaufen, überfahren zu werden?

Das also sind Berge.

Kaczmarek vergewisserte sich seiner Silbermark, als wären Berge etwas, womit selbst eine Silbermark rechnete. Und er ging in die Berge.

Da war zur Linken erstmal ein breiter Kegel. Vor diesem eine kleine Kuppe. Und noch eine kleinere allerliebste daneben. Aber o Wunder, dazwischen waren ja Häuser. Etwa gar Menschen? Glückliche Menschen in den Bergen!

Steiler stieg der Weg an. Der Wald begann.

Kaczmarek ging stolz auf einem Berge.

Das dünkte ihm so einmalig, so unfaßbar grandios.

Ach, könnte er das den Jungens daheim in Kosbuchna irgendwie und sofort unterbreiten.

Ein Berg.

Er erinnerte sich der Kommunionfahrt nach Pleß ... ach, was war das für eine Stümperei gegen das hier. Gegen einen Berg. Dann fiel ihm ein Lied ein, das mit Berg begann und in der Kirche gesungen wurde mit jubilierender Orgel:

»Über die Berge schallt
Lieblich durch Flur und Wald,
Glöcklein, dein Gruß.«

Glöcklein, dein Gruß. Glöcklein, dein Gruß. Glöcklein, dein Gruß ...

Es gabelte sich der Weg. Ein Wegweiser stand da.

Bad Reinerz.

Er las weiter und stellte fest, daß das hier, wo er stand, die Grafschaft Glatz sei.

Glatz.

Diesen Namen hatte er von der Schule aus im Gedächtnis. War das möglich, daß es Glatz gab? Sollte es wirklich eine Stadt geben namens Glatz? Sollten die Bücher und Lehrer nicht schwindeln?

Auf nach Glatz.

Eine Festung werde ich sehen. Eine Fe ... Dort hat mal der Alte Fritz ... Ja, dort hat er mal ... Der Alte Fri ...

Mit diesen Worten auf den Lippen raste er durch die schöne Natur, erregt von den Dingen, die ihm da noch bevorstanden, und sein Wissensdurst verdoppelte seine Kräfte.

Glatz schwamm im Abendnebel.

Der Donjon träumte seinen alten Kriegstraum. Die Bürger kochten ihre Abendsuppen und spielten Mandoline.

Kaczmarek marschierte durch die Straßen, bewunderte die vielen Schilder, studierte die ulkigen deutschen Namen und kaufte sich für zehn Pfennig Wurst. Es gelang ihm, ein weiteres Stück bei dieser Gelegenheit zu stehlen, denn von Reinerz bis nach Glatz, vom tschechischen Kloster bis nach Reinerz, ist ein weites Ende, und nichts lernt der Mensch bequemer denn ein bißchen Stehlen, da er es eigentlich als göttliches Erbgut mit sich schleppt, meine heißgeliebten Herren Staatsanwälte ... Beim Bäkker erstand er ferner für fünf Pfennig Brot und stahl für zwanzig Pfennig Brezen. Müde und enttäuscht von so einer Festung namens Glatz, wo der Alte Fritz mal ... kroch er in die Ginsterbüsche unterm ziegelroten Donjon und schlief unter den Fittichen einer friderizianischen Festung seinen soldatischen »Fridericus Rex«-Schlaf zu Ende ...

Nun hatte er Glatz gesehen ... Glatz ..., wo Jeremiasch im ganzen Leben nicht hingekommen war und nie hinkommen wird. Und Kaczmarek lernte kritisch abstechen, was eigentlich so eine Festung für eine menschliche Riesendummheit sei. Lernte auch langsam glauben, daß die Lehrer zuweilen die Wahrheit sprechen, wenn sie schon sprechen und nicht auf dem Katheder besoffen schnarchen fürs deutsche Vaterland.

Die Menschen aber hier ringsum, die da gleich Affenkomödianten redeten oder schlimmer wie die Zigeuner, verachtete er. Sie reizten ihn fortan nur zum Lachen.

Er ging ihnen aus dem Wege, nur erwägend, wie man ihnen irgend etwas stehlen könnte, um sich über ihre Ratlosigkeit köstlich zu amüsieren.

So zog Kaczmarek durch die herrliche Schläsing. Wissend, daß er mit Gott einsam und allein war.

## Begegnung

Er saß auf einem hohen Berg, und unter ihm zog spielend die Eisenbahn.

Einen ganzen Tag träumte er hier, und der Hunger trieb ihn weiter.

Auf der langen und geraden Chaussee, die bereits in die Ebene hinabführte, gewahrte er fern einen winzigen beweglichen Punkt.

Es war ein Mensch.

Kaczmarek hatte beschlossen, ihn zu überfallen und ihm eine Mark zu rauben.

Der Mensch kam näher, war barfuß, trug einen Strick um den Leib, darinnen ein Christuskreuz.

Kaczmarek ließ seinen Vorsatz fallen.

Sie passierten einander, sich harten Auges musternd, wie sich zwei große Planeten passieren dürften. Hart und vorgezeichnet.

Kaczmarek wandte sich um. Der Mensch auch.

Beide blieben wie auf Kommando stehen.

Der andre bewegte sich zurück. Schritt an Kaczmarek heran: »Serr scheenes Land, was?«

Kaczmarek dachte plötzlich an den Burschen in dem Städtchen und glaubte, dieser Stromer da mache sich über ihn lustig.

»Kannste kriegen pare in die Fresse, Affe beschissener.«

Der andre brannte in jähem Zorn.

Sie würgten sich recht brüderlich oberschlesisch, angesichts der schlesischen Berge, in ihrem deutschen Vaterland, und als sie erschöpft voneinander ließen, war des andern Jackett entzweigerissen.

Dann gingen sie entgegengesetzt ihres Weges.

Der andre war Bumba.

Im nächsten Dorfe betrat Kaczmarek die erstbeste Bauernwirtschaft. Klopfte an die Tür und sprach: »Bitte, gebben Sie mir ein Stick Brott.«

»Ein Galizianer ...?« entgegnete der Bauer.

»Nein ... Ein Deutscher so wie du ...«, antwortete Kaczmarek vom Hunger gereizt.

»Papiere? Papiere?«

»Chap ich keine.«

Da lachte der Bauer und sagte: »Bleeb ock hier. Koannst ei der Arnt a wing helfen.«

Kaczmarek blieb. Angesichts der Berge in der schlesischen Ebene zwischen Glatz und Breslau. Und niemand krümmte ihm ein Haar. Das Mißtrauen gegen den Bauern, daß dieser ihn schlagen würde, verschwand.

Kaczmarek begriff, daß nicht alle Menschen, gleich Jeremiasch dem Kukla, ihre Mitmenschen bei jeder passenden und unpassenden Gelegenheit schlügen.

Sonntags ging er zur Kirche, um den Bauern nicht herauszufordern. Das ging hier aber ganz anders vonstatten. Keine Messe so wie zu Hause. Wenig los war da und uninteressant der ganze Gottesdienst. Und er sagte dem Bauern aufrichtig, daß ihm das mit dem Gottesdienst nicht gefiele. Der Bauer wurde nicht wild. Forschte nicht weiter, blinzelte ihn an und sagte: »Mer Evangelischen mochen hoalt um a Herrgut ni asuvill Trara.«

Und da Kaczmarek nicht zur Kirche mochte, schlug ihn der Bauer nicht etwa, sondern rief am Sonntag zur Mittagszeit wie immer: »Koaczmorrck, Koaczmorrck. Essen kummn.«

Kein Mensch drohte ihm hier wegen seiner Todsünden, und Kaczmarek dachte: Vielleicht sind das doch bessere Menschen wie daheim? ...

Bei diesem Bauern verblieb er den Sommer. Den Herbst. Den Winter und folgendes Frühjahr. Im Frühjahr, da ihm der Bauer den Lohn in die Hände drückte, sagte er: »Herr Bauer, ich will fort.«

»Furrt willst, Koaczmorrck. Gefällt's dir nimmee bei ins?«

»O doch ..., aber ich will halt fort.«

»Wohin denn?«

»In die Welt hinaus.«

»Recht hußt ... Geh naus ei die Welt.«

Und der Bauer schenkte ihm einen alten Koffer, ein Jackett, ein Paar Hosen sowie fünf Mark außer dem Lohn, so daß Kaczmarek unschlüssig wankte.

»Kimmst bale wieder und basta ...«, sagte der Bauer.

Kaczmarek fuhr mit der Eisenbahn nach Breslau. Lief durch die Straßen. Suchte die Oder.

Nun schaute er die mächtige Brücke hinab auf die Dampfer und Pinassen, die Schlepper und Boote, und es gruselte ihm feierlichst vor soviel Wasser, das in zierlichen kleinen Ringen fortzufließen schien.

## Ruhrgebiet

Den Fluten der Oder gleich, die aus den Wiesen und Wäldern und Feldern Altschlesiens zusammenströmen, zwischen den Dörfern und Städten deutscher, polnischer und mährischer Menschen hindurch ins Weltmeer ziehen, wandte sich Kaczmarek von Breslau endgültig seinem großen, schönen deutschen Vaterlande zu, durch seine Städte strolchend, durch seine Landschaften vagabundierend, verzweifelt, frohgemut, hungrig oder satt. Lustig oder traurig. Liebend oder hassend.

Nun war er neunzehn Jahre alt.

Das Ruhrgebiet sog an seinem Lebensmark. In einer Polenbaracke von Duisburg-Meiderich zechte er die Feierabende und die Sonntage.

Doch kein Jeremiasch kümmerte sich um seine Todsünden. Landsleute, Oberschlesier, waren um ihn. Auch Russisch-Polen führten ringsum ihre polnischen Freiheitsgespräche. Sangen: »Noch ist Polen nicht verloren.«

Die Deutschen des Rheins, bekannt als gute Demokraten allüberall im Westen des Reichs, sangen mit ihnen, denn warum soll nicht ein Volk seine Freiheit haben, gleich dem andern? ... nach deutscher Art? ... nach deutscher Sehnsucht? ...

»Du, Kaczmarek, oberschlesischer Bruder polnischer Zunge ... Was macht der Woicech ... Was macht der Dollny?«

»Ich kenne weder euren Woicech noch euren Dollny ...«, erwiderte Kaczmarek auf oberschlesisch-polnisch.

»Du kennst den Woicech nicht? Armer Kerl!«

»Wie soll ich denn euren Woicech kennen? Was geht er mich an? Was ist das überhaupt für ein Dupa?«

»Das ist unser Führer.«

»Euer Führer? Wohin soll der euch führen?«

»Das wird sich ja finden. Da weißt du von dem Fall Wiemann auch nichts?«

»Nein, ist mir alles neu ...«, erwiderte Kaczmarek.

»Vom Wiemann in der Baracke drei?«

»Ach laß mich in Ruh mit deinem Wiemann in der Baracke drei ...«, brüllte Kaczmarek, trank seinen Gestreiften und ging an einen anderen Tisch.

»Für mich ist der Fall erledigt ...«, schrie er übern Tisch hinweg.

»Ich bin ein Deutscher und damit basta!«

Die andern aber sagten: »Wenn du ein Deutscher bist, Kaczmarek, dann ist der Kölner Dom ein Chinese.«

»Wieso?«

»Wieso!? ... Na so ...«

... Solches redeten sie alltäglich in ihn.

Hm.

Merkwürdig war es, daß Kaczmarek daheim mit Jeremiasch und Emmerenzianna, mit den Nachbarn, in der Kirche, in der Beichte, mit Hochwürden polnisch sprach, wasserpolnisch zwar. Mit dem Lehrer, dem Amtsvorsteher, dem Inspektor, dem Udo Toto jedoch deutsch.

Das überlegte er sich ganz entschieden.

Doch er musterte sein Inneres. Dachte an die deutschen Städte. An die Dörfer. An die Wälder. An die Täler, die er durchmessen und sprach: »Da ich nun weder ein Pole noch ein Deutscher bin, zu gleichen Teilen beiden angehöre, gab mir die Vorsehung einen Verstand und dazu ein Gefühl zu entscheiden. Ich will auf der Stelle mein Gelübde ablegen.

Fortan will ich ein ganzer Deutscher sein und verfluche das Geschick, das mich bislang halbierte ...«

Da sie ihn wieder zu hänseln anhuben, sprach er im heiligsten Ernst: »Lasset mich einen guten Deutschen sein. Gönnt mir den Spaß, das zu sein, dessen ich lustig bin, derweilen ich euch die Freude gönne und überlasse, zu meinen, der Kölner Dom sei chinesisch. Woicech kocht auch bloß mit Wasser. Er ist ein Vagabund, und Deutschland mein schönes Vaterland fortan und auf Ewigkeit.«

## Bumba

Bumba kauerte auf seiner Pritsche, die Beine bis zum Kinn gezogen. Er träumte von der fernen Heimat:

In einem ausgehöhlten Baum hockte ein trauriges Weib. Mit ostwärts gerichtetem Blick und westwärts gelenktem Sinn: Die Mazurka von Chopin.

Ein schwarzes Tuch, zerschlitzt und ausgebleicht, umhüllte die lauschende Gestalt, und der Ostwind kringelte leise die Fransen. Der ausgehöhlte Baum trug über dem Haupte des hockenden Weibes ein schwarzes Muttergottesbild. Bauern kamen bedächtig angeschritten, unter ihnen Tatschitschek, sein Vater, und sie alle machten das Kreuzzeichen. Ihr Antlitz spiegelte sich im verstaubten Glase dieses Bildes.

Mazurka blickte in die vielen vorbeikommenden Gesichter, studierte sie und wurde darob noch trauriger. Zuweilen jedoch spielte ein glückseliges Lächeln um ihre tiefdunklen Augen. Aus dem Wirrwarr von großspurigen Speichern, Ställen, armseligen Arbeiterhütten mit zerschundenen Zäunen klang eine Orgel.

Die Sonne war so traurig wie Mazurka, und eine weiße Wolke spielte mit ihrem verblassenden Schein ...

... Ein Taugenichts kam von den Bergen des Westens. Er jauchzte und wollte nach Osten. Nach Osten.

Da sah er Mazurka vor dem uralten Baum und grüßte sie. Sie schaute auf und dankte ihm. Und dem Taugenichts klang es märchenhaft im Ohr.

Das war Zuneigung.

Und er fragte die Traurige: Bist du Mazurka? Ich bin der Taugenichts. Komm, wir wollen im Walde spielen. Sie schaute glühend zu ihm auf, und ihre Augen wurden ganz groß.

Bauern kamen vorbei und grüßten das Muttergottesbild, in welchem sie ihren Spiegel sahen.

Mazurka und Taugenichts beachteten sie jedoch nicht. Mazurka erhob sich langsam. Taugenichts griff nach ihrer Hand und küßte sie. Dann zog er eine Fiedel aus des Herzens Mantelsack und spielte einen goldenen Lobgesang. So schritten sie wiegend in den Wald.

Die Vögel sangen.

Und auf der Waldwiese, wo die Blumen wohnen, tanzte der Taugenichts voll Liebeslust, schwang seine Fiedel hoch in die Luft, so daß sie selbsttätig spielte. Mazurka lachte zum erstenmal. Sie ließ das traurige Tuch auf den Boden fallen und stand leuchtend aus Ergebung wie eine Blume im Paradies. Das rote Mieder und das grüne Röckchen blitzten tief in den Wald hinein.

Taugenichts, komm, wir wollen Blumen pflücken.

Und sie gab dem Übermütigen einen schallenden Kuß.

Dann legten sie sich auf den Rücken und zählten die Sterne.

Im herzoglichen Schloßturm daheim schlug die Uhr, und Bumba hörte sie sprechen:

»Im Osten schläft der Sonnenschein
In einem purpurroten Schrein,
Im tiefen nassen Schnee.

Ringsum die kalte Steppe klagt,
Ein Tier an dürren Wurzeln nagt,
O weh, o weh, o weh.

Bleib still, o lieber Sonnenschein,
Schlaf ruhig in dem roten Schrein
Im Zaubermärchenbann.

Die Zeit kommt, und du kommst mit ihr,
Dann atmet freier Mensch und Tier,
Alsdann . . . ja dann . . . ja dann.

Bleib still, o lieber Sonnenschein,
Im Westen blaut der Äther rein,
Schon schallt ein ferner Ruf.

Ein Lobgesang schwillt wie das Meer,
Zerschlagen sind dann Schwert und Speer.
Gott neue Götter schuf.«

Schweißüberströmt erwachte Bumba und hörte aus der Zimmerecke seine Mutter Matschitschka rufen.

Was war das?

Mit einem Satz sprang er von der Pritsche empor. In die Ecke hinein.

He. –

Mora grinste ihm entgegen: »Hast schön geträumt, Bumba. He? Der Traum stammt von mir. Siehst du ... Ich habe klein wenig über deinen Körper gehaucht, und es erschienen Märchen und Sänger, Dichter und sonstige existenzlose Sachen. Ich bin überall, wo du bist und wohne in deinem Magen, Bumba.«

Mit einem quirlenden Ton, wie aus einem Kuhmagen, verschwand Mora. –

## Kaschemme

Bumba torkelte die Treppe hinab, lief die öden Vorstadtstraßen von Duisburg-Meiderich kreuz und quer, dem fahlen Licht der Kaschemme entgegen.

Wirklich zechten noch einige Maurer aus Hultschin hier, und Bumba überfiel sie mit seinen schaurigen Gesichten.

»Hehe ... Bumba sieht Gespenster ... Mensch, sauf mal einen ... Wen hast du denn gesehen? Die heilige Petronella mit dem Stelzfuß? Oder den heiligen Kulimera mit dem Tripper? Mit dir wird's nicht mehr, Bumba ...«

... Plötzlich wiederum beschlossen die Zecher, vom Fleck weg nach Hause zu wandern. Vom Heimweh übermannt. Sofort aber tranken sie einen Gestreiften auf den Schmerz und vergaßen ... Vergaßen ...

Da.

In der Tür erschien Kaczmarek mit einem entsetzlich zerfallenen Antlitz und schlug an der Theke lang hin. Er blutete im Gesicht, erbrach sich und jammerte andauernd nach einem »Stickla Pullscher«.

»Stickla Pullscher. Stickla Pullscher. Gebt mir sofort ein Stickla Pullscher.«

Niemand begriff ihn.

Man setzte ihn auf einen Stuhl, Bumba gegenüber, und die beiden starrten sich urplötzlich hypnotisch in die Augen, steif wie zwei Klötze, und mit keuchenden Brüsten. Sie rührten sich nicht, bis der Wirt Feierabend ansagte. Kaczmarek erhob sich und ging mit festen Schritten zum großen Verwundern der Anwesenden von dannen.

Gleich danach folgte ihm Bumba.

Die Tür schlug zu, und damit löste sich die Stimmung wieder in Fröhlichkeit.

Die andren randalierten altgewohnt und soffen.

Es waren da vor allem zwei fidele Haken: »Hoch- und Tiefbau O.-S.« aus Hultschin.

Die sangen einen Spruch auf die Melodie eines Vesperpsalms von daheim. Ein Spruch, der über der Theke blühte:

»Ein Jäger, der nicht raucht und trinkt,
Nicht liebt und keine Lieder singt
Und nicht riskiert ein Wort Latein,
Das kann kein echter Jäger sein.«

So feierten sie bis in den lichten Morgen hinein und zogen, begleitet von einer Kinderschar, namentlich des Sonntags, durch die Straßen. Die Kinder schrien dann: »Hoch- und Tiefbau ..., singt uns mal ein polnisches Lied.« Daraufhin wandte sich der eine oder der andere zu der lustigen Schar um. Rülpste gutmütig drohend und sprach: »Was wollt ihr denn, ihr lieben Kleinen, Kleinsten und Kleinmütigen? Kennt ihr denn nicht die berühmte Firma ›Hoch- und Tiefbau O.-S.‹ aus Hultschin?«

»Jawohl ..., die kennen wir sehr gut ..., eine feine Firma ...«, schrien die Kinder. Und aus Dankbarkeit für soviel Popularität kramten sie umständlich in ihren leeren Taschen. Pumpten sich im Notfall gegenseitig die letzten Groschen. Und verteilten gleich Monarchen das Geld unter die Menge.

## Majestät

Wieder einmal, wie vor Jahren, sollte Majestät kommen. Trockenbrott hatte die Chausseen instandbringen lassen, und im herzoglichen Schloß gab sich der oberschlesische Adel ein ungewöhnliches und grandioses Stelldichein. Die Chaussee von Breslau her, von wo Majestät mit dem Auto nebst Gefolge bereits angekündigt war, flankierten kilometerlange Spalierreihen von Schulen, Kriegervereinen und Abordnungen.

Ein Auto nach dem andern brauste heran.

Aus den Spalieren ergoß sich ein Hurrasturm und ein Hüteschwenken, das Majestät kaum zu notieren geruhten.

»Was meinen Sie zu dem Gedanken, Herzog, den Fürsten aus der Vergessenheit zu holen. Baron Marschall ist tot. Der Reichskanzler hat mir diesen Vorschlag gemacht.«

»Majestät, ich schließe mich mit Freuden dieser Lösung an. Ich möchte Eurer Majestät den Vorschlag machen, alles während der Fahrt von meinem Schloß durch Oberschlesien mit dem Fürsten bequemstens zu besprechen.«

»Daran habe ich auch gedacht, Herzog.«

Das Auto lenkte in das Parktor hinein. Überall zusammengepferchte Menschenreihen. Gedränge. Gewimmel. Geschrei. Gesang. Ovationen. Neben Larrifarri stand Graf Seherr Toß aus Dobrau, wartend auf die Huld seines Kaisers. Sein Kaiser jedoch reichte ihm nicht die Hand. Leistete sich aber einen Spaß, indem er ihm zurief: »Na ... Sie altes Schwein, sind Sie auch da?«

»Jawohl, Majestät ...«, sagte Graf Seherr Toß, gehorsamst.

Majestät ließ ihn liegen. Sprach mit Udo Toto.

Allseits Lächeln.

»Also ein Jude ...«, begann Udo Toto. »Ein Jude kommt nach Hamburg ...«

»Weiß schon. Weiß schon ...«, winkte Majestät ab. »Norddeutsche Leut.«

Gelächter.

Der Fürst wurde ins Gespräch gezogen. Die Gruppen begaben sich in den Speisesaal.

Am Nachmittag ging es weiter zum Udo Toto.

»Udo Toto, du allerschäbigster Filz ...«, meinte Majestät. »Fällt dir kein Witz mehr ein?«

»Also ein Jude kommt nach Ha ...«

»Weiß schon ...«, winkte Majestät ab. »Norddeitsche Leit ..., du leidest wohl an Gedankenschwund, Udo? Sag mal, was macht mein und auch dein Volk hier unten?«

»Ach das Volk, Majestät ... nuje ..., das betet, wenn es nicht gerade schläft.« –

Sie fuhren vorbei an Hütten und Gruben, die bewimpelt waren. Deren Dächer mit Kumpels übersät waren, die alle Hurra schrien. Sie fuhren durch die Straßen Sakkowitz', Beuthens, Königshüttes, Kattowitz', wo sich die Spaliere stauten, Musikanten um die Wette die Kaiserhymne bliesen und Menschen einem glasigen Fimmel verfielen.

»Mein lieber Fürst. Nun sind wir endlich ungestört. Ich möchte dich nach London schicken. Was meinst du?«

Der Fürst schwieg.

»Majestät, ich bedenke es mir vierundzwanzig Stunden.«

»Also ...«, meinten Majestät, »... die Affengesellschaft an der Nase herumzuführen, wird dir doch wohl nicht schwerfallen, Fürst?«

»Majestät ..., ich würde für den Fall mein möglichstes tun, um meine Pflicht zu erfüllen.«

»Na ... Du wirst es schon schmeißen, Fürst.«

Das Auto glitt über die Oderbrücke.

»Wir sind bald da . . .«, bemerkte Majestät. »Der südöstlichste Teil meines Reiches ist mir schon vertraut.« –

Auch hier wimmelte es von Kriegervereinen, von Schulen, Abordnungen und Musikanten.

Peter Okon war auch dabei. Peter Okon, der Gotteslästerer. Er kam mit seiner Trompete neben den Amtsvorsteher zu stehen und blies diesem die Kaiserhymne mit innerstem Behagen in die Ohren.

Man schrieb das Jahr 1912.

## Schnitt in des Volkes Herz

An diesem Abend feierte der Kriegerverein Borodin zu Ehren Seiner Majestät einen Ball, den der Fürst finanzierte. Ein Gedudel kroch wie das Winseln junger Hunde über die krummen Gassen, zwischen den zackigen Ziehbrunnen, märchenumsponnenen Strohdächern, morastigen Wasserläufen, klingenden Quellen, haushohen Düngerhaufen, klapprigen Ziegenställen hindurch und lockte, nach vorausgegangener, wochenlanger Erwartungsfreude, alle menschlichen Wesen Borodins, selbst die ältesten Weiber auf ihren Krücken und Säuglinge in den Armen der Mütter, in die Mondnacht hinaus. Um etwas zu erleben.

Die grobgezimmerte lehmgekleisterte Dorfschenke dampfte aus allen Fugen, Fensterluken, Ritzen und Spalten. Wie ein geweihter Opferkessel zum wolkenträgen Himmel.

Darinnen gurgelte es wie im Rachen eines geheimnisvollen Urtiers, und um das röchelnde, absterbende Hängelicht inmitten des düsteren Saales schwammen Rauch und Dunstschwaden.

Ewiger Urschleim.

Es roch nach Erde, deren fette Krusten von klobigen Stiefeln herbstsaaterschöpfter, tanznimmersatter Bauernburschen im Rhythmus der Polkas abbröckelten und zu Dreckstaub zertanzt, immer dichter und maschiger den Weg zu dem krächzenden Hängelicht suchten. Um es aufzufressen.

Kreisend und spinnend. Formsuchend. Finsternis gebärend. Erdverbundenheit drang in die Sinne. Ein Gemisch aus Scholle, Pflug und Dünger. Gewürzt vom grausamen Quartett zerquetschter Blechtrompetentöne. Dann und wann verscheucht vom aufbegehrenden Lachen der Mädchen, die, gesunden Tanzschweiß triefend, mit aus der Stirn blankgehobelten Haaren, erlebnishungrig, zusammengepfercht auf die formlose Aufforderung zum Tanz lauerten. Wie der Teufel auf die oberschlesische Seele.

Kriegervereinsball an der Oder.

Kriegervereinsball in dem Gau, wo der Humus schwarz ist wie ein Gebetbuchdeckel. Und die Körner platzendvoll. Pausbäckig. Gesund. Vom Herrgott eigens geformt ... für dieses fromme Ländchen. Das reichste Oberschlesiens. Halblahme, Krumme, Dreiviertelblinde, Ganztaube drängten unaufhörlich in die morsche Schenke. Wie in eine Metropole der auserlesensten Luft.

Frauen mit Rosenkränzchen um die Finger gewickelt.

Bunte Schwerfälligkeit.

Heißes Bauernblut stopfte den Saal bis zur Mitte. Neugierig. Keinen Platz zum Tanzen lassend. Rücksichtslos. Chaotisch. Emporgepeitscht. Ein tobender, gurgelnder Knäuel.

Über sich Schwadendunst. Gedruckstes, gedrosseltes Licht, das die Ecken übersieht, in deren einer der gekreuzigte Heiland, schräghängend aus buntpapierenem Rosenoval, jungen Kumpels beim Kartenspiel Gesellschaft leistet.

Die Alten aber in einer Nische. Den Schanktisch umstehend. An langen Pfeifen saugend. Spuckend. Ließen das Bier über langen Saatdebatten verschimmeln. Über Kostenentwürfen für die neue Orgel, Glocken, Gedenkkreuzen oder über dem Begrüßungstelegramm an Majestät.

Eine besoffene Stimme, auf einem Bierfaßkegel thronend, kräht ein Volkslied:

»Soldaten sind ganz arme Leut',
Soldaten haben keine Freud'.
Soldaten sind im Kriege gut,

Für unsern Kaiser auf der Hut.
Soldaten werden ausgedacht,
Damit der Kaiser Spesen macht.«

Haha! Ball! Haha! Kriegerverein! Haha!

Dann aber erschlägt die Blechmusik alles. Überbrüllt urplötzlich den Lärm. Die Pauke läßt den Urschleim erzittern und gibt der Formlosigkeit ein Gesicht. Das Paukengesicht.

Bumbumbum.

Peter Okon blies die Trompete.

## Peter Okon

Irgendwo in Borodin pfeift nach diesem Kriegerball der Nachtwächter dreimal. Unter dem Holzkreuz, das im Osten des Dorfes, in der Nähe des Oderflusses stand, machte sich ein Mensch zu schaffen. Man konnte sehr genau erkennen, daß es ein Mensch und kein Tier war.

Was er murmelte, war ganz unhörbar, denn er hackte seine Worte ab, etwa wie man Holz spaltet und auf einen Haufen durcheinanderwirft. Er fuchtelte mit seinen Händen in der Luft umher, als wolle er den Heiland, der in Lebensgröße aus gestanztem Blech an das Kreuz genagelt war, von seinem guten Rechte überzeugen.

In seiner fuchtelnden rechten Hand blitzte wie ein Schwert die Trompete.

Im Nu sprang er auf, rannte wie davongeschossen über die Oderbrücke und verschwand im Ufergebüsch.

Hinter den Büschen brannte der Horizont, von der Nähe der oberschlesischen Industrien entzündet, wie das barocke Fenster eines mächtigen Domes ...

Plötzlich drangen aus den Büschen Trompetenstöße durch die Morgenluft.

Irgendwo in Borodin pfiff alsdann der Nachtwächter viermal.

Vom Himmel rieselte langsam ein dünner Regen.

## Intermezzo

Frau Trompetenbläser Okon verfolgte gespannt und mit offenen Augen jeden Ton der Wächterpfeife, denn sie wartete auf ihren Mann.

Ihre Augen waren in die finstere Stube festgebohrt.

Da kam von weither das Brummen einer menschlichen Stimme. Das ist er.

Schon vernahm sie deutlich das Schimpfen. Das fragende Aufbegehren: Seit wann bezahlt man fürs Holzspalten am Kaisergeburtstag drei Mark Strafe. He. He. He. He? ... Pierune hromski ... Nachtwächter. He ... Hast ja kassiert. Hehe?

Irgendwo blies der Wächter viermal.

Das reizte den Schimpfenden. Er höhnte die Pfiffe. Dann klopfte er ans Fenster und begehrte Einlaß.

Die Frau öffnete.

Okon trat herein.

Wieder pfiff der Wächter.

»Gehst du in die Bude ...«, schrie Okon.

Am Stuhl brannte eine Kerze.

Wieder pfiff der Wächter.

Okon riß das Fenster auf, so daß die Scheibe zersprang, streckte die Trompete hinaus und äffte den Wächter nach. Empfahl ihm das Berlichingensche Heilmittel.

Vergeblich redete die Frau in ihn. »Laß doch den Wächter, Peter. Er tut seine Pflicht.«

Wieder pfiff der Wächter.

Das weckte neue Dämonen in Okons Gehirn.

Wieder pfiff der Wächter.

Okon schleuderte die Trompete in die Ecke. Heulte wie eine Fabriksirene. Ergriff das Ofenrohr. Schleuderte es gegen die Stubenwände. Gegen die massiven Heiligenbilder, die schaukelten wie im Sturm.

Wieder pfiff der Wächter.

Okon hob die Tischplatte und schlug sie kantig gegen die Truhe. Die Splitter spritzten. Mit den Holzstücken in der Hand knisterte seine Stimme fistelnd, explosiv, nach Worten ringend: »Pierunski hromski skurvisni przeklati Nachtwächter!«

Die Trompete glänzte goldig im Kerzenlicht.
Wieder pfiff der Nachtwächter.
Okon sprang mit einem Satz nach der Trompete und blies verzweifelt lustige Weisen.
Wieder pfiff der Nachtwächter.
Okon blies fester. Sein Gehirn gebar die verschrobensten Erfindungen, und das Getute war blinde Eruption und Urkraft in Fesseln.
Wieder pfiff der Wächter.
Jäh abbrechend wuchtete sein Körper auf den Stuhl. Er weinte sich in den Schlaf.
Wieder pfiff der Nachtwächter.

## Sonnenwende

Im Oderschlamm lachte der Teufel. Die Luftblasen des tückischen Elements knallten.
»Was hast du denn ...?« fragte der Irrwisch.
»Ach ...«, entgegnete der Teufel. »Der Peter Okon ist doch ein selten dummes Luder.«
Dieses Urteil brachte den Irrwisch in Raserei.
Er wurde erst blau. Dann grün. Dann ganz klein. Kroch schließlich in sich hinein und war die folgenden Monate nicht zu sehen. Erst am Johannistag des Jahres 1914, da sich die Sonne wendet, sollte seine Zeit wieder kommen. Dann sollte er wieder hervorkriechen, seine Glieder im molligen Schlamm hin und her strecken, nach oben blinzeln, um die Narren zu studieren, deren Namen ihm der Teufel auf einer tausendjährigen Eselshaut mit Pferdeklauen notierte und jede Woche nach dem Gottesdienst in der Pfarrkirche von Borodin untertänigst vorlegte.
Gute Menschen können den Teufel noch heute sehen, wie er die Eselshaut hinter dem Altar mit trostloser Fratze in quietschendem Orgeltakt vermittels seiner Zähne und Klauen in die Breite zerrt, auf daß sie noch weitere tausend Jahre überdaure, um Woche um Woche die Narren festzuhalten, die da in der Kirche feixen ...
Die Strafe besorgt der Irrwisch.

Humoristisch und tragisch. Hinterhältig und doppelsinnig.

## Kaczmareks Heimkehr

Eines Tages brachte die Post dem Kaczmarek einen Brief:

»liber son
got zuhm grus da chap ich dir gesuchen vile jare un gefinden kome riber auf uns weil da ligen der jeremiasch kukla mit alercheiligsten sterbekramente auf tot

emerenziana kukla.«

Kaczmarek fuhr heim.

Mitteldeutschlands Rücken rollte ihn gen Osten.

Berlin. Breslau. Oppeln. Kattowitz. Pleß.

In Kattowitz rissen sich jähe Pforten einer zischenden, brausenden, gischtenden, tosenden Hölle auf. Hier war ein Ruhrgebiet, was Kaczmarek bis dato nicht gewußt. Hier war all das noch einmal, wie an der Ruhr. Hier war eine Schmiede Deutschlands, gleich der an der Ruhr.

Wie war es möglich, daß er es nicht gewußt?

Hier brausten die Bahnen umher, zischten die Hochöfen, schwelten die Halden, irrlichterten die Städte Gleiwitz, Beuthen, Königshütte, Zabrze.

Wie war es möglich, daß er das alles übersah? Was geschieht denn hier?

Die Wanderjahre keimten in ihm.

Er wußte plötzlich und mit einem Schlage, daß sein Blick da draußen in der deutschen Ferne weit geworden war und groß.

## Rede an Nepomuk den Heiligen

Auf dem Ringplatz von Pleß, von den Bauern genannt Pschzynna, was da heißt soviel denn »Null Komma nischt«, zog Kaczmarek den Ernst seiner Rolle vom Leibe, setzte sich die Narrenkappe auf und steckte das Ausgezogene dem heiligen Nepomuk in die Kleiderfalten. Kraft seiner Narrenkappe wollte er durch die Bannwälder schreiten und die Hasen erschrecken, die Frösche beleidigen und die Sperlinge anklagen.

Er postierte sich vor das Standbild des heiligen Johannes von Nepomuk und hielt folgende Ansprache:

»Heiligster Nepomuk!«
Weder du hast mich gekannt, noch erdreiste ich mich, dich zu kennen. Rege dich bitte nicht über die Kleinigkeit künstlich auf. Wenn du ein verständiger Mensch bist, woran zu zweifeln ich keine Veranlassung hab', dann freut dich meine Existenz ebenso wie die Existenz eines Hasen oder eines Frosches oder eines Sperlings

Die Menschen regen sich furchtbar darüber auf, hierzuland gäbe es Polen, die da leben auf dem platten Lande, und Deutsche, die da leben in den Städten.

Wie du siehst, rede ich mit dir im biblischen Stil, heiliger Nepomuk.

Mehr kannst du von mir nicht verlangen im Namen Jesu Christi. Das beste nun für die Polen auf dem Lande und für die Deutschen in den Städten wäre, sie kämen sich entgegen, so vielleicht, daß sie sich auf halbem Wege träfen und singen tuten täten: Friede den Menschen auf Erden, die eines guten Willens sind.« –

... Und Kaczmarek, der solches zu Ende geredet, befühlte seinen Leib und war froh, ein kompletter Narr zu sein. Denn in der Bibel steht geschrieben: Selig sind die Armen im Geiste ..., denn ihrer ist gewiß das Himmelreich.

## Sozialhygiene

Entlang den Scheunen des Edlen und preußischen Udo Toto von Moto Homo ging er zu Jeremiasch, hops hops hops, über die Jauchegrube.

Jeremiasch röchelte auf seiner Pritsche in Schafspelzen und murmelte den schmerzreichen Rosenkranz.

Kaczmarek betrat das Zimmer. Groß. Stark. Entwachsen und entrückt diesen betrüblichen Dingen.

Emmerenzianna, den angefressenen Arm unter dem Ärmel, trat ihm auf der Schwelle entgegen, sich wundernd, daß er so groß und stark geworden, und sie sprach: »Gott, der uns geschaffen, um zu sterben, gab uns einige Morgen des Ackers und auch eine Sau, daß sie sich vermehre, dieweilen sie starb. Was kann ich dagegen tun?

Die Kapelle innen vergoldet steht im Garten. Messen sind gelesen in großer Zahl und werden noch gelesen werden in größerer. Hühner werden geschlachtet alle Tage und auf die Pfarrei getragen, daß Gott Hochwürden erhören möge in Gnade für mich und Jeremiasch meinen Kukla ...

... Sag mal, Kaczmarek, wann warst du das letztemal zur Beichte?«

»Vorigen Sonnabend um halb fünfe ...«, entgegnete Kaczmarek.

Dann betrachtete er sie und sah, wie schmutzig sie war. Und er redete in sie: »Ihr habt Knochenfraß in Eurem rechten Arm. Das kommt vom Dreck. Vom Schmutz. Von Unsauberkeit. Bevor Ihr Messen lesen lasset in der ganzen Welt und Hühnchen schlachtet für Hochwürden, kauft Euch lieber etwas Seife und einen Waschtrog und badet Euch feste, samt Eurem faulen Arm ...«

... Dann holte er unverzüglich eine Schrubbürste, Wasser und Seife, ergriff Emmerenzianna, wusch ihre Glieder sauber, ungeachtet dessen, daß sie schrie, ihr eigener Sohn Kaczmarek sei gekommen, sie zu vergewaltigen.

Als sie sauber gewaschen war, verfluchte sie ihn feierlichst: »Solches hast du gelernt in Deutschland? Dem Land der Ungläubigen. Der Evangelisten. Der Pastoren, die samt und sonders in der Hölle braten und braten werden. Dem Land der Sünde und der Unzucht. Verflucht seist du fortan, du Bösewicht. Balg der Milka Balzerova. Balg, den ich und der Jeremiasch mein Kukla emporgefüttert haben. Gott zum Lob und Preis.«

»... Wessen Balg hast du gesagt ...?« fragte Kaczmarek.

»Der Milka Balzerova . . .«, erwiderte Emmerenzianna gar nicht gottvoll.

»Also nicht dein Balg?«

»Nein. –«

»Schade, daß ich mich an dir überhaupt beschmutze, du heiliges Tier . . .«, sprach Kaczmarek. »Aber um so besser.« Und er griff erneut nach der Schrubbürste und kratzte ihren, seit der Kinderbadewanne vom Wasser unberührten Rücken, so daß das Hemd samt dem Schmutz als Lache von ihr schwand, und sie schrie im höllischen Zorn: »Ich und mein Jeremiasch der Kukla haben dich kommen lassen, damit du unseren Acker und Häuschen erbst, samt allem kreuchenden und fleuchenden Vieh. Da du nun solches mit mir angestellt, werden wir unser kreuchendes und fleuchendes Geviech samt dem Häuschen und dem Acker Gott opfern und Hochwürden übereignen. Dich Gottlosen aber sollen die Raben fressen. Die Hunde fletschend durch die Straßen jagen und die Gänseriche mit ihrem Ruf beschreien: ›Chacher, Chacher‹.«

Und Kaczmarek erwiderte: »Also so sieht die Rückkehr in das polnische Volkstum bei euch um Pleß aus. Aus Liebe zu Schmutz und Dreck liebt ihr Polen?

Steckt Euch Euren Acker samt Eurem verlausten, dreckigen Hühnerstall in Euer allerheiligstes Gesäß und dasjenige vom Jeremiasch Eurem Kukla.«

## Volksbeschirmer

»Was ist hier los? Was geht hier vor . . .?« kam ein Bevollmächtigter vom Udo Toto, ferner ein Abgesandter von Hochwürden, der Kirchenpolizist Momek, angebraust.

»Nichts, was euch beide samt euren Auftraggebern im geringsten etwas anginge . . .«, erwiderte Kaczmarek und setzte entschlossen hinzu: »Macht, daß ihr schleunigst fortkommt.«

Die beiden gingen und kamen wieder mit einem Gendarmen.

Der Gendarm herrschte Kaczmarek an: »Wissen Sie, was Sie da reden und zu wem?«

»Ich weiß ...«, sagte Kaczmarek. »Man hat mich nach hierher gebeten aus dem Ruhrgebiet, und ich bin auch gekommen, wie Sie sehen. Ich bin gekommen in das Land meiner Kindheit, um festzustellen, daß Emmerenzianna Kukla im Dreck umkommt, gleichzeitig aber Kapellen bauen läßt zu Ehren Gottes, in Czenstochau Messen lesen läßt zur Stärkung des polnischen Irredentafonds in diesem preußischen Land hier. Aber ihr Nächstliegendes, den eigenen Körper, überläßt sie dem Schmutz. Darum habe ich sie gründlich gewaschen, und wenn Wasser weh tut, dann kann ich nichts dafür, um des lieben preußischen Staates willen.«

Der Gendarm notierte alles eifrig ...

Zur Küchentür kam der Schatten des todkranken Jeremiasch Kukla hinaus auf den Hof, wo sich diese preußische Tragikomödie abspielte unter Zulauf von Alt und Jung.

Jeremiasch der Kukla rang mit seinen Händen nach Halt. In der Rechten hielt er den Rosenkranz. In der Linken den knotigen Strick: »Bist du endlich gekommen, undankbares Kind?

Hast du Gott vollends vergessen? Höre mich an: Ich habe für dein Seelenheil die Verantwortung übernommen und muß Gott dem Allmächtigen Rechenschaft ablegen für dich. Das höre ...« und Jeremiasch schwang den knotigen Strick über Kaczmareks Haupt. –

Als Kaczmarek nun diesen religiös wahnsinnigen Todeskandidaten so daherreden hörte, brüllte er angewidert den Gendarm an: »Gendarm, führen Sie mich schleunigst fort von diesem Totenhaus. Jeremiasch Kukla, mein Pflegevater, und Emmerenzianna Kukla, meine Pflegemutter, ich wiederhole euch noch einmal vor eurem Gott dem Gerechten: Steckt euch euer verfaultes Gerümpel in euer allerheiligstes Gesäß.«

Der Gendarm führte ihn ab.

Schweinezucht

In der Kanzlei des Udo Toto, der ja bekanntlich die höchste Ortspolizei innehatte, empfing ihn ein Dominialverwalter, der zugleich preußischer Amtsvorsteher war. Dieser Amtsvorsteher sprach Gerechtigkeit seit Jahr und Tag zwischen den Milchkäufern mit feilschenden Kattowitzer Juden, Pferdedieben und Ferkelhändlern, welche alltäglich die berühmte Schweinezucht des Edlen Udo Toto überschwemmten.

Der Dominialverwalteramtsvorsteher nun, entschlossen, die Sache so schnell wie möglich zu Ende zu bringen, da draußen die Schweine grunzten, die Ferkelhändler fluchten, die Ackerknechte der Aufsicht entbehrten, herrschte Kaczmarek an: »Unverschämter Patron! Kommt seit Ewigkeiten das erstemal heim und prügelt seine braven Eltern, dazu noch die Frau, die in schwerster Arbeit ihren rechten Arm verlor. Der kreuzbrave Jeremiasch Kukla muß ja sterben vor entsetzlichem Gram.

Sie sind mir ein schöner Sohn.«

Kaczmarek unterbrach den Amtsgewaltigen: »Reden Sie nicht solch dummes Zeug. Sie haben keinen Analphabeten vor sich, den Sie sich gerne wünschen.

Deutschland hat seine Gesetzgebung, die auszulegen ich da bin, da Sie sich dazu nicht bequemen vor lauter Schweinen und Säuen, verstehen Sie mich! Wenn schon die Polen am Unvermögen und Dreck des oberschlesischen Volkes ein Interesse haben, am religiösen Wahn, so sollten die Deutschen es in diesem Punkt den Polen nicht noch überaus erleichtern. –

Sie sind am allerwenigsten der geeignete Mann, die Kreuzbravheit des Jeremiasch Kukla zu würdigen.

Übrigens hat Emmerenzianna Kukla den knochenfräßigen Arm nicht seit gestern.

Darüber bin ich alt und fast grau geworden, mein Herr ...

Wo waren Sie, diese Frau in ihrer hilflosen Vertiertheit, in ihrer Sucht, Gott im Dreck zu finden ..., zu schützen?

Wo waren Sie?

Will Gott Dreck?

Will das Gott, der seiner Natur befiehlt, jeden Stein im Fluß blankzuwaschen?

Sie, der Amtsgewaltige hier in den Bannwäldern, Sie, die allumfassende Gewalt, besoldet vom Udo Toto, Edlen von Moto Homo, wirken recht grotesk in Ihrer Rolle.

Wenn sich ein Bauer samt seiner Frau hier in Kosbuchna zu Tode schindet, dann ist es eine Gemeinheit von Ihnen, seine Kreuzbravheit festzustellen.

Sie, im Verein mit dem Gendarm, dem blinden Auge des Gesetzes, und Hochwürden, dem falschen Auge Gottes . . ., sind an dem menschlichen Unvermögen dieser beiden grandiosen Schmutzfinken direkt verantwortlich.«

Der Dominialverwalteramtsvorsteher war aufgesprungen. Der Gendarm fesselte Kaczmarek.

»Das ist ja ein ganz gemeingefährlicher Marxist . . .«, kreischte der Dominialverwalteramtsvorsteher. »Ich bin einfach sprachlos.«

»Das Vernünftigste, was Sie machen können . . .«, entgegnete Kaczmarek. »Werden Sie sprachlos.«

Und er brummte drei Tage ab in einem Dominialkeller. Für praktisch angewendete Sozialhygiene in Preußen.

## Hochwürden

Als man ihn aus der Haft entließ, begab er sich zu Hochwürden auf die Pfarrei.

Schon raschelte die Köchin, dieselbe Köchin, die damals den Kürbis entgegennahm und auch in die Schulklasse kam, als der Brillok am Katheder schnarchte.

»Guten Tag.«

»In Ewigkeit Amen.«

»Stimmt. In Ewigkeit, Amen, einen guten Tag . . .«, warf Kaczmarek hinzu: »Kann ich den Pfaffen sprechen?«

»Meinen Sie Hochwürden?«

»Ja.«

»Bleiben Sie mal hier stehen.«

Kaczmarek aber, der ihre Absicht, ihn abzuweisen,

merkte, drängte sich in den Flur hinein, und, durch die Wechselworte angelockt, kam Hochwürden die Treppe des Flurhauses herunter.

Kaczmarek schrie ihn drohend an: »Sie Pfaff, der Sie Hühnchen fressen schon so viele göttliche Jahre.

Sie Pfaff, der Sie selbst gestohlene Kürbisse verschmausen.

Sie Pfaff, der Sie nicht glauben, daß Gott allwissend ist, obzwar Sie es im Munde führen. –

Sie Pfaff, der Sie sich nicht schämen, von der hungerleidenden Emmerenzianna Kukla Geschenke anzunehmen: Dreimal Pfui im Namen Jesu Christi.«

Dann ging Kaczmarek aus der Pfarrei.

Der Pfarrer zeigte ihn des Folgenden wegen Hausfriedensbruch an. Die Köchin beschwor alles. Und Kaczmarek brummte drei Monate in Pleß, von den Bauern genannt Pschczynna, was da heißt soviel denn »Null Komma nischt«.

Am Sonntag aber sprach Hochwürden von der Kanzel folgende Predigt:

»Liebe Christen!

... Du sollst Vater und Mutter ehren, auf daß es dir wohl ergehe, solange du lebest auf Erden ... Himmel und Donner! Hölle und Granaten! Beelzebub und Heilige Magdalena!

Da kommt ein Strolch, ein Vagabund aus der Welt zu uns, in die erhabene Ruhe des oberschlesischen Waldes.

Ein Strolch, sage ich.

Ein Ausbund. Eine krätzige Sau. Von keinem Weib geboren. Dieses Mistvieh, das dreckige, das Gott einstweilen wegen Hausfriedensbruch mit drei Monaten Gefängnis unschädlich gemacht, drang in meine geweihten Räume mit Lügen im schäumenden Maul ...

(Jetzt legte Hochwürden das Taschentuch vor die Augen und schluchzte ..., was die Gemeinde sogleich mittat.)

... Liebe Christen ... Mir dringen Tränen in die Augen, und ich muß erbrechen vor soviel Schurkerei, die der Teufel anwendet in Gestalt des Kaschpar Theophil Kaczmarek.

Ach ... vom Teufel. Mehr noch. Vom obersten. Vom Antichrist, dem obersten der höchsten Teufel.

... Denn schon damals ..., da er noch ein Junge war, zweifelte er an der Existenz unseres Gottes, unseres Gottes ..., bedenkt doch mal, liebe Christen, und nun, da er erwachsen ist, vergreift er sich an mir, einem greisen Diener des Herrn.

O Schmach ... o Schande. Die Welt verfinstert sich vor soviel Unverschämtheit.

Die Posaunen von Jericho trompeten durch den Wald, und der Turm von Babel hängt nur noch an einem Zwirnsfaden.

Gott aber ... in seiner unermeßlichen Barmherzigkeit ..., in seiner unverzeihlichen Duldsamkeit ..., läßt nicht Blitze regnen auf diesen räudigen Hund, auf dieses Schwein Kaschpar Theophil Kaczmarek ...

... Du sollst Vater und Mutter ehren, auf daß es dir wohl ergehe, solange du lebest auf Erden ... Amen ...«

»Amen ...«, sagte die Gemeinde.

Die Gemeinde schluchzte und schlachtete so manches Hühnchen und brachte es Hochwürden.

Denn es ist eine Lüge, eine gemeine Lüge, Hochwürden zu verdächtigen.

Und Kaczmarek brummte in Pleß.

## Stallknechte

Auf dem Rückwege aus dem Gefängnis strich Kaczmarek unschlüssig durch die Wälder und kam an den Marställen des Edlen und preußischen Junkers Udo Toto von Moto Homo vorbei.

Es waren die ersten Morgenstunden.

Im Marstall schrien geprügelte Menschen. Das hörte sich gar schauerlich an, so daß Kaczmarek die Mauer bis zum Fenster hochstieg, sich zu vergewissern, was dort eigentlich los sei.

Er sah den alten Udo Toto inmitten seiner Stallknechte, die er anherrschte, sich in Reih und Glied zu postieren. Was die heulenden Kamele auch samt und sonders taten.

Nun nahm er sie der Reihe nach vor. Einen jeden über eine Box biegend, ihm mit dem Knauf seiner Reitpeitsche einige Schläge auf den Hintern verabfolgend.

Kaczmarek fühlte sich durch derlei Anblick vollauf belustigt und kroch zum Fenster hinein, durch die allseitige Aufregung völlig unbemerkt.

Ein gerade frisch expedierter Stallknecht heulte in der Ecke zum Erbarmen, und Kaczmarek riß ihm seinen Uniformrock vom Leib. Der Stallknecht, der die Hände vors Gesicht gepreßt hielt, heulte noch stärker, weil er glaubte, Udo Toto nähme ihn nochmal ins Gebet. Flink zog Kaczmarek sein Jackett aus, den Uniformrock an und stellte sich in Reih und Glied.

»Laß mich mal vor ...«, flüsterte er seinem Vordermann ins Ohr und wiederholte es, bis er an die Spitze gelangte.

Udo Toto winkte ihm schon sadistisch zu.

»Komm, Bürschchen, komm.«

Kaczmarek trat vor und faßte Udo ins Auge.

»Na wird's bald? Bück dich.«

Kaczmarek blieb stehen.

»Bück dich!«

Udo hob die Reitpeitsche hoch.

Jetzt sprang Kaczmarek ihn an. Entwand ihm blitzschnell die Reitpeitsche. Bog Udos Körper mit einem Griff auf sein Knie, schlug kräftig mit dem Peitschenknauf auf dessen Hosenboden und dachte an die vielen allerfeinsten Kompotte und Trüffeln, die darinnen wohlverwahrt zu sein beliebten. Endlich ließ er ihn los.

»Verdammter Kerl ...«, knirschte Udo, sich die weiße Reitbinde richtend.

»So ... du alter Kacker ...«, sprach Kaczmarek und zerbrach die Reitpeitsche überm Knie.

»Komm mit ...«, sagte Udo.

»Zu Befehl ...«, erwiderte Kaczmarek.

Sie gingen durch den Park dem Schlosse zu.

Allerliebste Zofen huschten auf den Treppen des Schlosses. Kaczmarek zwinkerte ihnen lebhaft mit den

Augen zu. Sie wagten jedoch nicht zu lächeln, schlängelten sich die Wände entlang, an Udo vorbei, der sie sicherlich bei jeder Gelegenheit mißhandelte.

Im dritten Stockwerk, das sie auf lautlosen Teppichen schließlich erstiegen, bog Udo Toto rechts in sein Kabinett hinein. Kaczmarek immer hinterdrein.

»Setz dich.«

»Zu Befehl ...«, erwiderte Kaczmarek, entschlossen, ihn jeden Moment umzubringen, wenn er sich bösartig benähme.

Udo Toto griff nach Tinte und Feder und schrieb. Als er fertig war, sagte er: »Unterschreib das.«

»Was ich unterschreibe, muß ich erstmal lesen ...«, sagte Kaczmarek.

Und er las: »Ich verlasse die Dienste des Edlen Junkers Udo Toto von Moto Homo auf der Stelle und quittiere den Empfang von 1000 Mark. Wörtlich: Eintausend Mark.«

»Gutt is ...«, bemerkte Kaczmarek. Griff nach der Feder und unterschrieb.

Udo Toto überreichte ihm einen neuen braunen Lappen.

Kaczmarek sagte: »In Gottes Namen.«

Udo Toto: »Grüß Gott, auf Wiedersehen.« –

Und Kaczmarek dachte: Dieser Udo ist selbst zum Prügeln zu dumm.

## Momek

Geraden Weges ging er auf Kosbuchna zu.

Auf dem Friedhof stockten seine Schritte. Er hörte wohligen Orgelklang aus der Kirche. Unschlüssig stand er in einer Mauernische und lauschte.

Da schnarrte die Tür der Pfarrei. Heraus trat Momek, der Kirchenpolizist, in beiden Händen das Geschirr mit dem Weißwein für das Meßopfer. Momek fühlte sich unbeobachtet, setzte das Glas an die Lippen, schlürfte von dem Wein und goß das Wasser zur Auffüllung in das Glas.

Kaczmarek, der dies sah, trat empört vor den Kirchendiener, schlug ihm die Faust vors Gesicht, so daß das Geschirr klirrend zu Boden fiel und in Scherben ging.

Dann ging er wortlos ins Dorf.

Momek meldete Hochwürden, Kaczmarek hätte ihn überfallen.

Hochwürden aber hielt eine zweite Predigt vom »Räudigen Hund«.

## Glaube

Nun, da Kaczmarek Geld hatte, änderte sich immerhin einiges merklich.

Er kaufte einiges Land an der Straße, und die Leute sagten: »Der Kaczmarek scheint doch Geld zu haben, denn er kauft Acker und will bauen.«

Und etliche grüßten ihn auf der Straße. Kaczmarek aber dankte ihnen nicht.

Er errichtete sich einstweilen auf seinem Stückchen Grund und Boden einen Schuppen und hauste darinnen. Wochentags ging er zumeist nach Kattowitz und werkelte in der Industrie. Zum Winter blieb er gänzlich daheim und ging zu Ulka, wo sie Gänsefedern zupften und wo auch die Ludwina war.

Ulka aber sagte: »Geh weg von uns, denn du bist gottlos.«

»Inwiefern? ...«, schmunzelte Kaczmarek.

Und Ulka merkte, daß er nicht gottlos war. Sie war gut zu ihm, und Kaczmarek kam immer wieder.

Ludwina war drall und stark geworden, ein festgefügtes Weib, und sie sprach: »Glaubst du etwa auch daran, Kaczmarek, daß der Mensch vom Affen kommt?«

»Nein.«

»Nein?«

»Was glaubst du denn da?«

»Ich glaube ...«, sagte Kaczmarek, »daß der Mensch vom Schwein abstammt.«

Ulka aber schwieg verständig.

Dann sangen sie deutsche Lieder und auch polnische. Und Ulka erzählte ein Märchen.

»Ich habe deine Mutter gekannt, Kaczmarek ...«, sagte Ulka.

»Was war das für ein Mensch?«

»Ein sehr frommer.«

»Und ein sehr schmutziger?«

»Wieso weißt du das, Kaczmarek?«

»Ich war ja bei meiner Geburt zugegen ...«, entgegnete Kaczmarek, und die Burschen lachten.

»Ach ..., Kaczmarek, erzähl uns etwas von der Welt draußen.«

Und Kaczmarek sprach: »Die Welt ist ein Brett voller Würste. Der liebe Gott hält das Brett in der Hand und schlägt damit wild um sich. Von Zeit zu Zeit schlägt er, natürlich immer dem Falschen, die Wurst mitten in die Fresse. Das nennt man Glück haben.«

Die Burschen lachten, und Kaczmarek fuhr fort: »Die meisten jedoch bekommen mit dem trockenen Brett eins vor den Kopf. Das nennt man Unglück haben.«

Und wieder bohrte Ulka in ihn: »Glaubst du überhaupt an den lieben Gott, von dem du da immerfort so lächerlich sprichst?«

»Ja ..., warum denn nicht? ...«, erwiderte Kaczmarek.

»Wichtiger scheint es mir, ob Gott an uns glaubt. Was nützt es, an Gott zu glauben, wenn Gott keine Lust verspürt, an uns zu glauben? Die Erfindung mit dem Wurstbrett ist ein höchst überflüssiger Gedanke Gottes gewesen.«

Ulka schwieg.

Nach kurzer Pause jedoch begann sie wieder: »Glaubst du denn an die ewige Seligkeit?«

»Glauben kostet ja nichts ...«, erwiderte Kaczmarek von neuem. »Aber ewig selig zu sein? Na. Ulka. Ich danke.« –

»Ob du an ein Fortleben nach dem Tode glaubst ...?« berichtigte sich Ulka.

»Das Fortleben nach meinem Tode wird sich ebenso anonym vollziehen, wie mein Fortleben vor der Geburt. Hier ging es ohne mich, und da wird es auch ohne mich gehen. Das heißt, ich habe nichts dagegen, wenn der liebe Gott mit dir etwas ganz Besonderes vorhat.«

Und Ulka schwieg wieder.

»... Aber du glaubst doch, der Mensch stammt vom

Affen ab ...«, mischte sich Ludwina wieder ins Gespräch.

»Wer hat denn das gesagt?«

»Hochwürden.«

»Hochwürden?«

»Du bist aber ein sehr unaufmerksames Frauenzimmer ...«, erwiderte Kaczmarek: »Hättest du vorhin aufgepaßt, dann wäre es dir nicht entgangen, daß ich beliebe, vom Schwein zu kommen.«

Und alle lachten wieder.

Nur Kaczmarek weinte, indes sie es aber nicht sahen.

»Also du glaubst nicht an ein Fortleben nach dem Tode ...?« begann Ulka schon wieder.

Kaczmarek wurde unwillig.

»Tod ist das Gegenteil von Leben. Du sollst dich darauf freuen, einmal tot zu sein.«

Ulka schwieg wieder.

»Ja ..., was glaubst du denn, was richtig ist?«

»Gar nicht daran denken ...«, erwiderte Kaczmarek. Rauchte sich sein Pfeifchen an und schlug gelangweilt Ludwina auf die prallen Schenkel.

## Hoffnung

Kaczmarek baute auf seinem Ackerstück eine massive Feldscheune und mauerte mit einem jungen Burschen die Wände, wozu Ludwina den Mörtel bereitete und zutrug.

Ulka kochte das Essen für die drei und brachte es pünktlich zur Baustelle. Dort schmatzten sie polnische Klöße mit Erbsen, oder Speckkartoffeln mit Schlickermilch, oder Rauchfleisch mit Sauerkraut.

Im Schatten des Gerüstes klapperten sie mit ihren Löffeln, als gerade der junge Udo Toto mit seinem kleinen Buben vorbeikam.

Udo Toto lüftete den Hut: »Guten Tag, Herr Kaczmarek.«

»Guten Tag.«

»Verzeihen Sie, Herr Kaczmarek, daß ich Sie störe ...«, redete Udo weiter.

»Nichts zu verzeihen.«

»Da hatten Sie doch neulich mit Papa einen Zusammenstoß?«

»Stimmt ...«, sagte Kaczmarek gleichgültig.

»Sehr amüsant ...«, bemerkte Udo Toto mit französischem Akzent. »Papa interessiert sich sehr lebhaft für Sie.«

»Dafür, daß ich Papa den Popo versohlte?«

»Wissen Sie ...«, setzte Udo fort, »Papa ist so komisch. Er liebt den Mut.«

»Was gehört schon Mut dazu ...«, meinte Kaczmarek, »sich von Papa nicht den Popo zerschlagen zu lassen?«

Udo Toto wiederholte und versicherte, daß es amüsant wäre und betonte das amüsant auf französisch, so daß Kaczmarek nach seinen Weibern zu schielen begann und sich wichtig vorkam.

»Kann ich Ihnen irgendwie helfen ...?« sprach Udo.

»Nu ...«, erwiderte Kaczmarek und kratzte sich am Kinn. »Ich brauche vielleicht eine Fuhre nach Pleß. Dachplatten und Holz holen.«

»Die Fuhre werde ich beim Dominialverwalteramtsvorsteher bestellen«, sprach Udo Toto. »Leben Sie wohl, Herr Kaczmarek.«

»In Gottes Namen, Herr Graf ...«, erwiderte Kaczmarek und schlug seine Tatze in die dargebotene schmale Hand.

Udo rief nun nach seinem Buben, der sich zwischen den Sparren und Gerüsten tummelte.

»Papali ...«, fragte der Bub, Ulka und Ludwina nebst den Burschen musternd: »Fressen Maurer auch Gras?«

Udo wieherte unbekümmert: »Nein, Bubi, Maurer fressen kein Gras.«

Kaczmarek setzte hinzu: »Stimmt, Bubi, Maurer brauchen kein Gras zu fressen, wenn sie nicht wollen. Gott sei Dank.«

## Liebe

Und Kaczmarek sprach zu Ludwina: »Acker hätte ich. Eine Scheune hätt' ich auch. Nun brauche ich ein Weib.«

»Ein Weib brauchst du? Wie schlau du bist ... Kaczmarek«, antwortete Ludwina.

Kaczmarek schmunzelte: »Ich habe dich für dümmer gehalten. Nun aber erkenne ich, daß du doch ein wenig schlauer bist als dumm. Wenn du willst, nehm' ich dich. Wenn du nicht willst, dann nehm' ich dich nicht.«

»Du brauchst mich nicht zu nehmen, aber du kannst mich nehmen«, orakelte Ludwina.

»Bist du aber ein kaltes Weib.«

»Eis ist auch kalt und brennt doch ...«, sprach Ludwina. »Aber du glaubst ja weder an Gott, noch an ein Fortleben nach dem Tode, Kaczmarek.«

»Das ist ja alles halb so schlimm ...«, meinte Kaczmarek. »Gott versteht mehr Spaß, als in diese Scheune hineingeht.«

Und sie gingen beide in die Scheune ...

## Was ist die Ehe?

Kaczmarek mußte sich bequemen, zu Hochwürden zu pilgern und um jene Katechismusstunden zu absolvieren, die jeder Heirat und jedem Aufgebot voranzugehen pflegen.

Während Ludwina nur zu beantworten brauchte, wer Eva war, trommelte Hochwürden in unmißverständlicher Wut auf Kaczmarek herum: »Was ist die Ehe?«

»Die Ehe ist ein Sakrament ...«, erwiderte Kaczmarek prompt.

»Ich wünsche eine Umschreibung der Ehe ...«, setzte Hochwürden auseinander und ließ seine fette kurze Hand im runden Bogen auf den spitzen Bauch klatschen.

»Was soll ich Ihnen umschreiben, Hochwürden? Wollen Sie wissen, was die Ehe bei den Negern ist. Oder bei Botokuden. Oder bei Eskimos?«

»Nein, nein, nein, das will ich nicht wissen ...«,

kreischte Hochwürden in der Klemme. »Ich will wissen, was die Ehe eigentlich ist.«

»Eigentlich ist die Ehe ein Sakrament ...«, antwortete Kaczmarek.

Hochwürden brauste auf: »Du mußt mir klipp und klar sagen, was die Ehe ist.«

»Pardon, Hochwürden, Sie duzen mich ja!«

»Ich duze alle Menschen.«

»So. Dann sind Sie froh, daß Sie noch alle Rippen beisammen haben.«

Hochwürden schnappte nach Luft: »Was ist die Beichte ...?«

Kaczmarek erwiderte: »Die Beichte ist ein Sakrament.«

»Nein ...«, schrie Hochwürden fuchsteufelswild, »was sie ist.«

»Ein Sakrament ...«, erwiderte Kaczmarek beharrlich.

Hochwürden echauffierte sich:

»Jesus, Maria und Josef, sagen Sie mir endlich, was die Beichte ist. Haben Sie denn das nicht in der Schule gelernt?«

»Ach so ...«, pflichtete Kaczmarek bei. »Sie wollen wissen, wie wir's in der Schule gelernt. Warum sagen Sie das nicht gleich? Die Beichte ist das Sakrament, in welchem der Priester an Gottes Statt ...«

»... An Gottes Statt ...«, unterbrach frohlockend Hochwürden, »die Sünden nachläßt, wenn der Sünder sie herzlichst bereut und den Willen hat, Genug zu tun. So wollt' ich's wissen ...«, triumphierte Hochwürden.

»Das hätten Sie eher sagen sollen ...«, sagte Kaczmarek.

»... Also das wäre erledigt. Nun werde ich Ihnen das Aufgebot bestellen«, sprach Hochwürden, ohne von dem Sakrament der Ehe noch Erwähnung zu tun.

»Tun Sie das bitte ...«, warf Kaczmarek hinzu.

»Wollen Sie die Messe mit großem oder kleinem Licht?«

»Klein, ganz klein ...«, sagte Kaczmarek.

»Ach so ...«, trommelte Hochwürden mit seinen fetten Fingern auf dem Bauch: »Ich dachte mit großem.« –

»Nein, mit kleinem.«

»Hm.«

»Und eine Messe für die Eltern?«

»Nicht nötig ...«, sprach Kaczmarek. »Die sind ja tot.«

»Eben ... weil sie ja tot sind ...«, entgegnete Hochwürden.

Ludwina stieß Kaczmarek in die Seite.

»Ach so ...«, berichtigte sich Kaczmarek Ludwina zuliebe. »Also eine Messe für die Eltern, aber ohne Licht.«

»Ohne Licht? Eine Messe ohne Licht ist noch nicht vorgekommen ...«, lachte Hochwürden dröhnend, und sein Bauch wackelte.

»Also gut ...«, sprach Kaczmarek. »Dann mit einem Licht.«

»Mit einem Licht ...?« brauste Hochwürden. »Du bist ja gottlos.«

»Das mag stimmen, daß ich gottlos bin ...«, sagte Kaczmarek. »Aber gottlos vorne mit Sie.« –

Ludwina stieß ihn wieder in die Seite und sagte Hochwürden, die Replik abschließend: »Hochwürden, bitte, mit kleinem Licht.«

»In Gottes Namen.«

»In Ewigkeit, Amen.«

»Deutschland erwache ...«, sagte Kaczmarek.

## Die Leute

Und die Leute zählten die Monate seit der Hochzeit Kaczmareks mit Ludwina und sagten: »Der Kaczmarek hat auf Vorschuß gelebt.«

Kaczmarek, der sie so reden hörte, aber sprach: »Besser vorgeschossen und mit eigenen Kanonen, als nachgeschossen und mit fremden Haubitzen.«

Und er nannte seinen Sohn Wilhelm.

»Ludwina ... Ludwina ...«, rief Kaczmarek eines Tages. »Wo steckst du denn?«

»Na, hier auf dem Boden bin ich. Du weißt doch, Kaczmarek, wir wollen heute Zwetschgenknödel essen.«

»So ...«, meinte Kaczmarek. »Das wollen wir. Aber komm erst einmal herunter.«

Ludwina polterte die Stiege hinab.

Kaczmarek sprach zu ihr: »Gestattest du, daß ich dir vorstelle. Lisa, mein Grauschimmel. Laura, mein Planwagen. Olga, mein Pfeifchen.«

Tatitata.

»Was hast du denn eigentlich vor, Kaczmarek?«

»Immer noch das Hemd.«

»Schäm dich, alter Esel.«

»Wisse, Ludwina«, begann Kaczmarek und stopfte sich sein Pfeifchen: »Mit Lisa, Laura und Olga Tatitata werde ich Lumpensammler, ein einträgliches, unabhängiges Geschäft.«

Von neuem blies er: Tatitata.

»Von wo hast du aber das Geld ...?« besorgte sich Ludwina.

Kaczmarek überhörte diese Frage, klopfte Lisa den Hals.

»Bring lieber etwas Hafer, Ludwina. Meine Lisa soll wissen, daß sie bei guten Christen ist.«

Tatitata. Am nächsten Morgen fuhr er los.

Der Kastenwagen rumpelte über die krummen Gassen dem Walde zu, und Kaczmarek pfiff: Tatitata.

Die Leute aber sagten: Der Kaczmarek hat nicht alle beisammen.

Tatitata.

Kaczmarek kutschierte durch den Forst des Udo Toto und rief: »Lumpen, Knochen, altes Eisen. Tatitata.«

In den Walddörfern standen die abgerackerten Menschen vor ihren Katen, und er winkte ihnen belustigt zu. Sie dankten ihm mit müdem Lächeln, darob er froh war.

Tatitata.

Warum so traurig, Leute? Heihei. Lachen müßt ihr,

wenn ihr soviel schönen Wald seht, der euch nicht gehört. Tatitata.

Und die Leute brachten ihm alte Knochen, alte Blechgeschirre, alte Pflugscharen und sonstiges.

Kaczmarek gab ihnen Zwirn dafür, Nadeln und Baumwolle. Den Buben jedoch Brummeisen.

Tatitata.

So ging es fort und fort durch den Forst des Edlen Udo Toto, und als dieser endete, begann der Forst des Herzogs von Ratibor.

Tatitata.

In Papruschowitz rastete er vor der Kirche. Fütterte Lisa mit fettem Hafer und biß in die Leberwurst, die Ludwina ihm zurechtgeschnitten.

»Tatitata. Der Lumpensammler ist da ...«, schrien die Jungs und eilten heim, den Dachboden nach allerlei Fetzen zu durchstöbern, für die Kaczmarek Brummeisen zahlte.

Tatitata. Laßt ihn leben, den Lumpensammler. Den Mann ohne Vorurteil. Den Mann, der alles hinnimmt. Tatitata.

»Von wo kommst du ...?« forschte der Gendarm.

»Von Null Komma nischt ...«, entgegnete Kaczmarek.

»Rede deutlicher ...«, brüllte der Gendarm.

»Ich rede deutlich genug: Null komma nischt.«

»Weißt du, wer ich bin ...?« schrie der Gendarm.

»Ja.«

»Also von wo kommst du?«

»Von Kosbuchna bei Pleß, genannt von den Bauern Pschczynna, was heißt weniger denn nischt.«

»Hast du einen Gewerbeschein?«

»Nein.«

»Dann mußt du mitkommen zum Amtsvorsteher.«

»Das kann ich tun ...«, erwiderte Kaczmarek. »Aber was mach' ich mit Lisa?«

»Die nimmst du mit, verstanden?«

»Zu Befehl, Majestät ...«, sagte Kaczmarek, und der Gendarm schmunzelte: »Dir bringe ich preußische Zucht bei.«

Der Amtsvorsteher trommelte mit seinen Fingern auf einem Dekret von Oppeln.

»Wo hast du deinen Gewerbeschein?«

»Ich hab keinen. Gib mir einen.«

»Seit wann duzen wir uns ...?« brüllte der Amtsvorsteher.

»Na eben.«

»Dich sperre ich zehn Tage ein.«

»Wie du willst ...«, entgegnete Kaczmarek. »Ich halt' still.«

In Papruschowitz hatten sie kein Gefängnis, und der Amtsvorsteher verfügte, Kaczmarek nach Ratibor zu schaffen, rief nach dem Amtsdiener, einem Schuster. Und unter Bewachung fuhr Kaczmarek gen Ratibor ins Kittchen.

Der Amtsdiener hielt den wichtigen Brief in der Hand, saß neben Kaczmarek auf dem Bock und schwieg.

Tatitata.

Im Walde schlugen die Finken. Zirpten die Grillen. Und viele Frösche quakten ringsum.

Und im nächsten Dorf, das sie passierten, blies Kaczmarek wieder: »Tatitata. Lumpen, Knochen, altes Eisen.«

»Das darfst du jetzt nicht machen ...«, bemerkte der Amtsdiener von Papruschowitz.

»Warum nicht?«

»Weil du sonst ein Kind des Todes bist.«

»Das sowieso. Aber mein allerbester Herr Amtsdiener von Papruschowitz, ich möchte meinen, nach getaner Arbeit ist gut ruhn. Wollen wir nicht einkehren zu einem Glase Bier?«

Der Amtsdiener wehrte ab: »Ein preußischer Beamter aus Papruschowitz trinkt nicht im Dienst.«

»Ach Mensch. Wo man ihn sieht. Aber nicht im Walde, wo man ihn nicht sieht ...«, erwiderte Kaczmarek.

»Na, wir können's ja tun. Ein Glas Bier schmeißt Preußen aus Papruschowitz auch nicht um.«

Indessen strömten die Leute mit Lumpen herbei, und Kaczmarek gab ihnen Zwirn, Nadeln, Wolle und Brummeisen.

»Weißt du«, meinte der Amtsdiener nachher beim Bier,

»zu was soll ich mit dir den weiten Weg bis nach Ratibor machen? Zu Hause wartet die Schusterei auf mich. Du aber hast so ein ehrliches Gesicht, Kaczmarek. Hier nimm den Brief an das Gefängnis Ratibor und fahre mit Gott. Du kannst dich ja selber melden.«

»Du bist ein sehr gescheiter Beamter aus Papruschowitz ...«, sprach Kaczmarek. »Komm, wir trinken noch einen Korn.«

Alsdann trennten sie sich.

Tatitata.

Kaczmarek kutschierte nun vier weitere Tage durch den Forst des Fürsten Lichnowsky. Die Holzfäller krochen aus ihren Katen. In Bolatitz im Hultschiner Ländchen brachten sie ihm sehr viel Lumpenzeug, und er sprach: »Kennt ihr einen gewissen August Scholtis, Sohn des wilden Tomaschek namens Fritz und seiner Ehefrau Valeska, Tochter des Bauern Herrfon?«

»O ja wir kennen ihn. Das ist ein großer Lump und Antichrist.«

»Na ...«, meinte Kaczmarek. »Schimpft nicht mehr so auf ihn. Er kommt ja sowieso in die Hölle, und da wird er ja Zeit haben, nachzudenken.«

»Jaja ..., das wird auch so kommen«, meinten die Holzfäller. »Aber ... hier hast du das Lumpenzeug ... Wir wollen nichts von dir haben, Lumpensammler. Du hast ja selber nichts. Gib unseren Kindern ein paar Bildchen, und damit ist gut.«

»Gib unseren Kindern etwas zum Brummen und basta.«

Kaczmarek war gerührt vor soviel Selbstentäußerung, und er sprach: »Eure Kinder sollen Brummeisen kriegen, ihr aber außerdem und trotzdessen Zwirn, Nadeln und Wolle entgegennehmen.«

»Was sollen wir mit Zwirn?«

»Mit Zwirn könnt ihr langsam jemanden umwickeln. Kennt ihr nicht das Märchen von Gulliver bei den Zwergen?«

»Nein, das kennen wir nicht ... Von wo sollen wir denn das kennen, wir dummen Leute aus dem Walde? Das kennt bei uns nur einer, der August Scholtis, Sohn von dem wilden Fritz und seiner Valeska, und das ist sowieso ein Lump und ein Antichrist. Was sollen wir mit Nadeln?«

»Mit Nadeln könnt ihr diesen und jenen pieken ...«, sprach Kaczmarek. Und sie lachten über den Spaßmacher. »Na, und was sollen wir mit Wolle?«

»Hängt euch daran auf ... oder die andern.«

... Sie schauten ihn an: »Bist du von hier?«

»Gott sei Dank bin ich noch von hier und nicht von Papruschowitz.«

Und er fuhr weiter.

Tatitata.

## Edel sei der Mensch, hilfreich und gut

Im Kloster Pilchowitz pochte er ans Tor: »Lumpen, Knochen, altes Eisen, Tatitata, habt ihr so was?«

»O ja ..., so was hätten wir schon ...«, sprach der Mönch. »Aber was zahlst du?«

»Garn zum Nähen oder Umwickeln. Nadeln zum Stechen oder zum Pieken. Wolle zum Aufhängen.«

Der Mönch lachte: »Du scheinst mir der richtige Gauner zu sein. Bist du ein Jude?«

»Nein ...«, erwiderte Kaczmarek. »Die Plattfüße habe ich von meinem Großvater geerbt, der war siebzig auch in Paris.«

Der Mönch lachte wieder.

»Komm herein zu uns und lad dir auf, was du von Lumpen findest. Und stiehl nicht zuviel, denn Gott sieht alles, wie du weißt.«

»Ich weiß ...«, meinte Kaczmarek, »das sowieso.«

Und er aß Leberknödel mit Fischsoße, die sie ihm gaben. Lisa fraß Melasse mit Heu, die sie ihr gaben.

Vollbeladen torkelte Laura von dannen. Lisa schmunzelte ums Maul herum, und Olga pfiff im Tore. Tatitata.

»Was habe ich zu zahlen, Herr Priester ...?« fragte Kaczmarek.

»Nichts außer einem Vaterunser, Lumpensammler.«

»Gott segne euren Papst ...«, sprach Kaczmarek, und er winkte nochmals den Mönch vertraulich zu sich.

Ins Ohr aber flüsterte er ihm: »Edel sei der Mensch, hilfreich und gut.«

## Katla

Am Abend, da er durch den Wald von Kuchelna ratterte, lief ihm ein flinkes Karnickel übern Weg.

Das nenne ich Glück ..., dachte Kaczmarek. Und wirklich zeigte sich Bielau, ein Walddörflein im fürstlichen Walde im Hultschiner Ländchen, Bielau, durch dessen Gassen die Tanzmusik bummste.

»Was ist hier los ...?« fragte er ein vorbeiflanierendes Mädchen.

»Na ... der Kublik aus Kuchelna heiratet die Franzla aus Bielau, das weißt du nicht?«

»Freilich weiß ich das ...«, erwiderte Kaczmarek. »Aber, daß du solch runde Brüste hast, wußte ich bis jetzt noch nicht, Elisabeth, o Liesel, kleines Lieschen.«

»Ich heiße doch Katla.«

»Um so besser, Katla.«

Tatitata.

»Möchtest du mit mir tanzen, Katla?«

»Mit dir struppigem Pelz ... Nein.«

»Struppig und rein, ruppig und mein ...«, reimte Kaczmarek. Katla lachte: »Und was gibst du mir für einen Tanz?«

»Hier diesen meinen schönsten Ring aus dem Kästchen. Und außerdem ein Brummeisen, darauf du brummen kannst die Tage und die Nächte, Charlotte.«

»Aber ich heiße doch Katla.«

»Um so besser, Katla. Schon gut. Elisabeth, o Liesel, Lieschen, kleines, gutes.«

Dann gingen sie tanzen, und Lisa fraß Hafer vor der Schenke. Um Mitternacht fuhren sie in der Laura in den tiefsten dunklen Wald hinein. Lisa zog sie andächtig.

Im Wagen aber spielte Katla-Lotte-Liesel-Ludwina Brummeisen.

Und Kaczmarek pfiff dann und wann in die Finsternis: Tatitata.

## Zwerge

Des folgenden Tages, eines Sonntagnachmittags, kreuzte er zwischen Beneschau und Bolatitz im Hultschiner Ländchen, angesichts der schönen Oppahügel des Mährischen Gesenkes drüben im Österreichischen ..., dahinter doch Wien liegt.

Der Wagen rumpelte über die Ackerschollen ziellos, und Kaczmarek vergaß den Weg, schaute in das Mährische Gesenke, wo sich die Beskiden zu türmen beginnen und der Horizont im Grubenrauch schwelt.

Vor einer riesengroßen fürstlichen Feldscheune standen die Buben und Mädchen aus dem Dorf Bolatitz umher und riefen sehnsüchtig etwas.

Kaczmarek fragte sie: »Was ruft ihr denn?«

»Ach ..., da drinnen sind die Zwerge. Der Josef hat sie heute früh gesehen.«

Und wieder riefen die Kinder: »Ihr lieben Zwerge. Ach bitte, kommt nur einmal heraus zu uns, den kleinen Kindern aus Bolatitz.«

Kaczmarek weinte, ohne daß sie es sahen, und gab ihnen Brummeisen. Dann jedoch flüsterte er Lisa ins Ohr: »Lisa, nimm deine Beine in die Hand. Wir müssen so schnell wie nur irgend möglich nach Bielau zurück zu Katla.«

Eiligst rumpelte das Wägelchen von dannen.

In Bielau sprach Kaczmarek hastig zu Katla: »Charlotte, schneidere rasch eine große Zipfelmütze und eine rote Hose! Nimm die alten Zugstiefel vom Vater und steck die Enden der Hose hinein. Du bist mein Zwerg Charlotte.«

Katla tat es und sprach: »Aber ich heiße nicht Charlotte.«

»Um so besser, Liesel ...«, erwiderte Kaczmarek und frisierte ihr aus Lisas Schweifhaaren einen mächtigen wallenden Bart.

So fuhr er eiligst zur Feldscheune zurück. Im Hintergrunde brannten die Altvaterberge in der Abendsonne.

Immer noch riefen die Kinder aus Bolatitz: »Ihr guten Zwerge, bitte, bitte kommt heraus zu uns.«

Kaczmarek fuhr mitten unter sie und sagte: »Ihr lieben Kinder aus Bolatitz. Hier ist der Zwerg.«

Und Katla hüpfte aus dem Wagen unter sie, gab ihnen weitere Brummeisen, Ringe, Bilderbogen und allerlei Nüsse zum Knacken.

Dann fuhren sie ins Dorf Bolatitz hinein.

Die Kinder mußten schlafengehen. Kaczmarek aber fuhr mit Liesel gen Kuchelna. Mit Liesel-Lotte-Katla-Ludwina.

Katla spielte Brummeisen die ganze Nacht.

Und Kaczmarek blies in die Finsternis: Tatitata.

## Gefängnis

In der Ferne rauchten schon die Schornsteine von Ratibor aus dem Tal.

Die Oder schnitt sich hindurch in die nördliche Ferne. Kaczmarek suchte nach seinem Gefängnisbrief.

Durch Studzienna kutschierte Lisa die Laura, und Olga pfiff: Tatitata.

»Hehe. Wo ist hier das Gefängnis?«

»Dort.«

»Wo dort?«

»Na, siehst du nicht das große rote Haus?«

»Ach. Da gibt es ja mehrere rote Häuser.«

»Das roteste von den roten.«

»Gott bezahl's, Mutterku...«, rief Kaczmarek, und fuhr auf das roteste von den roten Häusern zu.

Prr.

Er löste Lisa von einem Ziehseil, knöpfte dieses aufs Zaumzeug und betrat das Gefängnis, den Brief einem vorübereilenden Schreiber übergebend.

»Setz dich ...«, sagte der Schreiber.

»Wie du willst ...«, erwiderte Kaczmarek.

»Seit wann duzen wir uns ...?« meinte der Schreiber.

»Ganz meinerseits ...«, meinte Kaczmarek.

Hier nun saß Kaczmarek wie anbefohlen, sechs Stunden. Nach dieser langweiligen Zeit zog er seine Pfeife aus der Tasche und pfiff: Tatitata.

Die Korridore füllten sich plötzlich mit Schreibern und Schreiberinnen.

»Was unterstehen Sie sich, Polacke.«

»Lumpensammler ...«, berichtigte Kaczmarek. »Haben Sie Lumpen abzugeben?«

»Sie haben doch Tatitata gepfiffen?«

»Nein.«

»Na Mensch, reden Sie doch nicht.«

»Das war meine Olga.«

»Ihnen werden wir ein paar Tage aufbrummen, unverschämter Patron.«

»Tun Sie das ...«, meinte Kaczmarek.

»Jedenfalls haben Sie zu warten, bis Sie drankommen.«

»Zu Befehl.«

Und er saß weiter.

Um sechs Uhr kam ein Schreiber heraus, kratzte sich am Kopf und meinte: »Ach, Sie habe ich ganz vergessen. Kommen Sie wieder.«

»Gut«, sagte Kaczmarek. »Ich komme wieder.«

»Schön, kommen Sie wieder.«

## Rom ist nicht an einem Tage erbaut worden

Kaczmarek knüpfte Lisa wieder ans Ziehseil und fuhr gen Altendorf, einem Stadtteil von Ratibor.

Vor der dortigen Pfarrei hielt er an, zog Laura hervor und pfiff: Tatitata.

Ein Fenster öffnete sich, und eine Frauensperson rief: »He ... Lumpensammler ... Fahren Sie weiter und stören Sie Hochwürden nicht.«

»Was heißt hier Hochwürden ... Was heißt überhaupt Hochwürden? Ist ja lächerlich. Wie kann ich wissen, daß ich Hochwürden störe, wenn ich pfeife zu Lisas Vergnügen?«

»Jedenfalls ist Hochwürden Reichstagsabgeordneter, und mit einem Lumpensammler macht er kurzen Prozeß ...«, meinte schnippisch die Frauensperson.

Kaczmarek aber warf ihr Kußhändchen zu. Krachend schmiß sie das Fenster zu.

Kaczmarek nickte mit dem Kopfe: »Herr, wir preisen deine Stärke ...«

## Kommen Sie wieder

Am nächsten Morgen ging er wieder ins Gefängnis und pochte beim »Kommsiewidra« an.

Der Schreiber sagte knapp: »Setzen Sie sich.«

Kaczmarek saß bis sechs Uhr abends.

Wieder kratzte sich Kommsiewidra am Kopf und sagte: »Kommen Sie wieder.«

Kaczmarek kam wieder. Denn Kaczmarek kommt immer wieder! ...

Zehn Tage lang kam er wieder und saß seine Strafe im Korridor ab.

Am zehnten Tage sagte er dem Kommsiewidra: »Hier haben Sie eine Zigarre.«

»Was? Sie wollen mich bestechen?«

»Wenn Sie nicht wollen, dann lassen Sie's sein.«

Und Kaczmarek steckte die Zigarre in seine Tasche zurück: »Die raucht sich in meinem Munde auch nicht schlecht. Was ich aber will, ist eine Bescheinigung, daß ich zehn Tage im Korridor gesessen habe.«

»Zu was brauchen Sie die Bescheinigung?«

»Wissen Sie, meine Frau ist eine Bestie, und zehn Tage sind auch keine Kleinigkeit ...«, meinte Kaczmarek.

»So ..., hier haben Sie die Bescheinigung.«

Und Kaczmarek kehrte nicht mehr wieder.

Er kutschierte hinaus ins Leobschützer Land den Sudeten zu, wo die Altvaterberge winken, wo die goldene Oppa fließt und wo ein Mädchen mit großen Glutaugen wohnt, des Namens Martha.

## Unter sich

Es war der 22. Oktober 1913. Die Herzogin hatte eingeladen.

Ihre Majestät hatte der evangelischen Gemeinde eine neue Kirche ermöglicht.

In ihren Kutschen, zu Fuß und per Bahn kamen eifrige Herren der evangelischen Kirche angeströmt. Denn eine neue große Kulturtat war einzuweihen.

Larrifarri vor allen Dingen hatte einen großen Tag. Ihm war es selbstverständlich zugekommen, die große Festrede zu halten, und seine Ohren wackelten schon am frühen Morgen vor Wichtigkeit.

Schon fuhr Udo Toto vor. Gleichzeitig mit ihm, in langer Reihe eine recht stattliche »Armada« oberschlesischer Junker. Ein Pastor, in eifriges Gespräch mit einer Dame verstrickt, kam gewichtig an der Auffahrt vorbei: »Wir haben doch die Kultur ins Land gebracht. Nehmen Sie doch, was Sie wollen. Alles in allem. Einzeln im einzelnen. Zum Beispiel die Industrie. Wer ist es, der diese ungeheuren technischen Aufgaben löst? Doch nicht der Katholik. Nein, der Protestant. War es nicht Goethe selbst, der an die Friedensgrube bei Tarnowitz treffend schrieb:

Fern von gebildeten Menschen, am Ende des Reichs, wer hilft Euch,
Schätze finden und sie glücklich zu bringen ans Licht?
Nur Verstand und Redlichkeit helfen, es führen die beiden
Schlüssel zu jeglichem Schatz, welchen die Erde verwahrt.
J. W. Goethe.«

»Wundervolle Worte! Großartig! Dieser Rhythmus ...!« bemerkte die Dame. »Fern von gebildeten Menschen ... herrlich ... Herr Pastor. – Ich bin wirklich gespannt, was Professor Larrifarri sprechen wird. Sicher wieder etwas Epochales. Wissen Sie, Herr Pastor. So ein Mensch wie Larrifarri kommt nur alle hundert Jahre. Denken Sie mal, dieses Genie! Neulich prägte er hier in der Residenz ein treffliches Wort. Wissen Sie, was er von den Wasserpolacken, die doch vorläufig hier überall noch wohnen ..., wissen Sie, was er von denen meinte? Sie seien Wassermenschen. Denken Sie mal, Herr Pastor. Diese Rücksichtnahme. Dieser Takt. Er bringt es nicht fertig, den Menschen irgendwie nahezutreten. Nennt sie einfach Wassermenschen. Ja, man muß staunen. Die Nation muß sich zu solch einem Menschen wahrhaftig beglückwünschen. Larrifarri prägte bekanntlich auch den schönen Wahlspruch:

Durch dick und dünn.

So knapp und so stramm. Herr Pastor, was meinen Sie?«

»Jaja, Frau Gräfin. Durch dick und dünn.«

»Durch dick und dünn ...«, wiederholte die herrlichblonde Frau Gräfin Jolandabombina von Moto Homo.

Larrifarri kam aus dem Portal und hob die Hand zum Faschistengruß.

»Ach, da sind Sie ja, Herr Professor ...«, wiederholte Jolandabombina, »wir sprachen soeben von Ihnen.«

»Soso ...«, meinte Larrifarri. »Na, es geht gleich los.« Er verschwand wieder im Schloß.

»Nein ..., dieses Verantwortungsbewußtsein! Nicht mal zur Begrüßung hat er Zeit.«

»Nein, dieses Genie.«

»Aber hören Sie, Herr Pastor ... Ich habe gehört Sie dichten auch?«

Der Pastor schmunzelte: »So. Wer hat Ihnen davon erzählt?«

»Es war hier in der Residenz einmal bei der Tafel davon die Rede.«

Der Pastor fühlte sich geschmeichelt.

»Ach, Herr Pastor, darf ich Sie bitten. Ja? Sagen Sie mir doch eines Ihrer Gedichte auf. Tun Sie das, bitte.«

Der Pastor zog seine Brieftasche hervor, setzte seine Brille auf:

»Aus meinem Kopfe sprühen Blitze.
Sie prallen ab an einer Spitze
Im Widerstrahl ins Oberschlesierland.

Drum, Herrscher, heil dir auf dem Throne,
Daß Gott der Herr dich dafür lohne
Im Paradiese Oberschlesien.

Zu meinen Füßen kniet die Herde.
Kultur strahlt aus ... jede Gebärde
Im Paradiese Oberschlesien.

Das Land, das muß uns ganz gehören.
Wir wollen es in Treue schwören,
Mit Gott für König und Vaterland.«

»Mit Gott für König und Vaterland ...«, murmelte Jolandabombina: »Ich beglückwünsche Sie zu diesem fabelhaften Gedicht. Ach ..., das müssen Sie drinnen vortragen. Ich werde es veranlassen.«

»Hier hab' ich noch eins«, begann der Pastor ermutigt:

»Ich weiß ein Wörtlein klein und rein,
Das Wörtlein Rhein.
Am Rheine unsre Reben blühn.
Im Rheine schmucke Schiffe ziehn.
Das dürfen sie nicht kriegen.
Dreimal geschworen: Nein.

Ich weiß ein Wörtlein klein und rein,
Das Wörtlein Main.
Am Main, wo unsre Burgen stehn,
Im tiefen Tal, auf lichten Höhn.
Das dürfen Sie nicht kriegen.
Dreimal geschworen: Nein.

Ich weiß ein Wörtlein klein und rein,
Das Wörtlein Bein.
Wir wollen schwenken hoch das Bein,
Nach Frankreich fest marschieren rrein.
Immer feste. Rrein.«

»Das muß ins Lesebuch, Herr Pastor! Einfach fa ... bel ... haft.«

Der Pastor kramte noch rasch nach anderen Schöpfungen. Aber ein Diener forderte die beiden im Auftrage Ihrer Durchlaucht der Herzogin auf, den Spaziergang zu unterbrechen und sich in den Festsaal zu begeben.

»Aber denken Sie mal an ...«, begann Frau Gräfin Jolandabombina von Moto Homo unterwegs. »Herr Pastor! Ich bin so entzückt von Ihren dichterischen Schöpfungen, daß ich auch den Festsaal darüber vergaß.«

»Dichtung ist etwas Gewaltiges ...«, pflichtete der Pastor bei.

## Prost

Musik intonierte die Nationalhymne.

Der Herzog betrat das Podium:

»Liebe Freunde!
Heute, am Geburtstage unserer Schirmherrin, unserer erhabenen Kaiserin, Ihrer Majestät, habe ich Sie zusammengerufen, um Ihnen zu verkünden, daß durch die Gnade Ihrer Majestät, durch die große Huld ihres gläubigen Herzens ein Kirchlein erstehen konnte. Ein Kirchlein, das ein neues Zeichen sein soll für das aufrechte Bemühen Ihrer Majestät um die Kultur dieses Landes.

Ihre Majestät, unsere gütige Herrscherin, soll leben: Hoch ...«

Hoch! Hoch! Hoch!

Wieder folgte die Kaiserhymne.

Professor Larrifarri betrat das Podium:

»Erlauchte Gemeinde!
Es ist mir eine besondere Ehre, mein bescheidenes Wissen um die Dinge dieses Landes hier, das die weisen Hohenzollern seit dem Alten Fritz in kaum faßbare Blüte brachten, Ihnen unterbreiten zu dürfen.

Sie wissen ja, daß die Völkerwanderung die Bewohner

Osteuropas in grotesker Weise durcheinanderschüttelte, gen Westen fegte und daß die Urbewohner dieses Landes hier Germanen waren, Vandalen und Silinger, welch letztere dem Land den Namen Silesia, Schlesien, verliehen.

Heute nun, an Stelle dieser Germanen nisten allerdings wunderliche Menschen in den Dörfern, biedere Wassermenschen, die wir huldvoll aufnehmen wollen in die große deutsche Familie.

Wir geben ihnen Arbeit und Brot. In den Gruben verdienen sie sich ihr Geld. Auf den Domänen schaffen sie stets in frischer Luft, und ich muß sagen: das ist besser als leibeigen ...«

Udo Toto räusperte sich.

Larrifarri sprach zwei Stunden mit Emphase immer wieder von den großen Segnungen, denen das oberschlesische Volk, die Wassermenschen, unter der Hohenzollernschen Ära ausgesetzt gewesen sei. Und die Pastoren, Junker und Würdenträger unterbrachen ihn immer wieder mit donnerndem Applaus. –

Nach Larrifarri sprach Trockenbrott im Namen der oberschlesischen Beamtenschaft seine Glückwünsche für Ihre Majestät aus und den Dank für die warme Fürsorge der hohen Frau um die Belange der Beamtenschaft hier an der Front gegen östliche Barbarei. Es freue ihn ..., setzte Trockenbrott fort, daß man in Berlin die Situation der Beamtenschaft anerkenne und die Ostmarkenzulage auf das gesamte oberschlesische Gebiet ausgedehnt habe, und er könne im Namen der gesamten protestantischen Beamtenschaft erklären, daß sie stets auf dem Posten bleibe, zum Wohle des Vaterlandes. –

Anschließend begab sich die Gesellschaft in den Neubau, wo ein Bachkonzert, von einem Breslauer Orchester ausgeführt, über alle Widerwärtigkeiten triumphierte, die in den Gehirnen dieser gottverlassenen Menschengruppe grassierten.

## Auch eine Meinung

»Was macht denn der Fürst in London ...?« fragte auf dem Rückwege von der neuen Kirche Udo Toto den Herzog.

»Ich glaube, der ist in die Engländer verliebt ...«, erwiderte der Herzog.

»Als ich ihn das letztemal in Berlin traf, führte er ganz absonderliche Gespräche.«

»Er ist ein ganz gewöhnlicher politischer Kannegießer und hat drüben nur die Leute ein wenig mit Diners zu beschäftigen. Das andere macht ja Jagow.« –

»Wie meinst du denn das ...?« unterbrach Udo.

»Na ..., schrullenhaft war er schon immer.«

»Du meinst wohl, er war Demokrat?«

»So etwas Ähnliches.«

»Hm.«

»Es wäre wohl besser für ihn, er kümmerte sich mehr um seinen eigenen Kohl zu Hause als um die Politik.« –

## Dudelsackmotiv

Im Carlton House, dem Palais der deutschen Botschaft in London, empfing an diesem Abend, da in der herzoglichen Residenz in Oberschlesien Geburtstag der Kaiserin gefeiert wurde, der Fürst aus dem gleichen Anlaß.

Der Fürst sprach über Dostojewskis Memoiren aus dem Totenhaus und verblüffte durch eine vorzügliche Vertrautheit mit der Welt des großen Russen.

Es lautet die Frage: War Dostojewski ein Idealist oder ein armer Dämon, ein Instrument ohne das Bewußtsein des Idealismus? Er war ein großer Slawe, und sonderbar, daß Deutschland in der Welt voran ihn so unendlich liebt.

Der Idealismus, die naive spontane Hingabe für alles Schöne auf Erden vom Fürsten zur Religion gepriesen, schnitt ein englischer Diplomat mit einem Fanal jäh ab: »Erzählen Sie mir etwas von Galizien, Durchlaucht ... Das sind ja Ihre Nachbarn daheim?«

»Dort regieren die Polen«, meinte der Fürst.

»Sonderbar ...«, entgegnete der Engländer. »Von den Polen reden Sie trotz Ihres so profilierten Idealismus hart. In diesem Punkte scheinen Sie nur Patriot zu sein. Warum sollen denn die Polen nicht auch gute Eigenschaften haben? Die Inkas waren gottlos. Die Polen sind gottergeben. Oder ist das gottvoll? Es scheint alles ein Fehler zu sein. Es ist merkwürdig. Die deutsche Diplomatie wagt über die slawischen Fragen kein offenes Wort. Die Österreicher verstehen da überhaupt keinen Spaß und regieren nach dem wunderlichen Rezept des berühmten Doktor Eisenbart.«

Der Fürst warf ein: »Darf ich Sie als deutscher Patriot an Indien erinnern?«

Der Engländer erwiderte rasch: »Alles zugegeben. Europa steht zur Debatte. Zudem: Indien ist eine leere Scheune. Europa eine vollgepfropfte. Indien wird anders brennen. Europa explodiert ...«

... Aus dem Nebenraum erscholl Musik. Es war die Symphonie aus der Neuen Welt, von dem Tschechen Anton Dvorak.

Die Herren schwiegen ...

Das einfache Motiv eines Volksliedes kehrte im Intermezzo von Orchester und Dudelsack immer wieder zurück. Aus der Ferne. Aus der allernächsten Nähe her. Abschiedswehmütig. Trauernd um die verlorene, verschollene Heimat. Um das Stückchen Erde, auf dem der Mensch ein Kind gewesen und in der Seele ein Kind bleibt, ewig.

Der Fürst dachte an seine Schloßkirche unten in Borodin an der Oder im Oberschlesischen.

Sangen nicht die Dorfbewohner, deren deutschergebene Gesinnung ..., ja, deren überzeugter deutscher Patriotismus groß und klar zutage trat, dieses Volkslied in der Kirche als Meßlied? Dieses Volkslied, das der Slawe Anton Dvorak so herrlich variiert?

Immer dieses wehe Lied ...

... »Es ist Ihnen bekannt ..., daß Anton Dvorak diese Symphonie für die amerikanischen Tschechen schrieb? Für die, die aus der Heimat zogen, weil ihnen Wien den Lebensatem raubte? Wissen Sie, woran ich denke ...?«

setzte der Engländer fort. »An Aschenbrödel und die explodierende Scheune.

Durchlaucht . . ., erinnern Sie Deutschland, Ihr großes, schönes, stolzes Vaterland, an ein Unheil, ehe es zu spät ist.« –

Die Soiree ging zu Ende.

## Woicech

In derselben Nacht und zur selben Stunde geschah noch etwas, oder auch etwas im herzoglichen Residenzdörflein unten im oberschlesischen Bannwalde.

Fast zur selben Stunde, da in London die Gäste abschiednehmend in ihre Wagen stiegen und im herzoglichen Schloß ein Lichtbündel den Höhepunkt des Festes anzeigte, klopfte eine Menschenhand an die Tür bei Tatschitschek, dessen Häuschen unweit der Parkmauer stand.

Tatschitschek schlief bereits.

Die Botschaft kam von Moschek, dem Gastwirt und Vertrauensmann Woicechs . . . Tatschitschek möge alsbald zu einer dringenden Unterredung mitkommen.

Hastig und fröstelnd warf Tatschitschek seine Kleider über und ging.

Im Honoratiorenstübchen saßen einige geheimnisvolle Gestalten, an deren Spitze Woicech.

Behutsam schloß man die Tür ab.

Ein Schreiben zirkulierte. Es war ein neues Geheimschreiben der Oppelner Regierung an die Amtsvorsteher, betreffend die Behandlung des oberschlesischen Volkes.

Woicech verlas es aufgetragen und mit dem Hinweis auf seine Mission, auf seine Arbeit in Kosbuchna und in Borodin. Er sprach von der Anmaßung der preußischen Behörden. Vom Kulturkampf. Von Bismarck. Vor allen Dingen aber von den Posener Enteignungsgesetzen.

Moschek, der Gastwirt, nickte beständig dazu, als hätte er alles schon vorher bedacht. Gewußt. Gefühlt. Gemeint. Und angestrebt.

Tatschitschek schwieg wie immer.

Sein leidzerfressenes und düsteres Antlitz war abwesend und erhellte sich erst, als die Schnäpse auffuhren, die er begierig hinunterspülte.

Woicech sprach überdies sehr gern und viel von sich selbst. Gab seinen Lebenslauf zum besten.

Er, der Sohn eines oberschlesischen Kumpels, habe auf Kosten eines Pfarrers studieren dürfen. In Deutschland sogar. Auf deutschen Bildungsanstalten. Der Pfarrer habe gewußt, was er tat. Die Industrialisierung Oberschlesiens, die von Tag zu Tag das Volk seinem angestammten Wesen entfremde, müßte einen Damm bekommen.

»Dieser Damm bin ich ...«, rief Woicech und schlug sich auf die Brust.

Aus dem Blut des Volkes muß der Trotz erstehen. Muß die Scholle die deutschen Eindringlinge aus dem Lande fortstinken mit vulgären Dämpfen.

»So wahr ein Gott im Himmel lebt ...«, beschloß er seine Agitationsrede.

## Moschek

Moschek unterschied sich von den anderen Menschen durchaus nicht.

Da er wohlhabend war und im Grunde nichts zu tun hatte, konnte er sich alle Tage sorgfältig rasieren, so daß sein sonderbar vorgestrecktes Kinn allmorgendlich wie ein rosiger Kegel glänzte.

Besonders angenehm zu vermerken wäre, daß Moschek sich sehr manierlich aufführte, klug und gewandt zu sprechen und alle Menschen mit natürlicher angeborener Virtuosität zu behandeln wußte.

Dessenungeachtet hatte er auch seine wilden Tage, an denen das verschüchterte, dem reichen Manne huldigende Dorf ein klein wenig ironisch und versteckt tuschelte, Moschek befände sich wieder einmal in der Brunft.

Moscheks fettglänzendes, aber nicht verschwommenes Antlitz zierte eine lange Römernase, und die Augen waren lukullisch hervorgequollen, rotumrändert, lüstern und zuweilen, namentlich in Zeiten der Nervosität, sprühend, unerträglich bohrend. Wie von einer magischen Kraft dirigiert. Sonst waren es die Augen eines klassischen Feinschmeckers nach dem Gemälde eines alten Meisters.

Moscheks bürgerlicher Name kam nur selten über die Lippen der Menschen, seitdem dieser zweisilbige Fremdling eines Sonntagmorgens im Dorfe war wie ein Findling oder ausgestopfter Krautschreck, den man neckischerweise da und dort postiert. Denn die werktätigen, mühseligen Männer, die allsonnabendlich aus Oberschlesiens Industrien zurückströmen, sorgten für den Konsumenten dieses Namenfremdlings sehr fürsorglich mit gesteigertem Interesse und verhaltener Fröhlichkeit. Irgendwo am Baugerüst oder am Hochofen oder im Stollen oder im vollgepferchten Eisenbahncoupé zimmerte eines ihrer fein zugespitzten Gehirne diesen Spuk: Moschek.

Oder gurrte ein unermüdliches Täubchen in das Sinnen eines müden Arbeitsmannes. Erzählte die ewigen Dinge vom Leben und Sterben des reichen Mannes, als man den Wald hindurch zum Dorfe zog?

Denn Samstag um Samstag streckt der Moloch Oberschlesien todmüde seine Fangarme von sich hinaus, bis in die kleinsten waldversteckten Hütten.

Und Montag um Montag, noch tief in der Nacht, steht sein Wächter, der Widerschein, wie ein barockes Riesenfenster am oberschlesischen Himmel. Saugt langsam und im Absterben des Morgenrots das kräftige Menschtum wieder in sich hinein. Wenn die müde Morgenglocke ertönt, ist das Dorf schon längst leer.

Zwischen jenem Samstag und Montag aber liegt Ruhe und Beschaulichkeit. Andacht und Frevel.

Vielleicht gurrte das Täubchen.

Inmitten eines ganz besonders unzufriedenen Männerhaufens aber wagte sich vielleicht ein Schweiger.

Vielleicht.

Und vielleicht lugte aus dieses Schweigers schlaffem Rucksack ein Kobold hervor. Ein Kobold mit gespitzten Ohren. Irgendwo im Eisenbahncoupé aufgegriffen. Oder im Kohlenschacht. Oder während einer Frühstückspause.

Oder im Traum.
Vielleicht.
Und das Täubchen gurrte das fromme Wiegenlied der Waldheimat, wie ein Spinnrädchen. Wie ein perlendes, ewiges Märchen vom Leben und Sterben des reichen Mannes.
Irgendwo pfiff dann die Lokomotive. Weit. Weit ... Die Lokomotive, die die Männer abgeladen hatte und weiteres lebendiges Frachtgut in die Wälder hineinschaffte. Und hierbei zupfte der Kobold den Schweiger am Ohrläppchen und raunte ihm zwei Silben ins Gedächtnis.
Und das Täubchen gurrte unermüdlich dazu.
Vielleicht.
Und an der Gruselbrücke, mitten im Dorfe am herzoglichen Parktor, trennten sich die Männer. Jeder zu seinem Hüttlein.
Vielleicht.
Denn am nächsten Morgen, am Sonntag, als die Menschen geputzt zur Kirche eilten, stand über der ganzen weißgetünchten Straßenfront der Honoratiorenschenke jenes bisher unbekannte Wort. Mit Ruß auf knallweißem Hintergrund: Moschek.
Niemand hat je erfahren, wer es hingeschrieben. Aber ein Begriff ist es geworden und klebt seither auf dem Wirt der Honoratiorenschenke vor der Gruselbrücke am herzoglichen Parktor.
Klebt auf dem Moschek, dessen verkralltes Shylockantlitz und gewölbter Rücken heute noch als Gespenst in den Gehirnen der Bauern spukt.
Moschek.
Unter der Gruselbrücke nistet er. Ein Radaumacher. Ein Kobold. Ein Verräter seiner Heimat.
Der Geist des Honoratiorenwirtes, nach Meinung der frommgläubigen Bauern.
Der Geist.
Der Geist und nicht die Seele.
Die Seele aber hinterließ keine Merkmale.
So rumort es nächtlicherweise, vielleicht auch heute nacht wieder einmal, wie jedoch bestimmt am 20. März eines jeden Jahres: dem Abstimmungstag.

Ein Brummen ist dann unter der Gruselbrücke. Oder gar ein turbinenartiges Sausen.

Je nachdem.

Oder ein Hilfeschreien in der bekannten Stimme des nunmehr toten Moschek. Den irgendwo etwas peinigt und nicht ruhen läßt.

Moschek.

Ein rätselhaftes, schicksalbergendes Wort.

Moschek, die Losung des Verrates Oberschlesiens: »Vermoschekt.«

Eine Eulenspiegelei. Eine Chaplinade. Eine Sphinx des oberschlesischen Sprachschatzes. Irgendwo am Baugerüst, am Hochofen, im Stollen oder im gedrängten Eisenbahncoupé erfunden und von der Spirale Oberschlesien in ihr geheimnisvolles, walddichtes Hinterland geschleudert und unter der Gruselbrücke deponiert.

Moschek.

Moschek hieß über Nacht der reichste Mann des Dorfes. Der Geheimnisvollste. Der Würdenträger. Der Gefürchtete. Der Bestochene von Polen und der Bestochene von Deutschland.

Der Ortssteuererheber.

Der Gutfreund der Deutschen, solange es ihnen gut ging.

Der Gutfreund der Polen. Der Franzosen.

Der Gutfreund des Teufels.

Der Kirchenvorstand und Honoratiorenwirt.

Moschek hieß der Verräter. Der Bezahlte von allen Seiten.

Moschek heißt sein Geist und spukt.

Seine Seele aber hinterließ keine Merkmale.

Moschek. Hihi.

Galgenhumor, erschöpfte Ironie flügelte einen Findling, und ein banaler Witz heftete ihn an den Schornstein seines Reichtums.

Der Nachwelt zum grausamen Spott.

»Vermoschekt« sind wir worden.

Moschek.

Im Rucksack eines Arbeiters erzeugt.

Vom Gurren eines Waldtäubchens geboren.

Moschek wurde das erstemal irrsinnig am Tage nach dem Erscheinen des Halleyschen Kometen.

Ein Bierkutscher aus der Stadt brachte die Nachricht vom Kometen zu ihm und gleichzeitig die daran geknüpfte Befürchtung des bevorstehenden Weltuntergangs.

Moschek begann alsbald zu beten.

Schon am nächsten Tage fand man ihn entsetzt und verwirrt neben dem Bette knien. Sein letztes vernünftiges Wort: »Heilige Veronika, mein Geld ist futsch. Gebt mir sofort die letzten Sakramente auf den Weg.«

Da man nun diese höchst merkwürdigen Gedanken zum Pfarrer gebracht, begann dieser alles Erdenkliche zur Rettung seines intimen Freundes zu tun und schloß ihn ins öffentliche Gebet.

Der Kranke redete vierzehn Tage lang wirres, unheimliches Zeug, nannte alle Kalenderheiligen der Reihe nach beim Namen, schwieg aber hartnäckig auf alle Fragen und nährte sich nur vom zermahlenen Stroh seiner Lagerstätte.

Knapp vierzehn Tage darauf aber stand er eines Morgens kerngesund und kreuzfidel auf.

Man rätselte.

Die einen begnügten sich mit der Feststellung, Moschek habe den Standort seines vergrabenen Geldes nunmehr in sein Gedächtnis zurückgerufen. Die andern jedoch glaubten, der Weltuntergang sei eben nicht eingetroffen.

Moschek aber wässerte wieder seinen Schnaps. Frühstückte wie gewohnt seine gewaltigen Portionen. Guckte behaglich zum Fenster hinaus. Dankte für frommen, ergebenen Gruß. Besuchte den Pfarrer. Ging regelmäßig zur Beichte. Und kassierte die Steuern für den preußischen Staat ...

... So gingen Jahre dahin, bis zu dem Abend, da Woicech den Tatschitschek rufen ließ.

Als alle davongegangen waren, Moscheck sich entkleidete und ins Bett stieg, nicht ohne vorher das soeben von

Woicech in Empfang genommene Geld unters Kissen zu stopfen, ferner langwierig zu beten: Vaterunser, Gegrüßet seist du, Maria, Glaubensbekenntnis, Zehn Gebote, Vaterunser, Gegrüßet . . ., klopfte es leise ans Fenster.

Moschek sprang hastig unter die Decke.

Es klopfte leise wieder.

Wer ist dort?

Es klopfte stärker.

»Wer ist denn dort?«

»Hier ist der Satan aus der Hölle und bittet um eine milde Gabe . . .«, lispelte eine Stimme von draußen.

Darauf hub der Lispelnde ein infernalisches Geheul an.

Moschek faßte sich mutig und kroch zum Bett hinaus, um ans Fenster zu gehen.

Als der Satan da draußen merkte, daß Moschek hinausschaute, bückte er sich, so daß Moschek ihn nicht sah.

Moschek, der ihn nun erkennen wollte, bückte sich gleichfalls, um ihn so zu ertappen, und schnellte plötzlich hoch.

In diesem Nu bückte sich der da draußen. Der Satan. –

Dieses Spiel trieb der Satan, namens »Witzbold«, über zwei Stunden, bis sein tragikomisches Opfer, namens »Moschek«, weinend am Fenster zusammenbrach.

Am nächsten Morgen war Moschek wieder einmal irrsinnig.

Man ließ Messen für ihn lesen, in Lourdes, in Vellehrad, in Hrabin, in Annaberg und in Czenstochau . . .

. . . Etwa um die elfte Vormittagsstunde dieses Tages kam Kaczmarek auf seinem Wägelchen vom Walde hergesteuert. Er blinzelte die Schenke mit Behagen an. Ließ Lisa halten. Band das eine Ziehseil ab. Befestigte es am Zaumzeug. Und betrat die Schenke, nicht ohne vorher gepfiffen zu haben: Tatitata.

Ein Dienstmädchen, das hinterm Schanktisch den Moschek vertrat, kam herbei.

Kaczmarek sprach: »Ich bitte um ein Glas schales Bier, um einen Rosenkranz und um einen Palmenwedel.«

Das Dienstmädchen schaute ihn wunderlich an.

Brachte das Bier. Den Rosenkranz und den Palmenwedel jedoch brachte es nicht.

Kaczmarek mahnte sie drum.

»Rosenkränze haben wir nicht zu verkaufen, und der Palmenwedel, den der Moschek von seiner Palästinafahrt mitgebracht hatte, ist in der Kirche am Hochaltar.«

»Gut ...«, sagte Kaczmarek. »Dann bring mir einen Strick und einen Kehrbesen.

Das Mädchen brachte den Strick und auch den Kehrbesen.

Kaczmarek betrachtete die beiden Sachen und sprach: »Hier ist ein Kranker im Hause.«

Das Mädchen starrte ihn an: »Wie kannst du das wissen?«

»Ich sehe das an dem Strick. Der krümmt sich vor Schmerzen. Und am Besen. Dem stehen die Haare zu Berge. Führe mich zu dem Kranken.«

Das Dienstmädchen tat es.

Moschek lag im Bett und schrie in einem fort: »Wer ist dort?«

»Ich bin da«, sprach Kaczmarek. »Ich, der Abgesandte meines Herrn.«

»Wer bist du ...?« forschte Moschek.

»Ich bin dein Freund ...«, erwiderte Kaczmarek.

»Geh weg von mir ... Geh weg ... Du bist der Teufel.«

»Aber geh ...«, beschwichtigte Kaczmarek. »Seit wann geht der Teufel mit einem Rosenkranz und einem Palmenwedel herum? Ich komme aus Palästina, Christ Moschek, mein Freund, und will dir helfen. Ich sehe, du leidest so tief. Komm, erhebe dich.«

Moschek erhob sich willenlos aus dem Bett ... und schritt auf Kaczmarek zu.

»So, lieber Freund ... Siehst du. Alles wird wieder gut ...«, sprach Kaczmarek und legte ihm den Strick um Hemd und Leib, ihn nicht gerade sanft zuziehend.

»Dieser Rosenkranz wird dir wohltun, mein Lieber ... so ... Nun komm mit mir. Hier hast du den Palmenwedel.«

Moschek nahm den Kehrbesen in die Hand.

»So komm mit mir. Wir gehen in die Kirche ...«, sprach Kaczmarek weiter.

Barfuß und im Hemd folgte ihm Moschek hinaus.

»Steig in meinen Wagen und lege dich auf die Haderlumpen. Das wird dir wohltun bis zur Kirche.« –

Moschek tat es willenlos, und Kaczmarek band ihn am Wagenbrett fest. Steckte ihm einen Knebel in den Mund, daß er nicht schreie.

Dann zog er die Plane zu. Löste Lisa los und fuhr von dannen, dem Walde zu.

Und er blies lustig: Tatitata.

Im Walde, eine tiefe Stunde von der herzoglichen Residenz, hielt er an, holte Moschek aus dem Wagen. Moschek zitterte an allen Gliedern wie dürres Herbstlaub.

»Wir sind schon da ...«, sprach Kaczmarek. »Komm her.«

Und er band ihm den Strick vom Leib, nahm ihm den Knebel aus dem Mund.

Moschek wimmerte.

Kaczmarek jedoch ließ ihn herzlos wimmern, riß ihm die Hemdfetzen vom Leibe, ergriff den Besen und schlug auf ihn ein, daß es hagelte, und schrie ihn an: »Dort geht der Weg nach Hause. Du ganz großer Halunke.«

Und er gab ihm noch ein paar kräftige Arschtritte, so daß Moschek sich tüchtig in Lauf setzte und zähnefletschend Kaczmarek anherrschte: »Das wirst du mir bei Gericht büßen.«

»Siehst du ...«, sprach Kaczmarek. »Wie vernünftig du denken kannst, wenn du nur willst.«

Und er zuppte noch mit dem Bein nach Moschek. Der trollte sich splitternackt davon, und Kaczmarek blies ihm den Marsch: Tatitata.

## Kaczmarek spritzt eine Rede

Im Nachbardorf angekommen vernahm Kaczmarek, daß Woicech des Abends zu den Bauern sprechen wolle.

Darum blies er bis zum Abend in der Kneipe. Zechte tüchtig mit den Burschen und erzählte ihnen das Märchen vom Mann im Monde, vom Tränenkrüglein und von der Prinzessin auf der Erbse. Dann gingen sie geschlossen in den Saal, wo die Bauern geschichtet saßen, gleich Heringen.

Und Kaczmarek setzte sich zu ihnen, um zu hören, was Woicech, dieser heilige Lotse im vatikanischen Fahrwasser, für Wunderdinge zu verkünden hätte.

Woicech mahnte die Bauern an ihre innere Stimme, die sie angeblich zu ihrer großen Mutter Polen treiben müsse. Er hopste auf dem Podium gleich einer Drahtpuppe, aufgezogen von allerlei internationalen Banditengruppen, die das Volk im Eigeninteresse austrumpften gegen die Nation der Bismarckschen Ostpolitik ... Kaczmarek stellte sich auf einen Stuhl und redete eine Rede: »Ihr Affen, die ihr so schlau seid, zu wissen, daß die Kuh den Schwanz hinten hat und nicht vorn, hört einmal zu.

Pan Woicech, Reichstagsabgeordneter in Berlin, will den erlösen, der sich erlösen lassen will.

Wollt ihr das?

Pan Woicech stellt sich unsere Erlösung so vor, wie ich etwa das Glas schales Bier, das ich jetzt in der rechten Hand halte. So. Und nun in die Linke hinüberwechsle. So. Und nun erlöse von euch, ihr bäuerischen Übel.

Amen.

Prost.

Ob wir deutsch oder ob wir polnisch sind, Bauern und Industriearbeiter, spielt ja keine Rolle.

Daß wir Proleten sind, sollten wir nicht vergesen.« –

»Seht euch doch diesen Kaczmarek an ... Seht euch doch diesen Lumpensammler an ...«, schrien die Bauern. »Der beleidigt unsere heilige Kirche.«

Und alle schrien sie: »Nieder mit dem Lumpensammler Kaczmarek! Hoch Woicech!«

Kaczmarek aber stieg abermals auf den Stuhl: »Ihr Affen, die ihr so schlau seid, zu wissen, daß die Kuh den Schwanz hinten hat und nicht vorn, hoch, hoch hoch ...«

Und da er »hoch« schrie und nicht »nieder« ..., waren sie zufrieden mit ihm und schrien gleichfalls »hoch«.

Und Kaczmarek kutschierte von dannen.

Tatitata.

Es gelang Trockenbrott, den für Berlin geplanten Verhandlungstag des Prozesses unter einem neuen Vorwand zu vertagen. Der Prozeß sollte im Ruhrgebiet stattfinden, da die Kläger ausschließlich im Ruhrgebiet wohnhaft seien. Johannes Wiemann und sein Anhang, oberschlesische Maurer, Zimmerleute, »Hoch- und Tiefbau O.-S.« aus Hultschin sowie auch Bumba, waren in der Vorstadtschenke der Baracken von Duisburg-Meiderich versammelt und zechten auf die große Sache hin, die da morgen von Stapel lief.

»Paß mal auf ...«, sprach Wiemann. »Der Dollny wird die Sache schon schmeißen.«

»Ach, du wirst dort kriegen paare mit dem Knüppel auf deinen krummen Buckel.«

»Nana ... nicht so kleingläubig. Er ist doch verwandt mit dem.« –

»Mit wem?«

»Na, mit dem Herzog.«

»Mit was für einem Herzog?«

»Na, von Oberschlesien.«

»Diesen Herzog mußt du mir bei der nächsten Laterne mal näher beschreiben.«

»Ach, was du dir nicht einbildest. Wenn ich dir's sage, dann kannst du es glauben.«

»Na, wirst ja sehen. Was die Wette?«

»Pfund Polnische.«

»Topp.«

»Gemacht.«

»... Was wettet ihr denn ... ihr ... ihr ... beiden?«

»Na ..., daß der Wiemann ein Graf ist.«

»Ein Graf?«

»Graf Wiemann ...! Herr Graf Wiemann!«

Wiemann kam herbei.

»Seht ihr's ...«, meinte der Rufer. »Er meldet sich nur noch auf die Anrede hin.«

»Na sag mal, liebes Komteßchen ..., wie wär das mit einem Gestreiften? Wo du doch Graf bist?«

... Johannes Wiemann schaute den Lästerer mitleidig

an: »Kannst ja kriegen einen Gestreiften. Da haste ihn.«

»Hoch- und Tiefbau O.-S.« aus Hultschin aber scherten sich um all dieses nicht.

Sie zechten ihren eigenen Lohn bis zum ratzekahlen Ende hinab, ließen ankreiden und sangen:

»Hochbau, Tiefbau – oder ich fall' um.
Aufgepäppelt in der Hundebude,
Der Maurer ist und bleibt kein Botokude.«

Nach Feierabend ging die ganze Gesellschaft auf den Bahnhof, um weiter zu zechen. Man wollte am Morgen um neun Uhr im Amtsgerichtsgebäude geschlossen zuhören.

Nur Johannes Wiemann und Bumba begaben sich auf den Heimweg.

»Ist das derselbe Herzog ...«, fragte Bumba, »der in meinem Heimatdorf residiert?«

»Ja, das ist derselbe.«

»Mit dem wirst du nicht fertig werden, Wiemann ... Das sag' ich dir.«

»Ach, der Dollny wird's schon machen.«

»Wer ist das, der Dollny?«

»Das ist mein Rechtsanwalt.«

»Mußt du den bezahlen?«

»Aber wo. Im Gegenteil. Der gibt mir noch was.«

»Na ..., der scheint sich ja seiner Sache ganz sicher zu fühlen.«

»Jaja.«

»Die einen haben alles, und die andern haben nichts.«

»Eine Ungerechtigkeit. Was?«

Bumba jedoch erwiderte: »Ich möchte mich nicht wohlfühlen, wenn ich soviel hätte wie der Herzog und wüßte, daß Millionen Menschen auf Erden unschuldig hungern. – Aber der kann auch nicht mehr wie sterben. Ich werde morgen auch zuhören kommen. Also, viel Glück, Wiemann.«

Sie verabschiedeten sich in der Nacht.

... Von den Parteien waren erschienen:

Für den Herzog: Generaldirektor Trockenbrott, sein erster Syndikus. Ferner der erste Anwalt der Reichshauptstadt, dem der Ruf voranging, Deutschlands bester Strafverteidiger zu sein. Ferner dessen Sozius.

Für Johannes Wiemann: Rechtsanwalt Dollny.

Für die Presse war niemand da, und im Zuhörerraum drängten sich ausschließlich oberschlesische Arbeiter und Bekannte des Johannes Wiemann.

Der Zivilrichter hatte neben einem Dolmetsch zwei Gerichtsschreiber reserviert, die in der Ecke warteten.

In der Ecke saß ferner ein zusammengesunkener schweigsamer Herr: Es war ein Beobachter der Staatsanwaltschaft, dessen Interesse nicht ganz klar zum Vorschein kam.

War es die in den Prozeßakten vorgebrachte Testamentsfälschung, die ihn auf den Plan lockte ..., oder war es ein Wink Trockenbrotts, der ihn auf den Irredentisten Dollny lenkte?

Der Eröffnungsbeschluß lautete auf Herausgabe von vorenthaltenem Vermögen durch den Herzog von Sackowitz an den Bergmann Johannes Wiemann.

Die Namen einiger Zeugen wurden genannt.

»Sind die Zeugen anwesend«, fragte der Richter.

»Soweit sie nicht inzwischen gestorben sind, ja ...«, erwiderte Dollny.

»Johannes Wiemann ...«, rief der Richter.

Wiemann trat vor.

»Ihr Urgroßvater und der Urgroßvater des Herzogs von Sackowitz sollen Brüder gewesen sein?«

»Jawohl, Herr Gerichtshof.«

Der Anwalt Trockenbrotts bat ums Wort: »Ich möchte hierzu bemerken, daß der Urgroßvater des Herzogs kinderlos starb.«

Wiemann redete dazwischen: »Aber er hat vor seinem Tode meinem Urgroßvater ein Vermögen versprochen.«

»Woher wissen Sie denn das ? Waren Sie dabei?«

Wiemann wurde kleinlaut: »Das steht hier schwarz auf weiß ...« Wiemann kramte einige vergilbte Papiere aus der Tasche und las: »›Mein Bruder, mit dem ich gemeinsam auf die Wanderschaft ging, hatte hier in Oberschlesien Glück, wurde Aufseher in der Kastiliengrube und heiratete schließlich die Besitzerin. Wenn er stirbt, dann holt euch meinen Teil, den er mir versprochen hat in seinem Testament zu sichern.‹«

»Und wo ist das Testament?« fragte der Richter.

Wiemann zuckte die Achseln.

»Ist eben keins da.«

»Tschia ...«, lächelte der Richter verbindlichst. »Dann ist doch nichts zu machen. Bringen Sie das Testament her.«

Dollny meldete sich zu Wort: »Dieses Testament war auch da. Man hat es beiseite geschafft, um aus dem Besitztum keine Werte abzuzapfen. Draußen steht ein Zeuge, der Sohn eines Sekretärs der Verwaltung, dem der Vater vor seinem Tode davon erzählte, daß der Generaldirektor, der schon dreißig Jahre tot ist, ihn mit der Abschrift eines Dokumentes beauftragte. Der Vater hat gewissensbedrückt dem Sohn in den letzten Lebensstunden die Angelegenheit unterbreitet, um vielleicht noch etwas Gutes anzustiften vor seinem Heimgang.«

Der Zeuge wurde hereingeführt und erzählte den Vorgang. Blieb jedoch unvereidigt.

Auf die anderen Zeugen verzichtete der Richter.

Trockenbrotts Verteidiger machte nun geltend, daß der Anwalt des Klägers Führer der polnischen Irredenta in Oberschlesien sei und daß die Absichten hier klar auf der Hand liegen, die sozialen Gegensätze Oberschlesiens mit der nationalpolnischen Propaganda zu verstricken. – Dollny wolle sich mit diesem sozialen Scheinprozeß sein nationales Süppchen aufwärmen, worauf die Staatsanwaltschaft hiermit aufmerksam gemacht werde.

Außerdem behaupte Dollny immerfort, Wiemann sei ein bodenständiger Oberschlesier, einer von den vielen Zweisprachigen, um deren Rechte die polnische Bewegung kämpfe. In Oberschlesien gäbe es keine bodenständigen und nichtbodenständigen Menschen, nur Oberschlesier, die treu zu Deutschland stünden und nur unverantwortlich aufgeputscht würden. –

Was nun Wiemann angehe, so könne die Bodenständigkeit, um juristisch davon zu reden, nun gar nicht stimmen, denn die Anklageschrift sage es ja selbst, daß die Urgroßväter sowohl des Klägers als des Beklagten als deutschsprachige Menschen nach Oberschlesien kamen.

Dieser Punkt sei eine groteske Entstellung der Tatsachen.

... Dollny beschränkte sich in seinem Plädoyer darauf, daß er für das entrechtete oberschlesische Volk kämpfe, dessen menschliche Würde von einigen Geldaristokraten mit den Füßen getreten werde.

Man konnte aus seiner Rede entnehmen, daß ihm das Manifest mehr bedeute als der Prozeß.

Die Klage wurde mangels Beweisen abgewiesen.

## Die Wette

»Und ich bekomme mein Pfund Polnische ...«, lachte der Gewinner.

»Sollst du haben ... Herr Wirt! Ein Pfund Polnische.«

»Aber ... Gib zu: Die Brüder halten stramm zusammen, was?

Vom Richter übern Staatsanwalt bis zum Verteidiger.

Die Dummen bleiben wir sowieso.«

Und sie sangen:

»Ein Jäger, der nicht raucht und trinkt,
Nicht liebt und keine Lieder singt
Und nicht riskiert ein Wort Latein,
Das kann kein echter Jäger sein.
Hochbau, Tiefbau – oder ich fall' um,
Aufgepäppelt in der Hundebude,
Der Maurer ist und bleibt kein Botokude.«

## Der Nachtwächter

Tit Tit Tit Tit Tit Tit Tit Tit Tit Tit Tiiit.

Der Nachtwächter, ein gebückter Mann von achtzig Jahren, mit Orden, Ehrenzeichen und breiten Generalsbiesen, Recke von Düppel, von Königgrätz und Sedan, stand auf der krummen kotigen Dorfstraße von Borodin und blies die zwölfte Stunde.

Kreuz und quer hockte das Dorf im silberhellen Mondenschein. Die Gärten trieben einen schwadigen Dunst in die Höhen, und über der Oder lagerten dichte Nebel.

Ein barocker Flammenbogen stand am Firmament und kündete von deutscher Arbeit und Schaffenskraft.

Tit Tit Tit Tit Tit Tit Tit Tit Tit Tit Tiiit.

In haargenauen Abständen von zwanzig Schritt blies der korrekte Mann. Er hob seine zitternden Händen aus dem Pelz, lehnte die Picke gegen die Brust, führte die Pfeife mit Mühe zum Munde, strich den grauen Bart von den Lippen, holte tief Atem und begann: Tit Tit Tit Tit Tit Tit Tit Tit Tit Tit Tiiit.

Alles schwieg.

Nur eine Kuh mummte dumpf und leise aus einem Stall, dem der Dampf in den silberhellen Mondenschein entwich.

Im üppigen Blättergewirr schlummerte der Kirchberg, das fürstliche Schloß, der Park.

Tit Tit Tit Tit Tit Tit Tit Tit Tit Tit Tiiit.

Die Sterne rauschten aus ihren Ewigkeiten hinunter in die Ohren des alten Mannes.

Zwanzig Schritt haargenau und dann einmal gepfiffen.

Zehnmal zwanzig Schritt machen eine Runde um Borodin.

Bei der schwarzweißen Bude begann die neue Stunde.

Tit ...

Zwanzig Schritt haargenau und dann einmal gepfiffen.

Denn Ordnung muß sein.

Zehnmal zwanzig Schritt machen eine Runde.

Nanu?

Was war denn das?

Der stocktaube Mann lauschte.

Tit Tit Tit Tit Tit Tit Tit Tit Tit Tit Tit ...

Des Nachtwächters Gehör funktionierte plötzlich wie der Instinkt eines Gaules, der sich vor dem Gespenste bäumt. Vom andern Dorfende äffte jemand die zwölfte Stunde: Tati Tati Tati Tati Tati Tati Tati Tati Tati Tati Tati Tatiii.

Der Wächter beschleunigte seine Schritte nach dieser Richtung. Tata Tata Tata Tata Tata Tata Tata Tata Tata Tata Tata Tata.

Nun äffte es vom entgegengesetzten Dorfende: Tet Tet Tet Tet Tet Tet Tet Tet Tet Tet Tet Tet ...

Schon wieder drehte er sich um, unsicher geworden, nervös. Eine Lohe schlug ihm entgegen. Eine Lohe vom jenseitigen Oderufer.

Das kann des Pfarrers Scheune sein. Das kann auch des Fürsten Schober sein, sinnierte er rasch und schrie aus Leibeskräften: »Es brennt! Es brennt!«

Raste und schrie: »Es brennt!«

Raste und schrie. Plötzlich vom jugendlichen Kraftgefühl emporgerissen, wie es alte Herren befällt. Raste zur Oderbrücke, verfehlte im blinden Eifer und im Zwielicht des Brandes das Brückengeländer und sauste kopfüber in den Odermorast.

Die Bauern fanden ihn mit dem Kopf im Dreck stekkend und schon erstickt.

## Vorbereitung

»Dem haben wir ein hübsches Feuerwerk abgebrannt ..., das war fein ...«, sagte der Irrwisch zum Teufel.

»Wenn ich einmal ehrlich sein will, als echter Teufel: Hier hat mir der Kaczmarek geholfen.«

»Der Kaczmarek? Was ist das für ein Mensch?«

»Nu, so ein bißchen Tati und ein bißchen Tata. Er kann gut zwölfe blasen ...«

»Nun, Teufel, kannst du auch noch hinübergehen in den Uferbusch. Ich lasse dem Feuermann sagen, es geht gleich los. Alles, was nunmehr unter den Menschen geschieht, die sich da ulkigerweise Deutsche nennen, notiert er in das Rote Buch. –

Dann gehst du zum Wassermann, der am Odergrunde haust, und sagst ihm gleichfalls, daß es gleich losgeht. Alles, was nunmehr unter den Menschen passiert, die sich da ulkigerweise Polen nennen, notiert er in das Grüne Buch. –

Reiß das Datum runter, Esel.

Heute ist doch der 24. Juni 1914.

Und nicht der 2. September 1870.« –

## Großes Wecken

Sie begruben den alten Nachtwächter mit allen militärischen Ehren.

Mit Zapfenstreich und großem Wecken.

Kommandotöne klirrten. Die Musik war auch da, und Peter Okon blies die Trompete.

Dafür bekam er drei Mark und bezahlte eine Polizeistrafe.

Der Teufel war auch beim Requiem, wie immer, hinter dem Hochaltar, die Pferdeklaue notizbereit auf der Eselshaut. Peter Okon erblickte ihn und feixte aus Leibeskräften, denn die große Sache amüsierte ihn.

Aber der Teufel notierte ihn nicht und winkte schmunzelnd ab ... mit einem Faschistengruß. –

Mit dem Pariser Einzugsmarsch ging es vom Friedhof zum Freibier. Trubel bis in die tiefste Nacht.

Besoffene Schneider, Schinder, Knechte und Ferkelhändler sangen die Wacht am Rhein.

Der Gendarm notierte Peter Okon für eine neue Polizeistrafe. Er soll vom Angstvorsteher geredet haben, statt vom Amtsvorsteher ...

... Nachdem die Aufregung um den Nachtwächter verflogen war, sprach der Teufel zum Irrwisch: »Und wer kommt jetzt an die Reihe?«

Irrwisch lachte verschmitzt.

»Etwa der Woicech?«

»Nein, nein ..., mit dem haben wir noch Zeit ...«, entgegnete der Irrwisch, »aber was ich noch sagen wollte, damit du es auch wissest: Es liegt etwas in der Luft.

Die Filzläuse stechen wie verrückt. Ich glaube, wir kriegen einen mächtigen Krieg.«

## Der Teufel

Es war Abend, und Kaczmarek fuhr langsam einen sandigen Weg dem dunklen Waldstreifen entgegen, von der Oder her gen Kosbuchna.

Aus der Sandgrube am Wege löste sich plötzlich eine vermummte Gestalt und schritt auf den Wagen zu.

Lisa bäumte sich und wieherte vor Schreck.

Kaczmarek faßte die Gestalt ins Auge, die das schwarze lange Tuch ins Gesicht gezogen hatte und zu ihm auf den Wagen zu kriechen sich anschickte.

Da kommt Mora . . ., dachte Kaczmarek, mit der halte ich heute große Abrechnung. Und er zog seine Pfeife aus die Tasche und pfiff Tatitata.

Die Gestalt hatte neben ihm Platz genommen. Kauerte sich nach Art der Betschwestern zusammen und saß stillschweigend so manchen Kilometerstein.

Kaczmarek pfiff erst einmal: Puppchen, du bist mein Augenstern, knallte mit der Peitsche, hielt Lisa an, stieg vom Wagen, band Lisa den Hafersack vors Maul und rastete, indem er sich im Wagen auf die Haderlumpen zum Schlafen schmiß.

Und er dachte: Die soll zu Fuß laufen, und wenn sie durchaus Wert darauf legt, mit mir weiterzufahren, hübsch darum bitten.

Kaczmarek hatte zwei Stunden geschlafen, inzwischen war es Nacht geworden, und als er danach hervorkroch, sah er, daß die Gestalt immer noch auf demselben Fleck kauerte.

Kaczmarek überlegte, was da zu machen wäre, um das Biest vom Wagen zu kriegen, öffnete sein Utensilienkästlein, sang dabei harmlos: »Der Kaiser ist ein lieber Mann, er wohnet in Berlin«, entnahm dem Kästlein eine seiner längsten Stricknadeln und stach diese der Gestalt tief in den Arsch.

Es erhob sich ein jämmerliches Geschrei, worüber

selbst Lisa, der Grauschimmel, ein boshaftes Gelächter ausstieß.

Die vermummte Gestalt hopste auf dem Kutschbock umher, wimmerte alle Register auf und nieder, warf die Vermummung von sich und schrie Kaczmarek an, der sein Pfeifchen betulich rauchte:

»Kaczmarek, Sie sind ein verfluchter Mensch.«

»Ach, du bist das, Teufel ...«, meinte Kaczmarek erstaunt. »Das hättest du eher sagen sollen. Schade um meine schöne Stricknadel. Seit wann siezt du mich?

Hast du mir endlich meinen Knaster mitgebracht, du höllischer Affe?«

»Ach, Kaczmarek ..., red doch nicht immer so respektlos und burschikos mit mir ...«, jammerte der Teufel und zog sich langsam mit Zischlauten des Schmerzes die Stricknadel aus seinem rostbraunen Arsch.

Diese Stricknadel war völlig versengt und haardünn geworden. »Nebenbei mußt du die Stricknadel auch noch ersetzen ...«, bemerkte Kaczmarek wichtig und ernst.

»Nach welchem Gesetz ...?« fragte der Teufel.

»Nach dem Gesetz des Hausfriedensbruchs. Meine Lisa ist vor dir erschrocken. Das hat sie nicht nötig. Nicht wahr, Lisa?«

Lisa, der Grauschimmel, nickte wiehernd mit dem Kopfe.

»Ach Kaczmarek ...«, meinte der Teufel. »Mach doch nicht immerfort solche dummen Witze. Da kommt ja kein Teufel mit. Ich bin heute gekommen, um mich mit dir ein bißchen zu necken. Hör mal zu: Möchtest du nicht mit mir um dein Seelenheil wetten?«

»Was heißt hier möchtest du nicht ...«, entgegnete Kaczmarek. »Mit dem größten Vergnügen tu ich das.«

»Das freut mich aber sehr ...«, sprach der Teufel. »Dafür stecken im Wagen, in dem alten Jackett, das du vom alten Nachtwächter erstanden hast, fünfhundert Mark.«

»Hoffentlich keine falschen und kein Inflationsgeld ...«, schmunzelte Kaczmarek.

»Also ...«, deklamierte der Teufel, »wenn du mir meine Frage, die ich dir jetzt stelle, richtig beantwortest, sind die fünfhundert Mark dein. Beantwortest du sie falsch, ist es aus mit deinem Seelenheil. Deine Seele gehört dann mir.«

»Seele heißt hierzulande auf mährisch ›Kraut‹ ...«, machte Kaczmarek den Teufel aufmerksam. »Nebenbei bist du mir noch ein Päckchen Knaster schuldig vom letztenmal.«

Der Teufel übersah diesen Einwurf und sprach: »Ludwina, dein Eheweib, hat geboren. Nun sag mir prompt die Antwort, und die Wette ist erledigt: Zwillinge oder Drillinge?«

Kaczmarek lachte dröhnend, so daß in der Sandgrube ein ganzer Stollen in die Brüche ging, und Lisa wackelte wiehernd mit den Ohren. Der Teufel machte von vornherein ein jämmerliches Gesicht: »Kann ich die Wette zurückziehen ...?« meinte er.

Lisa grinste von neuem, und Kaczmarek sprach: »Ludwina, mein Eheweib, hat weder einen Zwilling, noch einen Drilling geboren. Es war bloß ein Einling, und er heißt Franz Josef.

Der Viktor Emanuel kommt vorläufig noch nicht, und den Wilhelm haben wir sowieso, nicht wahr, Lisa?«

Und der Teufel schlich davon. Und Lisa lachte.

Und Kaczmarek blies feste Tatitata.

Prrr.

Lisa hielt an.

Kaczmarek kroch in den Wagen hinunter und kramte nach dem Jackett vom Nachtwächter.

Doch siehe, die fünfhundert Mark waren nicht drinnen.

Der Teufel aber gab seine Sache noch nicht verloren und trollte sich vor Kaczmarek nach Kosbuchna.

Ludwina lag im Wochenbett.

Im Teich bei der Domäne des Udo Toto, dort, wo die Jauche hinzufließt, fischte er einen alten zerbeulten Topf und machte daraus einen lebendigen Wasserkopf.

Diesen Wasserkopf schleppte er vor Kaczmareks Haus und arrangierte unterm Fenster ein mordsfürchterliches Gejohle.

Ludwina fürchtete sich sehr, wagte es aber nicht, aus dem Bett hervorzukriechen.

Ulka lag neben ihr und ermahnte sie, nicht aus dem Wochenbett zu steigen, denn der Teufel gehe umher.

Nach einer Weile klopfte es behutsam ans Fenster.

Niemand meldete sich.

Der Teufel sah, daß er nichts ausrichten konnte und rief, die Stimme Kaczmareks nachahmend: »Ludwina, mach mir auf.«

Ludwina jedoch antwortete: »Ich kann dir nicht aufmachen, Kaczmarek, denn ich liege im Wochenbett. Steig zum Schornstein rein.«

Der listige Teufel aber fing an zu lamentieren, er sei schlapp und der Schornstein sei zu hoch. Und es gäbe ja keinen Teufel. Alles sei lächerlich. Sie solle nur hübsch fein die Tür aufmachen.

Ludwina jedoch erwiderte: »Du warst schon so lange nicht bei mir, Kaczmarek, und ich bin dir böse. Bleib draußen bis zum Morgen. Gehe spazieren ins Dominium zum Udo Toto, dort kannst du den Düngerhaufen abmessen. Ich glaube an den Teufel, wenn du auch nicht an ihn glaubst.«

Ulka stimmte ihrer Ludwina bei und meinte gleichfalls, sie gehe nicht aufmachen, denn der Teufel lauere in jeder Ecke, um sie zu verschlingen. Der Teufel wurde energisch: »Ihr dämlichen Weiber. Euch werde ich den nackten Hintern blau schlagen. Ihr langhaariges Gesindel ihr, samt euren Milchbrüsten. Ihr.«

Daraufhin antwortete Ludwina nicht mehr, und auch Ulka schlief wieder ein.

Der Teufel aber sang unterm Fenster: Puppchen, du bist mein Augenstern und blies auf seinen Fingern Tatitata.

Inzwischen war Kaczmarek mit seinem Wägelchen auf der anderen Seite des Häuschens glücklich angekommen. Lisa hatte ihm schon am Waldrande versichert, daß der Teufel in der Nähe sei. Sie rieche das. Darum wurde Lisa behutsam und leise in den Stall geschafft, und alles verlief ohne geringstes Geräusch.

Nun öffnete Kaczmarek leise die Haustür und ging in sein Stübchen, hörte Ludwina nebst Ulka schnarchen samt dem kleinen Wilhelm und dem Franz Josef. Und draußen hörte er den Teufel singen: Puppchen, du bist mein Augenstern.

Auf leisen Sohlen ging Kaczmarek darum zum Bett, neigte sich über Ludwina, die davon erwachte, und er flüsterte ihr zu: »Still, der Teufel ist draußen.«

Auch Ulka wurde behutsam geweckt.

Kaczmarek legte sich zu Ludwina ins Bett, und den kleinen Franz Josef legten sie zwischen sich.

Ulka aber holte das Weihwasser und das Fuchseisen und stellte beides auf die Schwelle.

Wieder rief der Teufel: »Ludwina, mein geliebtes Weib. Mach mir auf. Ich friere wie ein Schuster auf dem Markt in Pleß.«

Und Ludwina sprach: »Komm doch rein zur Tür. Sie ist ja offen.«

Auf einmal gab es einen Knall. Der Teufel war im Fuchseisen, hatte das Weihwasser umgeschmissen und sich daran mordserbärmlich den Schwanz verbrannt.

Sie ließen ihn dort bis zum Morgen brüllen, schliefen befriedigt ein, und Ulka sang im Bett: »In Czenstochau, Czenstochau, da ist der Himmel immer blau ...«

Am Morgen begab sich Kaczmarek zum Teufel, nahm den Rest des Weihwassers und goß es ihm auf den Kopf.

Dann sperrten sie ihn in den Schweinestall. Der Teufel machte verflucht giftige Augen. Den Wechselbalg jedoch warfen sie in die Jauchegrube.

»Zur Strafe für deine Tücke ...«, sprach Kaczmarek zum Teufel, »mußt du jetzt einige Wochen die Laura, mein Wägelchen, durch Oberschlesien kutschieren, anstatt Lisa. Lisa hat Sommerferien.«

## Kavaliere

»Und was ist sonst passiert ...?« fragte Kaczmarek Ludwina.

»Der Momek war da ...«, antwortete Ludwina.

»So, der Momek? ... Was wollte der?«

»Er sagte, du hättest einmal ein Kirchengeschirr zerschlagen.«

»Mehr nichts?«

»Nein.«

»Hast du es ihm bezahlt ...«, sprach Kaczmarek weiter.

»Nein. Er wollte kein Geld.«

»Was wollte er denn?«

»Nu nichts. Er war bloß gekommen. Mal gucken ...«, redete Ludwina und zupfte sich an der prallen Brust.

Kaczmarek schaute sie an. Und Ludwina sprach weiter: »Hochwürden war auch da.«

»So ...«, meinte Kaczmarek. »Was wollte Hochwürden?«

»Hochwürden meinte, jetzt, da wir doch Geld hätten, sollten wir um das Seelenheil deiner Mutter besorgt sein und für sie eine Fundation stiften, damit Jahr um Jahr an ihrem Todestage die Messe gelesen wird, hundert Jahre lang. Das kostet fünfhundert Mark.«

»Hast du ihm die fünfhundert Mark gegeben?«

»Nein. Er hat es billiger gemacht.«

»Billiger?«

»Ja. Für dreihundert ...«, sprach Ludwina.

»Hier hast du noch zweihundert und trage sie Hochwürden hin ...«, bemerkte Kaczmarek und schaute Ludwina an.

Und Ludwina mußte wegschauen.

Dann spannte er den Teufel ein und fuhr in den Wald von dannen.

Tatitata.

## Krieg

In einem Walddorf an der Oder, das Kaczmarek passierte, hielten ihn Männer mit Flinten, Sensen und Gabeln an und herrschten ihn an: »Halt! Bist du ein Spion?«

»Wieso ein Spion ...«, entgegnete Kaczmarek.

»Na. Man kann nicht wissen. Es ist Krieg ...«, sprachen die Männer.

»Krieg ist ...?« sprach Kaczmarek. »Warum ist Krieg?«

»Man hat uns tödlich beleidigt ...«, sprachen die Männer.

»Wieso uns ...?« meinte Kaczmarek.

»Rede nicht soviel und fahre dort in den Hof. Man wird dich genau untersuchen, ob du nicht doch ein Spion bist. Es sind zweihundertvierundachtzig Automobile und vierundsechzig Leiterwagen mit Gold aus Frankreich nach Rußland unterwegs. Man kann nicht wissen.«

»Wieviel Leiterwagen haben Sie gesagt ...?« fragte Kaczmarek beiläufig.

»Vierundsechzig ...«, meinte der mit der Flinte.

Kaczmarek notierte sich das.

In dem Hof herrschte eine nervöse Stimmung. Eben brachte man eine alte Betschwester herbei, die hatte im Walde ein Automobil gesehen.

Als der Teufel an der Deichsel die Betschwester erblickte wurde er wild.

Der Kommandant aber befahl, daß alle männlichen Anwesenden unverzüglich mit Sensen, Gabeln, Dreschflegeln und Knüppeln bewaffnet in den Wald zu marschieren hätten.

Kaczmarek marschierte gezwungenerweise mit, mit einem Knüppel bewaffnet. Den Teufel samt dem Wagen zurücklassend.

Aber kein Auto war im Walde an der bezeichneten Stelle, sondern eine ruhig grasende rote Kuh.

Als sie zurückkamen in den Hof und Kaczmarek nach seinem Wagen sah, war der Teufel verschwunden, samt dem Geschirr. Der Wagen mit der nackten Deichsel stand da.

Kaczmarek faßte die Deichsel an und schleppte den Wagen heimwärts gegen Kosbuchna, denn es war ja Krieg.

Auf dem Schienenstrange, den er passierte, keuchten Truppentransportzüge und schnitten sich brausend einen Weg. Krieg, Krieg, Krieg sangen die Räder.

Von Galizien nach Frankreich. Von Frankreich nach Galizien. Feldgraue Menschen starrten gelassen in die Augustlandschaft Oberschlesiens und rauchten Pfeifchen.

Grau und grau in grau.

Leichter Geschützdonner rollte vom Osten her von der nahen russischen Grenze über die Oder ...

»Ludwina. Es ist Krieg ...«, sprach Kaczmarek.

»Und wo hast du den Teufel gelassen?«

»Ach ..., der hat mich versetzt. Ein Teufel versetzt dich immer. Merk dir das.«

Und am nächsten Tage rückte Kaczmarek ein.

Fürs deutsche Vaterland.

## Siebente Kompanie

Ein oberschlesischer Schub von fünftausend Mann geht nach Eberswalde.

Unter diesen fünftausend befanden sich neben Kaczmarek aus Kosbuchna ... auch der Kirchenpolizist Momek. Ferner der Bauer Tatschitschek aus der herzoglichen Residenz. Der Trompetenbläser Peter Okon. Der Gastwirt Moschek. Der Rechtsanwalt Dollny und der Woicech.

Der Kompaniechef war der junge Udo Toto, und die Kompanie, zu der sich die Genannten so zufällig zusammenfanden, war die siebente Kompanie.

Die siebente Kompanie,
Die exerzierte bis früh,
Das dritte Bataillon
Hat nur noch vier Patron'.
Der Teufel wohnt im Oderschlamm.
Das Regiment marschiert schon stramm.
Es singt die Kompanie,

Die siebente Kompanie.
Die siebente Kompanie,
Die sechste Batterie,
Das fünfte Regiment,
Das vierte Bataillon,
Das gibt jaja, das gibt jaja, das gibt ein
Berg Patron' ...

Einer ihrer Feldwebel hieß Friedrich Bullaug aus Eberswalde.

Friedrich Bullaug versicherte am Tage einige hundertmal, daß die Oberschlesier die größten Ochsen von ganz Deutschland seien und ließ den Zug der Fünftausend vom Bahnhof Eberswalde mit aufgepflanzten Gewehren abholen, in der naiven Vorstellung, in Oberschlesien wohnen noch Wilde ...

Auf Kaczmarek hatte es der besonders abgesehen. –

Kaczmarek hatte sich seine Olga mitgebracht und pfiff dann und wann Tatitata.

Wenn nun Friedrich Bullaug hochging und rasend wurde, ging Kaczmarek zum jungen Udo Toto und renkte alles wieder ein, ohne Beschwerde und unter der Hand.

Und Udo Toto blies den Friedrich Bullaug vor der versammelten siebenten Kompanie wie einen dummen Jungen an.

Friedrich Bullaug benutzte daher die Abwesenheit Udo Totos gern dazu, um seinen Zug, wie man so sagt, zu schleifen.

Moschek wimmerte alsdann. Momek fluchte. Peter Okon biß die Zähne zusammen.

Tatschitschek jedoch nahm alles gleichmäßig entgegen und schwieg.

Dollny und Woicech wurden zu den Schippern abgeschoben.

Bevor es nach Frankreich ging, wurde Moschek wieder einmal irrsinnig.

Sie ließen ihn zurück und sangen:

»Drei Lilien, drei Lilien,
Die pflanz' ich auf mein Grab,
Vallera.«

Diplomatie

Das erhitzte Firmament weitete seine Dimensionen.

In unermeßliche Formen sprühte die Sonne ihre Weißglut. Wie das Auge Gottes, das über der Menschen Tun entrüstet wächst.

Deutschland war ein atemloser, luftentleerter Ball geworden, und aus seiner Ernte kroch ein Ungetüm. Weiß und schattenlos. Viele Dinge schossen plötzlich aus dem Nichts.

Warfen das Gruseln vor sich ...

... In den Ruinen der Schlösser aber zitterten die Harnische vermorschten Junkertums. Wie geile Kavaliere. Von der Stummheit angefegt.

Viele Dinge schossen plötzlich aus dem Nichts ...

... Drangen in den Schlafwagen erster Klasse, dessen einziger Insasse schluchzend weinte.

Ein Rasen und Brüllen aber betäubte die Augusthitze und hetzte den Schnellzug »Amsterdam-Berlin« zur Metropole der Deutschen ..., zu dem Gewicht, das soeben auf unerklärliche Weise auserkoren ward, fünf Jahre lang die Geschicke Mitteleuropas mit gepanzerter Faust zu lähmen und zu lenken. Fünf Jahre lang zu lenken und mit Instinktlosigkeit, fünfhundert Jahre für die Zukunft unrettbar zu vergiften ...

... Der Schlafwagenpassagier weinte ...

Weinte über Deutschland und sein angebrochenes Schicksal. Preßte die Hände in das graumelierte Kopfhaar, hinter dem sich ein Sarg zusammengestürzter Illusionen breitmachte. »Idealismus ist eine Religion ... Wer daran glaubt, wird selig. Niemand wollte uns bekriegen ... Niemand. Nur erregten wir überall das gleiche Mißtrauen ...«

»Berlin, Friedrichstraße ...«, schrien die Schaffner.

Die Schienen voll von Truppenzügen und Gesang:

»Siegreich woll'n wir Frankreich schlagen.
Jeder Schuß ein Ruß.
Jeder Stoß ein Franzos'.
Jeder Tritt ein Brit.«

Dem Schnellzug entstieg der gebrochene Mann und rief nach dem Auto. »Auswärtiges Amt.«

In einem der Portals verschwand er für einige ungeheuer schwere Stunden.

## Kriegsgewinnler

An einem der folgenden Tage empfing der Fürst, mit dem wir es hier zu tun haben, seinen Generalbevollmächtigten aus Oberschlesien, der angesichts des angebrochenen Weltkriegs die Konjunkturen überprüft und für besonders günstig befunden hatte.

Der Fürst wehrte ab: »Mein lieber Generaldirektor. Sie wissen es zur Genüge, daß meine Anschauungen über den Krieg, unsere Politik und die Ursachen dieses Wahnsinns, so katastrophal unterschieden sind von den allgemeinen deutschen Begriffen. Es ist für mich undenkbar, hierin sofort wortbrüchig zu werden und meinen demokratischen Standpunkt über Nacht zu verleugnen ...«

»... Durchlaucht gestatten mir den Einwurf ...«, erwiderte der Generaldirektor, »... daß diese Dinge getrennt nebeneinander laufen. Daß wir doch als moderne Menschen gewohnt sind, alles zu klassifizieren. Nach Geschmack und nach Bedarf. Der Glaube ist bekanntlich Privatsache. Krieg ist Krieg. Je länger um so besser. Durchlaucht wollen überlegen, was es bedeutet, die gesamten Heereslieferungen für Flugzeugtragflächen in die Hand zu bekommen. Ich habe bereits erfolgreich verhandelt und muß Durchlaucht dringend um die Zustimmung bitten, wie es ja auch ganz gewiß im Interesse des Fideikommisses der Familie liegt ..., hier raschestens zu handeln. Krieg ist Krieg. Idealismus ist Idealismus. Pazifismus ist Pazifismus. Demokratie ist Demokratie. Die Deutschen haben da ein sehr treffendes Wort: Dienst ist Dienst, und Schnaps ist Schnaps.

Man kann auch trotzdem seinen Idealen treu bleiben ...«

Der Fürst wehrte ab: »Mein lieber Generaldirektor. Es ist gänzlich ausgeschlossen, mich umzustimmen, so sehr ich das Unsinnige meiner Abwehr subjektiv einsehe. Ich habe die feierliche Pflicht, dem deutschen Volke gegenüber wahrhaftig zu bleiben und ihm jederzeit Rechenschaft abzulegen für mein Denken, Sinnen, Trachten, Tun und Lassen.

Nach den Geschehnissen der letzten Stunden gehöre ich mir nicht mehr selbst, ebenso wie ein Dichter sich nicht selbst gehört, oder ein Priester, oder ein Monarch. In den letzten Tagen griff mich die Presse heftig an, warf mir Dummheit vor, Naivität gegenüber den britischen Ministern. Die Presse macht mich für den katastrophalen Eintritt dieser Weltmacht in den Krieg direkt verantwortlich . . ., obzwar ich es nicht unterließ, Woche um Woche zu warnen, zu verhandeln, mich meines Selbstgefühls zu entäußern und zu bitten, zu bitten für die Besonderheit des deutschen Denkens. –

Es kam leider so, wie es mir Ballin bei der Landung schon gesagt: ›Berlin braucht einen Sündenbock.‹ Dieser Sündenbock soll ich nun sein. Dazu, glaubt man, bin ich naiv genug. Dazu, glaubt man, bin ich anständig genug. – Vielleicht ist dieser Umstand um so stärker zum Trotz in mir gewachsen. Vielleicht bin ich gerade darum ein unerbittlicher Demokrat geworden.

Was um die Wehrfähigkeit Deutschlands zu tun ist, will ich tun. Was aus dieser meiner Pflicht gegenüber dem Vaterland an Gewinnen heraushängt, will ich zum Wohle meiner Bediensteten verwenden und das Geld in Gesindewohnhausbauten und für Hebung der sozialen Lage meiner Dominialarbeiter verwenden.

Ich befürchte für Deutschland das Schlimmste. –

Das schönste Kriegsziel unserer Feinde, die Demokratisierung Deutschlands, wird sich verwirklichen.«

## Oberschlesien

Hier drehten sie Granaten. Gossen sie Kanonen.

Das nun luden sie auf Waggonreihen und sangen dabei so traurig, so verlassen:

»In der Heimat, in der Heimat,
Da gibt's kein Wiedersehn ...«

Tag und Nacht drehten sie.

Denn was zum Teufel hätten sie auch tun sollen?

Sirenen bläkten. Maschinen kreischten.

Die Räder der Fördertürme aber spielten.

So leicht. So traumhaft. So federnd. So enthoben aller Schwere. So festlich. So zuversichtlich. So sicher. So allverständlich.

Bimbim.

Das Dorf Sackowitz stand immer noch da. Formlos hingeschmissen. Und in den Straßen standen die Reihen der Frauen zu langen Schlangen formiert, mit den Brotkarten in der Hand, und mit den Fleischkarten. Und mit den Fettkarten. Und mit den Zuckerkarten. Und mit den Marmeladekarten. Und mit den Kleiderkarten. Ja, weiß Gott mit was für Karten noch.

Aus den Schornsteinen züngelte dürrer Rauch aus dürren Kohlenkarten.

Bimbim.

Aus den Wiegen schrien dürre Geschöpfe, gefüttert mit Milchkarten.

Bimbim.

In den Hütten und Maschinensälen vermischten sich die letzten altersgrauen Männer, die allerletzten dünnen Männeroasen in dieser Wüste junger Mädchen und Knaben. Diese jedoch verdienten horrende Löhne, aber nicht horrend genug, sich ein Stückchen Brot zu leisten, weil es keines gab. Nicht horrend genug, um das Verdienst Trockenbrotts und seiner Ingenieure, seiner Aktionäre zu rechtfertigen, die nicht im Schützengraben lagen, sondern in der Schweiz ...

Fürs Vaterland ...

Des Herzogs Verwaltungen bauten Giganten modernster Betriebe, die ihnen wichtiger schienen als die Leiber der Menschen da draußen, die Leiber derer, die diese Manipulationen in Schützengräben todesentschlossen deckten.

Die Bürger zeichneten Kriegsanleihen. Der Herzog

kassierte sie für Granaten und Geschütze. Und ließ Woche um Woche das zugelassene Quantum nach der Schweiz abwandern. –

Fürs Vaterland.

Große neue Städte wuchsen im Nu aus der oberschlesischen Erde.

Es schien, daß man sich in Berlin plötzlich besonnen hätte, plötzlich bewußt geworden war, was hier an der Südostecke des Reichs für eine ungeahnte Rüstkammer lag. Die Operationspläne des Generalstabs, ja der Generalstab selbst, drehten sich nur um diesen Fleck Erde. Die Russen, die bereits vor den Toren Kattowitz' standen, deren Flieger bereits das Industrierevier mit Bomben bestrichen, deren Artillerie bereits in die oberschlesischen Bannwälder schoß, hieß es abzuhalten. Wer weiß, was geworden wäre, wenn damals die Russen nicht abgewälzt worden wären, gen Warschau?

Vielleicht wäre kein Stein auf dem andern geblieben und die Abstimmung von 1921 gar nicht mehr nötig gewesen.

Alle Fäden aber liefen bei Trockenbrott zusammen. Dessen waghalsige Unternehmungen der damaligen Tage waren alle glücklich, mußten alle glücklich sein, da die Steuerkraft der deutschen Volksgemeinschaft, da die Kriegsanleihen nicht nur alles akzeptierten, sondern auch alles garantierten. Fürs Vaterland.

Der Staat, das Reich, die Heeresleitung zahlten unbekümmert jeden Preis. Mußten zahlen.

Der Herzog lebte weit vom Schuß. In Luzern. Es war für ihn Dienst am Hause ..., in Luzern zu wohnen. Er ließ sich Woche um Woche das höchstzugelassene Quantum an Bargeld überweisen, aus den Kassen seiner Betriebe, die ja mit Kriegsanleihen aufgefüllt wurden, aus den Depots der Großbanken, die Trockenbrott ja kontrollierte.

Nicht nur, daß Gelder im zugelassenen Rahmen des Kapitalabwanderungsgesetzes zähe und zielbewußt abgingen, um sich in Schweizer Franken der Basler Kantonalbank zu verwandeln. Nein. Auch seine Diener und Chauffeure mußten Kleinodien, Brillanten, Diademe und

Geschirre aus dem sinkenden deutschen Schiff über die sichere Schweizer Grenze schaffen ...

Damals ist der Grundstock für das deutsche Auslandskapital geschaffen worden, von denen, die heute die Fronten absichtlich verwirren ...

Damals entstand auch die größte Pulverfabrik des Kontinents unten in den oberschlesischen Bannwäldern, auf Trockenbrotts Geheiß, und fast jeden dritten Menschen konnte man mit Bestimmtheit fragen: Arbeitest du auch in der Pulverfabrik im Walde?

Hier verdiente man himmelschreiendes Geld, bis eines Nachts ein gewaltiger Stoß die Städte, die Gruben, die Hütten und Werke fast zu sprengen schien und die Fensterscheiben im gesamten Kohlenpott in die Brüche gingen. Die Pulverfabrik war in die Luft geflogen ..., niemand erfuhr, wieviel Menschen dort getötet wurden.

Fürs Vaterland Trockenbrotts. –

Alles ..., was problematisch schien ... in Oberschlesien, war mit einem Schlage durch den Krieg weggeblasen.

Es gab keine polnische Bewegung mehr.

Es gab einen Schipper Dollny und einen Schipper Woicech.

Der eine im Westen. Der andre im Osten.

Alles drang nur nach vorwärts. Nach der Beherrschung und restlosen Unterwerfung Europas durch den Geist Trockenbrott, und in diesem Drang wälzte sich, chaotisch mitgerissen, die winzige polnische Irredenta, dirigiert von dem allmächtigen Geist Trockenbrott ...

... Auch der Fürst hatte dem Drängen seiner Familie, des Fideikommisses, nachgegeben und sich in den Dienst der Kriegsindustrie gestellt.

Auf seinen Gütern vollzog sich etwas Enormes. Etwas, was jeder Ungläubige im südlichen Teil des Kreises Ratibor heute sehen kann. Die vierundzwanzig verwahrlosten Domänen verwandelten sich in Villenkolonien. Auf jedem Gute erstanden durchschnittlich zehn bis zwanzig Villen, jawohl Villen, für die Ackerknechte, und einem jeden war ein größerer Garten zugeteilt.

Sein Verweigern der Kriegsindustrie wäre nach Lage

der Dinge dem Fürsten als Sabotage ausgelegt worden, da er ohnehin der Englandfreundlichkeit geziehen wurde. Auf seinen Ländereien erstanden auch Fabriken, Maschinensäle. Darin brausten die Räder, zupften Mädchen den Flachs zu Fasern. Verfeinerten die rohe Pflanze, welche Tag um Tag in gepreßten Ballen waggonweise fortrollte, als Rohstoff für Flugzeugtragflächen. Der Fürst war wie geistesabwesend bei all diesen vaterländischen Notwendigkeiten. Es hieß bei den Bauern sprichwörtlich: seine Beamten stopften sich tüchtig die Taschen, und so war es auch.

Er schrieb von Zeit zu Zeit Aufsätze im ›Berliner Tageblatt‹ rings um die Katastrophe. Und diese Aufsätze sind wohl das Bemerkenswerteste, was während des Krieges als einzelne Stimme der Warnung in Deutschland zu hören war ... Ansonsten aber fehlte die Übersicht. Der bestimmte Plan, den man nicht bei Dostojewski erlernt.

Es fehlte der Geist »Trockenbrott«.

## Disziplin

Entlang der Oder, unweit der fürstlichen Flachsfabriken, von Ratibor her, passierte ein vollgepfropfter Militärzug, der aus Frankreich kam, einen Verwundetentransport, der aus Galizien rollte.

Die Züge rauschten aneinander vorbei, wie Not und elende Gewißheit.

Krieg, Krieg, Krieg, sangen die Räder in die Odernebel hinaus. Krieg, Krieg, Krieg, zitterten die Bauernkaten in Borodin. Die Viehwagen des Truppentransports, der gen Galizien fuhr, waren geschlossen. Die Soldaten lagen, standen und saßen darin umher. Rauchend. Singend. Fluchend. Pfeifend. Stöhnend. Gröhlend. Gleichgültigkeit und Stumpfsinn brüteten in den Wangen.

Im Nebenabteil pfiff Kaczmarek: Tatitata.

Die Schlafenden warfen ihre bockenden Körper hin und her. Unruhig. Aufgeschreckt. Erwartungsvoll. Müde.

Stickiger Menschendunst verseuchte den Tabakrauch

und gebar ein ekelhaftes Etwas, das nach Tod und Teufel roch.

Wieder von einer anderen Seite ertönte ein thüringisches Volkslied.

Bayern fluchten. Sachsen schwadronierten.

Berliner rissen oberschlesische Zoten.

Kaczmarek pfiff: Tatitata.

»Macht mir meine oberschlesischen Puppchen nicht madig ...«, drohte er.

»Ich will euch mal was vortragen, ihr Brüder ihr:

Mir scheint, es haben heute nacht
Sechs Freier vor der Tür gewacht.
Der Siebente gefiel mir recht,
Sein Blumenkränzlein war nicht schlecht.
Der Siebente gefiel mir gut,
Sein Blumenkränzlein war aus Blut.«

Die Männer schwiegen gelangweilt, und ein Berliner setzte wieder ein:

»Der heil'ge Antonius von Padua,
Der betete und war nie da ...«

Die feldgrauen Männer lachten.

Kaczmarek aber blies. »Tatitata.«

Wieder der Berliner: »Der Antek trifft den Franzek auf der Bahnhofstraße in Gleiwitz und lacht.

›Was lachste ...?‹ sagt Franzek.

›Na, da weil chab ich was Feines gemacht.‹

›Was chaste da gemacht, was Feines?‹

›Weil un da chab ich die Eisenbahn feste beschissen.‹

›Na, wie chaste das gemacht, un sie beschissen?‹

›Na, weil da chab ich mir gekauft Retourbillet nach Beuthen und bin auf rückzu nach Gleiwitz zwanzig Kilometer zu Fuß gelaufen.‹«

Der Zug verlangsamte seine Fahrt. Es ging langsamer und langsamer und wurde schließlich ganz still. Das Rattern war erloschen.

Stille.

Der Zug stand.

Man vernahm jede Bewegung der bockenden, liegenden und laut stehenden Menschen stärker als zuvor. Fragen wurden laut. Schiebetüren gingen auf.

Die Soldaten sprangen auf den Bahndamm hinunter.

Am nächtlichen Himmel stand der Widerschein der oberschlesischen Industrie.

Die Westdeutschen, die Westfalen, die Rheinländer und die Schwaben meinten: »Donnerwetter, hier muß sich was tun.«

»Was ist denn das für ein Widerschein?«

»Das ist doch der oberschlesische Industriebezirk.«

Milliarden von Sternen überschütteten das Himmelsgewölbe. Es hieß, daß der Zug mindestens eine Stunde hier auf freiem oberschlesischem Gelände stehenbleiben würde, bis eine Ersatzlokomotive aus Ratibor angekommen sei.

Daraufhin: Fluchen, Grölen. Singen. Pfeifen. Stapfen. Nervöses Trommeln.

Todesahnung und Todessehnsucht ...

## Der müde Krieg in Borodin

... Unter dem Holzkreuz, das im Osten Borodins am Oderufer steht, kniete murmelnd ein Mensch.

Man konnte sehr genau erkennen, daß es ein Mensch und kein Tier war.

Was der Mensch murmelte, war fast unhörbar, denn er hackte seine Worte ab, etwa wie man Holz spaltet und auf einen Haufen durcheinanderwirft.

Er fuchtelte beschwörend mit seinen Händen in der Luft herum. In der Rechten blitzte ein aufgepflanztes deutsches Seitengewehr.

Im Nu sprang er auf, rannte wie gehetzt über die Straße und verschwand, über die Brücke, in Borodin.

Plötzlich drangen aus der Ferne Rufe: »Kamrad Peter Okon. Kamrad Peter Okon. Wir fahren weiter. Beeile dich, Peter Okon. Peter Okon wird auf der Stelle zurückbefohlen. Peter Okon, komme schleunigst zurück, denn auf Fahnenflucht setzte der Kaiser Wilhelm den unerbittlichen Tod. Peter Okon, komm zurück ... Deutschland braucht deine Leiche ...

Dann keuchte schwer eine Lokomotive.

Rädersurren ...

In der Ferne ein verschwimmendes Singen:

»Marmelade, Marmelade,
Ist der beste Fraß
Im deutschen Staate ...«

Krieg, Krieg, Krieg, drehten die Räder und ertrotzten sich den Weg durch frühe Odernebel gen Galizien ...

... Irgendwo pfiff dann ein Wächter viermal ...

Vom Himmel rieselte ein dünner Regen.

Regen und Stille und Nebel und Stille.

Der Morgen graute.

Die Oder rauchte schwadig aus ihrem Bette. Ein Frühaufsteher hackte irgendwo Holz. Im nahen Walde fiel ein Schuß. Und durch die feuchte Morgenluft drang aus der Ferne das Geräusch von aufeinanderrangierenden Güterwagen.

Dann keuchte weit in der Ferne noch einmal eine Lokomotive, und ein Liedfetzen wehte herüber:

»Die siebente Kompanie,
Die exerziert bis früh.
Doch der Soldat will keine Gnade,
Nur Marmelade ... ja Marmelade ...
Das ist der beste Fraß im deutschen Staate ...«

In Borodin bimmelte nun das Morgenglöckchen ...

Der barocke Lichtkegel hinter den Oderbüschen war hinabgestiegen. Schrumpfte immer mehr zusammen und blieb als kleiner Ballen in den Nebelfetzen hängen.

Dann verschwand er ganz. Ein Hahn krähte. Ein zweiter erwiderte.

Das Dorf war erwacht.

Menschen eilten zur Schicht in die nahen Werke, jenseits der Oder.

Grunzen. Verschlafenes Sprechen. Stapfen. Spucken.
Dann wieder das Glöckchen.
Orgelmusik aus der Kirche.
Dazwischen Schweinegrunzen.
Kinder, die zur Schule eilen.
Gesang aus dem Schulhaus.

»Mit Mackensen, mit Mackensen,
Da läßt sich halt was machen,
Er ist fürwahr der rechte Mann,
Den Hindenburg gebrauchen kann.
Mit Mackensen, mit Mackensen,
Da läßt sich halt was machen.«

Entegackern. Rumpelnde Wägelchen. Kuhbrüllen ...

... Der Amtsvorsteher von Borodin hatte viel zu tun. Die Amtskanzlei war mit Menschen schier überfüllt. Mit Menschen, die allerlei Anliegen hatten.

Die einen wollten Familienunterstützung für die Söhne. Oder für die Männer. Für die Väter. Bauernfrauen wollten Urlaub für die Männer zur Feldbestellung. Urlauber wollten Nachurlaub.

All diese Bittgesuche nun hatte der Amtsvorsteher zu bearbeiten, zu befürworten, zu begutachten und weiterzuleiten an den Landrat, das Bezirkskommando, den Regierungspräsidenten, den Oberpräsidenten, den Landeshauptmann ...

Die Frauen nun, die nicht deutsch sprechen konnten, mußten unverrichteterweise und weinend nach Hause ziehen, da der Amtsvorsteher sie kategorisch abwies, obzwar ihre Männer auch für Deutschland fochten. Das Vaterland mit dem letzten, ihrem Leben schützten ...

»Lernt deutsch, ihr polnischen Landsäue.«

Es erschien der Gendarm und erstattete Anzeige: »Heute nacht gegen vier Uhr, als ich meine Patrouille an der Oder machte, sehe ich vor dem Holzkreuz einen Mann knien, der allerlei krauses und unverständliches Zeug vor sich hinmurmelte. Ich stellte fest, daß es ein Deserteur war.«

»Ioooin ... Dooeeesooeertooeer ...?« schüttelte der

Amtsvorsteher den Kopf. »Ein Unwürdiger unserer siegreichen und stolzen Armee? Was haben Sie mit ihm gemacht?«

Der Gendarm: »Es war eine kitzlige Sache, Herr Amtsvorsteher, da der Mann ein aufgepflanztes Gewehr bei sich trug. Ich mußte recht vorsichtig sein, versteckte mich und wartete ab, was er zu tun gedachte. Ich folgte ihm und sah zu meinem Erstaunen, daß er am Fensterrahmen des Peter Okonschen Hauses Einlaß begehrte. Na, denke ich, dich bekomme ich im Schlafe und wartete ab. Dann verhaftete ich ihn im Bett. Es ist Peter Okon.«

»Pooooeeetoooeer Oooookooooon . . .?« staunte der Amtsvorsteher Bauklötzer mit Stielaugen.

Der Gendarm: »Er wollte heute im Laufe des Tages allein weiterfahren nach Galizien. Sein Truppentransport hat heute nacht hier einen Lokomotivdefekt gehabt. Er will im Einvernehmen mit seinen Kameraden dem Zuge entstiegen sein.«

». . . Fuuueehreeen . . . Siiieee . . . iiiihn . . . maaaal . . . voooor . . ., dooen . . . Pooooeeetoooeer . . . Ooooooooookooon . . ., doooem . . . wooooolleeeen . . . wiiir . . . daaas . . . aaaanstreiicheen . . ., Na . . .«

Also sprach der Amtsvorsteher . . .

Der Gefangene protestierte.

Das sah praktisch etwa so aus: Die Pritsche lag umgekehrt mitten in der Zelle, und ein Kommisstiefel stand darauf. Der Kübel war umgedreht und die feldgrauen Hosen lagen breitbeinig in der Ecke. Der Gefangene starrte den Stiefel an und unterhielt sich mit ihm wasserpolnisch.

Dann sang er frei nach Richard Wagner:

»Grüß euch Gott, ihr edlen Hallen,
Ich kenn euch, und ihr kennt mich.«

Als der Gendarm ihn fortschleifte, prügelten sich die beiden.

»Wiiisseeen . . . Siiie . . ., waaas . . . Siiie . . . geeetaaan . . . haaben?« herrschte der Amtsvorsteher ihn an.

»Ne ...«, antwortete Okon mit frechem Berliner Akzent.

»Siiie haaaben Seiner Majestät dem Kaiser Wilhelm II. den Treueid gebrochen.«

»Is man jut ...«, erwiderte Okon ... »Wat kimmt nu?«

»Nu kimmt watt ...«, brüllte der Amtsvorsteher und drohte ihm mit dem Finger.

»Nu kimmt watt ...«

»Olle Arterie ..., du mistige ...«, meinte Peter Okon mit Schützengrabenfreiheit.

Er wurde zum Bezirkskommando nach Ratibor geschafft. Schwer gefesselt, was besonders seiner Frau wehe tat. Nach Galizien fuhr er nicht, sondern im Sondertransport nach Frankreich.

An die Somme.

In die größte Scheiße, wie die Feldgrauen zu sagen pflegten.

Die Empfehlung des Amtsvorstehers von Borodin schwebte über ihm. Nistete in seiner Stammrolle, und folgte ihm in den Schützengraben, wie der unheimliche Druck, den Mora, der Alpdruck daheim, den Bauern nächtlicherweise schenkt.

Auf Schritt und Tritt.

So wurde Peter Okon zwölfmal verwundet. Alle Glieder waren zerrissen und zerflickt. Aber er blieb am Leben. Peter Okon der Oberschlesier der Trompetenbläser.

## Schützengraben

Bumba kauerte im Schützengraben, die Beine bis zum Kinn gezogen.

Er wartete auf den Sturmangriff der Franzosen.

Aus der Dunkelheit des Schützengrabens krochen Ratten und bellten ihn an.

Atem rollte im Raum. Schnarchig fett und rüpelhaft. Der Feldwebel Friedrich Bullaug aus Eberswalde. Dünn, geziert, melodisch der Kriegsfreiwillige Johannes Wiemann, Sohn des besitzlosen Emigranten aus Duisburg-Meiderich. –

Nun mummte ein Minenwerfer.

So mochte einst die Schöpfung erwartungsvoll geknurrt haben.

Ein Verwundeter schrie. Bumba sprang auf. Als wollte er etwas abwenden, schlug er mit den Fäusten in die Finsternis. Rannte die Stollentür ein und raste von dannen.

Heiho, Heiho, Heiho.

Mora kam den Stollen entlanggewackelt: »Was schreist du denn Bumba, hehe? Was schreist du denn?«

»... Ich muß schreien, um dir dein Handwerk und deinen Hohn zu verpfuschen, elendes Ungeheuer. Matschitschka hätte dir nur Speck angeboten. Speck ist etwas für die Ratten. Ich aber schreie, schreie, schreie ...«

Und Bumba griff nach seiner linken Seite und brüllte: »Mora verschwinde. Eins, zwei, drei ...«

... Doch keine Handgranate explodierte. Nur Leutnant Udo Toto von Moto Homo stand vor der Bumbaschen Unterstandpritsche, schüttelte Bumba aus Traum und Schlaf: »Auf, auf Bumba ... Die Franzosen werden bald kommen ...«

## Polen

Schreibt es auf, in den Schornstein mit schwarzer Kreide: Deutschland hat Polen gegründet.

Die Hohenzollern hatten ein Experiment vollbracht, und wenn es nichts weiter gäbe als dieses Argument. Fürwahr, Sodom müßte vertilgt werden ...

Auch der Herzog war unter denen, die die polnische Krone für eine Stange Geldes annehmen sollten.

Polen war ein Königreich.

Ja. Man trug sich mit dem Gedanken, diesem neuerstandenen Gebilde, das einer der fähigsten und skrupellosesten Hohenzollern, der Alte Fritz, mit allen unerlaubtesten Mitteln zu zerstören half (durch Bestechungen, durch Sabotage vor Europa als regierungsfähig hinstellte, zerstückelte und unverdaut von sich kotzte), ... also man trug sich mit dem Gedanken, sogar die Ostprovinzen, samt Posen, diesem neuen deutschen Bundesstaat einzuverleiben.

Gewaltiger Plan. Gar nicht so ohne. Aber mit einem Hohenzollern in Warschau?

Grotesk.

Gott hat uns davor bewahrt, daß Ostpreußen nicht hineingezogen wurde, also beim Zusammenbruch dieses Land die Verankerung mit dem Reich glimpflich überstand.

Heute reden uns dieselben Kreise ein, Polen sei unser Erbfeind (schon immer gewesen).

Nun lag der Erbfeind da und wuchs.

Wuchs aus der Ohnmacht über die Häupter der Generale zu einer Gefahr und zu einem Verhängnis. –

Welch ein klassisches Beispiel deutscher Weltkriegspolitik. Welch eine Verwirrung der Gefühle zwischen damals und zwischen heute in den Köpfen der deutschen Reaktion ...

## Neunzehnhundertachtzehn

Nun war der Weltkrieg zu Ende.

Kaczmarek kehrte heim. Peter Okon kehrte heim. Momek kehrte heim.

Tatschitschek blieb noch aus. In französischer Gefangenschaft.

Der junge Udo Toto fiel.

Gefallen auch war der junge Johannes Wiemann, Sohn des besitzlosen Emigranten.

Bumba kehrte nach Duisburg-Meiderich wieder und arbeitete schon.

## Hallerarmee

In einem französischen Kriegsgefangenenlager am Fuße der Pyrenäen ging es recht lebhaft zu.

»Hoch- und Tiefbau O. -S.« aus Hultschin spielten Hänsel und Gretel mit großen Hindernissen in der Kostümfrage.

Der französische Wachtposten, den sie um die Kleider angingen, antwortete, wie schon immer, wenn es nichts zu essen gab: »Wenn wirr werrden waß haben, werrden wirr euch waß gebben . . .«

Der Krieg war nun zu Ende, wie sie erfuhren. Aber niemand dachte daran, sie freizulassen.

Offiziere des neuen polnischen Staates erschienen im Lager und hielten Musterung der vorhandenen Oberschlesier ab. Ein gewisser Rechtsanwalt Dollny und ein gewisser Woicech waren dabei und agitierten.

Man sprach leutselig zu den Oberschlesiern und forderte sie auf, in die Hallerarmee einzutreten, um auf diese Weise der Gefangenschaft sofort zu entgehen.

Wohl fand sich unter den Leuten dieser und jener, der es tat. Diese Szenen wiederholten sich Tag um Tag, und auch »Hoch- und Tiefbau O.- S.« aus Hultschin beschlossen, den Herrschaften nachzugeben, um auf diese Weise am ehesten aus der Affäre zu kommen. Mit Witz und Spekulation verhandelten sie und vertauschten die Gefangenschaft mit der polnischen Rogatka.

Ein besonders schweigsamer Mensch war unter ihnen gefangen. Einer, der zu allem weder ja noch nein sagte. Den der Rechtsanwalt Dollny beiseite nahm und schließlich mitkommen hieß. Er kam nicht mehr wieder.

Es war Tatschitschek, dem ein französischer Kolbenhieb vor Verdun das Gesicht eingedrückt hatte, wobei die Nase in Brüche und abhanden ging.

Aus Deutschland drangen schlechte Nachrichten.

Das Volk hungerte und in den Ostprovinzen seien die Polen eingedrungen . . . hieß es.

Auch Oberschlesien sollte, wie man versicherte, polnisch werden.

»Hoch- und Tiefbau O. -S.« glaubten diesen übertriebenen Gerüchten nicht. Sie konnten es nicht fassen, daß Deutschland schon so zusammengebrochen sein sollte, daß es weder Kraft noch Mut besaß, seine Grenzen im Osten zu verteidigen gegen solch dummdreiste Polakken. Das konnte nicht so ganz stimmen.

Ihre Verhältnisse im Gefangenenlager hatten sich auch wesentlich gebessert. Man verpflegte »Hoch- und Tiefbau« vorzüglich, sprach mit ihnen disziplinlos, gewinnend. Die Offiziere meinten lachend: »In kurzer Zeit existiert Deutschland nicht mehr. Deutschland, Deutschland über alles.«

»Hochbau« meinte traurig: »Alle, alle über Deutschland ...«

... Nun waren sie Hallersoldaten, aber der Heimtransport kam immer noch nicht.

Ein halbes Jahr verging, und niemand sprach mehr davon.

Als »Hoch- und Tiefbau« schon die Flucht beschlossen hatten, kam plötzlich der Aufbruch, der ihnen aber nicht die Freiheit brachte, sondern eine polnische Garnison.

»Das hat uns gerade noch gefehlt ...«, beteuerten sie gegenseitig.

Die ganze Hallerarmee fuhr durch Deutschland, auf deutschen Eisenbahngeleisen, übern Rhein, durch das Ruhrgebiet gen Osten.

»Hoch- und Tiefbau« machten dumme Gesichter. Es war besonders schmerzlich, daß sie auch noch nicht einmal durchs Fenster hinausschauen durften in Duisburg, nach ihrer geliebten Kaschemme. Oder gar im Bahnhofsrestaurant ein Bier trinken. Leise sangen sie:

»Ein Jäger, der nicht raucht und trinkt,
Nicht liebt und keine Lieder singt
Und nicht riskiert ein Wort Latein,
Das kann kein echter Jäger sein.«

Immer weiter ging es gen Osten. Nach Polen hinein.

»Siehste. Da haste ...«, sprach »Hochbau«.

»Schwer reingefallen ...«, entgegnete »Tiefbau«.

Dann fluchten sie beide zum Gotterbarmen, und wasserpolnisch.

## Tatschitschek

Er kam aus dem Kriege völlig verwandelt.

Da er der allererste Gefangene war, der heimkehrte, war das ganze Dorf auf dem Bahnhof versammelt, ihn zu begrüßen. Man erschrak über das nasenlose, entzweigespaltene Antlitz. Matschitschka war so unendlich gerührt, daß sie nicht von der Stelle rückte, und Tatschitschek sagte nur: »Da seid ihr ja alle.«

Mehr sprach er nicht mehr. Seine Seelenstimmung ließ zu, daß er weinte.

Dieses merkwürdige Schauspiel bewegte die Menge sehr. Die Frauen weinten. Die Männer schauten Tatschitschek stumm an. Viele traten an ihn heran, ihn nur am Rücken berühren zu dürfen, daß das ein Mensch und kein Spuk sei, und gingen schweigend von dannen.

Man hob ihn auf den wartenden Kutschwagen.

Matschitschka mußte aus der Starrheit gerüttelt werden. Der feierliche Zug, mit der Kutsche an der Spitze, bewegte sich dem Dorfe zu.

Am Dorfeingang stand ein deutscher Lehrer, der als Offizier aus dem Felde heimgekehrt war. Mit ihm war eine Kollegin, eine Lehrerin gekommen, die Tatschitschek mit Blumen überschüttete.

Tatschitschek, dem solches nie im Leben widerfuhr, quittierte mit unaussprechlich wehem Antlitz, keines Wortes mächtig. Er umschlang nur sein Weib Matschitschka, welche fort und immerfort nach ihm hinschielte und sagte: »Matschitschka . . ., die wenigen Tage, die uns noch bevorstehen, wollen wir glücklich miteinander beenden. Ich habe nur an dich gedacht in diesen schweren Jahren und habe beschlossen, ein Mensch zu werden.

Wo ist unser Sohn Bumba?«

Matschitschka schluchzte: »Ich weiß es nicht.«

»Wir werden ihn suchen. Ich allein weiß, was er im Schützengraben gelitten haben muß.«

Zu Hause angekommen, ging er in den Stall, die alten Gäule zu begrüßen, die seine Anwesenheit mit freudigem Wiehern aufnahmen.

Auch die Kühe erkannten ihn nach sechs Jahren und drehten die Köpfe fortwährend nach ihm. »Karo«, der Hofhund, bellte wie toll an der Kette, und als Tatschitschek ihn beim Namen rief, setzte er aus und wedelte vergnügt mit dem Schwanze. Die Begrüßungen wollten kein Ende nehmen. Der Pfarrer kam. Der Rektor.

Moschek schickte eine Flasche Wein.

Der deutsche Lehrer Zigarren. Die Lehrerin Kuchen und Gebäck.

Der Lehrer versprach, Bumba draußen in Deutschland schriftlich suchen zu lassen.

## Pazifismus

Der Lehrer erzählte seiner Klasse das Märchen vom Niemandsland: Ein Regenbogen ...

Bunt und gewaltig entstieg er einem der Flüsse. Drang westwärts zum Himmel empor. Umspannte den Wald und ankerte seine Brücke am Ende von Niemandsland.

Schwang sich hinaus zum andern der beiden Flüsse.

So schlossen seine Bogen nur Sumpfland. Nur Niemandsland.

Wie eine Wiege knarrte der Wald, und wie ein böser Gedanke schrillte zuweilen ein Häher.

Ein Täubchen aber gurrte das ewige Lied von der Erde. Es perlte aus seiner trunkenen Kehle. Und die Tropfen der Bäume schlugen den Takt ins Dickicht hinein.

Es klangen alle Wasser vom verwunschenen Schatz.

Am Aufgang des Regenbogens wohnte ein König.

Am Abgang des Regenbogens wohnte ein König.

Zwei Könige also wehrten die Pforten. Zwei Flüsse also zäunten den Wald.

Niemandsland.

Zu jener Zeit sandte der König vom Flusse des Ostens die Besten seines Stammes der Sonne nach, gen Westen. Und die Männer kehrten nach Monden wieder. Staunend. Wundersam erfüllt. Ein Kreuz brachten sie ihrem König zum Gruß vom westlichen Fluß. Dort hätten sie Menschen gefunden. Zottig und stark. Und sie ahmten die Kniebeuge vor dem Kreuz nach und auch die stummen Gebärden der Menschen.

Und auf die Frage des Königs, wer die Menschen seien, nannten sie diese »Niemci« . . ., das seien die Stummen.

Ihr heiliger Berg aber sei Slenz. Der Gau: Slenzane. Schlesien.

## Die Parabel von der östlichen Erde

Ein Mensch, den die unendliche Weite seiner unbegrenzten Heimat verlockte, war so reinen Sinnes, daß er, von nichts getrieben als von der Freude am unschuldigen Dasein, rasch und entschlossen der sinkenden Sonne nachzog, gen Westen. Da seine Gedanken einfach waren, waren seine Handlungen gegeben, ohne Umfang, und er flocht aus den breiten Blättern eines Huflattichs einen kunstgerechten Sack, in welchen er brüchige Erde seiner Heimat schüttete, die neben der Hütte seiner Geburt wuchs und immer wieder wuchs, aus den Gebeinen jener, die seine Vorfahren gewesen. Mit nichts nun weiter, denn mit diesem Sack voll Erde, zog er dahin, immerfort und weiter, die flache Ebene hinab, zuweilen entzückt von dem guten Einfall mit diesem Sack da und seinem Inhalt. Flüsse kamen, die er durchschwamm. Wälder, die er durchmaß. Vogelsang, den er durchschritt. Pflanzenduft, den er genoß.

Ostwind . . ., der ihn vorwärts trieb.

Bienen summten. Ameisen führten zu seinen Füßen furchtbare Kriege. Wölfe schnupperten an seinen Waden.

Immer, wenn er an seinen Ausgangspunkt dachte, ohne verzehrende Sehnsucht, jedoch erschüttert, drückte er den Sack kußbereit an den heißen Mund, und siehe: Die Erde darin verstand diese Gebärde. Sie musizierte, auf daß er um so schneller ausschritt. Gotterfüllt und frohgemut.

Eines Tages türmte sich die Ebene auf vor ihm. Er

stutzte, denn so etwas war ihm noch nicht begegnet. Er legte den Sack fragend an seine Wangen, und siehe: Der Sack summte so ungestüm, als wollte er sagen:

Mensch ..., alles ist dein – Mensch ...

Doppelt ergriffen bezwang er die Wand, von deren Gipfel er strahlenden Auges die Erde wiedersah, verklärt, durchsonnt, grün und herrlich. Trunken stürmte er die Wand entgegengesetzt hinab, fort und fort, überwältigt von den Düften, den Wohlgerüchen, einem Fluß entgegen, der aus Gold schien.

Es war Abend, da er am Flusse niedersank und schlief, den Sack, wie gewohnt, unterm Kopf. Am Morgen nun, da die Sonne wieder aufging aus der Richtung seiner Urheimat, sprang auch der Mensch hurtig auf die Beine.

Der Sack unter seinem Kopf aber war verschwunden.

War über Nacht gewachsen aus des Menschen unschuldigem Traum, aus des Menschen unschuldiger Freude an der Schöpfung. War über Nacht gewachsen zu einem blumenübersäten, buschgrünen Berg, von dem goldenen Fluß umspült, und beide, Berg wie Fluß, strichen aufeinander wie die Bogen über dicke Brummbässe. Wie die Lippen blasen auf hellen Trompeten. Wie der Wind säuselt im Zittergras.

Dem Menschen aber war so wundersam zumute, daß er beschloß, diesem Wink zu folgen, dazubleiben fortan und das Konzert auf die kleinsten Nuancen hin zu studieren.

Er sah die unendliche Fülle der unzähligen Gräser, sah auch den Huflattich seligsten Gedenkens (und da er doch ein Gewohnheitstier war und ist) pflückte er, kaum auf seine praktischen Gedanken achtend, einigen Huflattich zusammen, das Sackspiel mutwillig zu wiederholen ... denn (da er doch ein Gewohnheitstier war und ist).

Also fügte er alles kunstgerecht zusammen, schüttete Erde vom Flußufer hinein, um darauf sein Nickerchen zu halten ... zum Firmament hinaufzugucken und mit den Füßen im goldenen Flusse zu strampeln.

Und es geschah, daß dieser Sack unter seinem Kopfe gleich dem Menschen berauscht schien und sich auf seine Bestimmung lustig besann, auf seine Erdmusik, die er von sich hauchte, so daß man wähnte, diese Musik sei irgendwie aus des Menschen Antlitz geschnitzt.

Es gurgelte, quietschte, sang und dudelte.

Eines Mittags nun, da der Mensch, nachdem er sich an Pilzen sattgegessen, auf seinem Dudelsack träumte, ereignete sich ein gewaltiger Stoß, der den Berg erzittern ließ und das Wasser des goldenen Flusses verängstigt aus dem Bette warf.

Der Mensch stutzte seit seinem Dasein zum zweitenmal. – Er forschte nach den Gründen dieser Erschütterung, nahm einen kernigen Stecken zur Hand und ging den Fluß nordwärts, von wo er glaubte, den Stoß wahrgenommen zu haben. Abermals verengte sich die Erde. Vom Gipfel dieser Wand schaute sein Auge ein weiteres Land, mit einem wundersamen buschgrünen Berg inmitten und mit einem goldenen Fluß, der steil gen Norden floß.

Hier nun saß ein Lebewesen, ein Mensch gleich ihm, und fischte. Der Forschende witterte die feuchte Luft, schritt dem Fischenden entgegen.

Sie schauten sich staunend an.

Von dieser Entdeckung heimgetrieben vergingen dem Menschen viele köstliche Monde, als abermals ein Stoß seinen Fluß aufspritzen ließ.

Dieses Mal von Süden.

Wieder zog der Mensch mit dem Stecken in der Hand, dieses Mal den Fluß südwärts, und kam durch die Ebene an einen anderen, mächtigen blauen Fluß, der des Menschen Füßen quer entgegen lag und floß.

Auch hier jener wundersame, buschgrüne Berg, und in seinem Laub ein Mensch, der Vögel zu fangen schien und sang. In der Ferne aber blitzten weiße Schneeberge.

Der Gedanke, der nordwärts geboren war vordem, war nunmehr südwärts fortgepflanzt, und die drei, der Fischer, der Vogelstellersänger und der Dudak, die vom gegenseitigen Dasein wußten, kamen einander heimlich entgegen. Während der Mensch Dudak auf seinem Sacke schlief, lauschten die beiden andern, im Busch versteckt, der traumhaften Erdmusik. Konnten schließlich nichts dafür und kamen betört hervorgekrochen, unartikuliert murmelnd. Der Dudak erklärte ihnen mit hinreißender Gebärde das einfache Wunder der Erde, die beiden faßten sich verzückt an den Kopf, zogen eiligst heim und kehrten wieder, ein jeder mit einem Huflattichsack voll Erde des eigenen Wunderberges. Und siehe, diese Säcke musizierten.

Das wußten sie nun voneinander . . .

Nun schwang ein köstliches Trio zum Firmament empor. Die drei Wunderberge selbst schienen näherzurükken. Näher und näher, indes die drei Menschen wetteiferten im Dudeln, in ihrer Kunst, schließlich einander liebevoll die Erde zum Tausch anboten, diese vermengten, durcheinanderschüttelten und das Heimgehen vergaßen.

Sie blieben zusammen fortan.

Ihren Wohnsitz aber nannten sie: »Tor«.

Darüber gingen viele hundert, ja tausend Jahre, fort und fort und fort.

Die großen Stöße, deren Summe die Romantik des menschlichen Geschlechts registriert, sind indes auf buntfarbigen Tafeln aufgetupft und so den Ungläubigen glaubhaft gemacht.

Schlesien ist der nördliche Stoß, mit dem heiligen Berg am steilen Fluß.

Österreich der südliche . . .

Böhmen aber ist das Land der drei . . ., mit dem Platz: Tor, der groß, melodiös und ewig ist . . .

. . . An jenem Platz nun, wo die drei gedudelt, ihr Gelübde geschlossen, wo der Fluß noch heute in die Büsche kriecht, breiten sich festliche Kirchen, gewundene Türme, geheimnisvolle Gärten, Paläste, Gassen, Gäßchen, und in jener kleinen Gasse, die zum Wunderberg führt, steht ein Häuschen vielleicht am selben Fleck, wo die drei ihr Wunder einander offenbart.

Da alles in der Ewigkeit fortzeugend sich gebärt: Das schmale Häuschen, mit seinen Menschen vom Norden, vom Süden und von der Mitte, war der Harmonie geweiht, und vor gar nicht allzu langer Zeit brachten Menschen unserer Zeit ein jeder aus seiner Heimat einen Sack voll lehmiger Erde, diese kunstvoll zu einer Geige formend und diese drei barocken Wunder der Erde zu einem

Ganzen fügend übern Hauseingang, zum Zeichen des Denkens, des Friedens, der Liebe und Harmonie.

Darüber gingen Jahre fort und fort.

Eines Tages stießen sich einige unserer Zeit an dieser Harmonie, rissen Pflaster unter ihren Füßen auf und zerschlugen diese drei Geigen, da ja der Mensch ein Gewohnheitstier war, ist und bleibt. –

Die Trümmer fielen auf die steile Straße, kamen ins Rollen, vorbei an den Kirchen und Palästen, dem goldenen Fluß entgegen.

Verschwanden im Fluß . . .

Der Menschen bemächtigte sich Unruhe. Sie fragen einander, was denn geschehen sei, und der heilige Berg Dudelsack, den sie mit Füßen traten, rauschte in ihre Sinne: Die Musik der östlichen Erde ist ertrunken im goldenen Fluß.

## Der Lehrer

Es ist vorgekommen, daß der Lehrer anordnete, ihm diejenigen Buben zu nennen, die während der Pausen ihre Muttersprache, jenen armseligen polnischen Dialekt, sprachen, und bestrafte sie mit einer Hausarbeit, etwa tausendmal abzuschreiben: In der Schule soll ich deutsch sprechen.

Das geschah, solange er seine Kollegin nicht gekannt. Seither unterließ er diese trennenden und verbitternden Exzesse, die die Buben und auch ihre Eltern zwar als in der Ordnung empfanden, die aber immerhin von interessierten Ohren und Augen aufnotiert wurden für kommende Zeiten. Vielmehr betrieb er mit seinen Jungs geologische Studien als sein persönliches Novum, weckte vor allem in Erdkunde und Geschichte durch eigene Lehrformeln das höchste Interesse nicht nur der Buben, sondern auch der Alten, die im Kriege sehen gelernt hatten, zu ihm kamen und baten, in Abendkursen etwas aus der Geschichte und von der Welt zu erzählen.

Mit seinen Buben und seiner Kollegin wanderte er in die Wälder, bewaffnet mit Kästen für Käfer, Gestein,

Fossilien, erklärte den Jungs lokale geschichtliche Punkte und tat sichtlich mehr für sie, als jene bisherigen Lehrer, die ihre Gärten gruben, Hühner nach Eiern befühlten, und in der Mathematikstunde nach jeden zehn Minuten im Stall verschwanden, da ihre Kuh kalbte ...

Die Methode trug erfreuliche Früchte.

Eines Tages brachte ein Junge allerlei Gestein in die Klasse angeschleppt. Es waren Steinhämmer und Äxte, die er seiner Mutter entwendet, womit diese Kranke heilte. Das war das Signal für eine Riesenfundpsychose ...

Steinhämmer, Äxte, wunderliche Kleidungsstücke, Spinnrädchen, ganze Truhen stapelten sich in der Schulstube, und der Lehrer erläuterte an Hand dieser Gegenstände, daß der liebe Gott den Menschen nicht mit einem Flugzeug am Hals erschaffen hat.

War ein Schulbube krank geworden, dann besuchte ihn die ganze Klasse unter Anführung des Lehrers.

Das alles war noch nie geschehen, seit die Alten denken konnten, und sie faßten endlich Vertrauen zum deutschen Lehrer, kamen mit allerlei Anliegen zu ihm, um Ratschläge für die Kinder.

Der Lehrer zimmerte Guckkästen mit erläuternden Bildern und Texten für seine Schüler.

Die Federschleißabende wurden aufgesucht und die Märchen der alten Mütter aufnotiert und beachtet.

Hier beschritt ein deutscher Lehrer Neuland, hob sich aus der Masse, die unter dem Beruf ächzte und stöhnte. Fühlte, daß die deutsche Nation dieser Landschaft und ihren Menschen verpflichtet ist, zum mindesten in demselben Maße, als die Menschen willig ihre Pflicht taten um des Vaterlandes willen. Hier war endlich ein Lehrer, der begriff, daß die sprachliche Überschneidung aus dem Slawischen ins Deutsche eine interessante Menschenmischung ergab, keine Rasse und schon lange keine reine, aber eine Helligkeit des Intellekts, eine Helligkeit, die ihre Früchte in die Zukunft hineinblühen läßt.

Dieser Lehrer organisierte eine Bücherei, opferte selbst sein Gehalt für diese Pläne, veranstaltete Theaterabende, und es kam so weit, daß während seines Unterrichts kein Junge schwänzte, selten einer krank zu Hause blieb.

Denn der Rohrstock war feierlich verbrannt worden, zum Gaudium der Jungens.

Mit etwa zweihundert solchen Lehrern ließe sich Oberschlesien für die deutsche Nation retten.

## Besorgnisse

Der Rektor lief herum wie am Bratspieß.

Ein Junge hatte ihm vor einer Stunde zugeschrien: »Sie deutscher Schweinehund werden geköpft werden ..., das dauert nicht mehr lange ...«

Der Lehrer ging zu dem Jungen und befahl ihn zu sich. Der Junge blickte trotzig in die Ecke. Bis ihn der Lehrer am Kinn faßte und ihm in die Augen schaute.

Da begann der Junge zu weinen.

Der Lehrer und auch seine Kollegin besprachen den Fall nach Schulschluß und suchten die Eltern des Jungen auf.

Als man die Bauernkate betrat, butterte gerade die Hausfrau, während eine uralte Muttel danebensaß.

Den Besuch gewahrend kam auch der Bauer von draußen herein.

Der Lehrer begann freundlichst, den Vorfall zu berichten, lachte hierbei fröhlich und tastete nach den Gründen des Verhaltens des Jungen.

Es stellte sich heraus, daß die butternde Mutter einen Groll gegen die Deutschen im Busen trug und aus ihrer Gesinnung auch keinen Hehl machte.

Sie sprach mit der Kollegin, die oberschlesisch verstand, und zeigte Spuren einseitiger Verhetzung, Unversöhnlichkeit und Trotz, die rätselhaft im Ursprung erschienen. Erst als der Lehrer sich beiläufig erkundigte, wie es mit einem Pfund Butter wäre, das er zu kaufen wünsche, wurde sie freundlich und bekundete, daß doch alles, was der Herr Pfarrer sage, heilig und richtig sei.

Schließlich sprach sie sogar deutsch, wurde lustig und erklärte, daß es wohl gleich sei, als abgerackerter Deutscher oder Pole ins Grab steigen zu müssen: »Die Deutschen wie auch die Polen werden für mich die schwere

Feldarbeit nicht machen. Aber was der Herr Pfarrer sagt ...? Der müsse doch alles am besten wissen ...«

Der Bauer meinte, der Junge habe etwas aufgeschnappt, was ihn gar nichts anginge. Er werde ihm schon den Hosenboden stramm ziehen. Dem Bengel.

»Der Herr Rektor hat halt Angst vor dem Köpfen ...«, meinte der Lehrer, und der Bauer lachte.

»Na ...«, mischte sich die Bäuerin ironisch ins Gespräch: »Wenn sie den auch köpfen würden. Der hat ja sein ganzes Leben noch nichts Vernünftiges gearbeitet.« –

»Na ... da war ich ja auch im Westen ...«, meinte noch der Bauer. Dann verabschiedeten sie sich.

## Landhunger

Die junge deutsche Republik sorgte zwar fürsorglich für die Reformer des Bodens, jedoch nicht für den Boden, den die Reformer so umständlich und klug in ellenlangen Abhandlungen umschrieben.

Wir hatten also eine Reform, aber keinen Boden. –

Die Bauern, denen sozialdemokratische Redner in den allerersten Tagen der Republik goldene Berge versprachen, Drohungen gegen die Herzöge, Grafen, Fürsten und Junker, denen man jeden Landfetzen demnächst wegnehmen würde, warteten einen Monat, zwei Monate, drei Monate, ein Jahr und noch länger ... Aber es ereignete sich nichts, was den Herzögen, Grafen, Fürsten und Junkern ein Haar gekrümmt hätte.

Sie, die Herzöge, Grafen, Fürsten und Junker, die selben im stillen das Zeitliche bereits gesegnet hatten, machten sich schon wieder mausig, und alles war bereits genau so wie früher, in Zeiten der Hohenzollernschen Monarchie. Es schien, als ob die Sozialdemokratie mit der Erringung der staatlichen Macht ihre Ziele liquidiert hätte und auf den Lorbeeren eingeschlafen wäre.

Bei Moschek, in der herzoglichen Residenz, gärten schon ohnehin die Stimmungen, ebenso wie auch in Kosbuchna, im Bereich des Udo Toto und auch in Borodin, im Bereich des Fürsten und anderswo in den vielen, vielen Dörfern, die im Schatten der Herzöge von Ratibor, der Fürsten Pleß, der Tiele-Winckler, Schaffgotsch, Ballestrem, Lichnowsky und so weiter dahinsiechen.

Woicech plakatierte an den Kirchtürmen, an den Scheunenwänden seine Versammlungsabende, und die Bauern strömten in denselben Scharen, wie sie zu den sozialdemokratischen Versammlungen hinzugeströmt kamen.

»Schaffen's nicht die Sozialdemokraten, dann schafft's der Woicech ...«, hieß es.

»Ackerland wolln wir haben.« –

»Ackerland werdet ihr bekommen«, schrie Woicech unter die Menge.

»Ackerland wolln wir haben ...«, echote es aus den Bauernkehlen. Woicech beschloß, einen Demonstrationszug zum herzoglichen Schloß zu formieren.

Musik wurde herbeigeschafft.

Mit der ›Marseillaise‹ bewegte sich der Zug durch die Dorfstraße zum Parktor ins Schloß hinein.

Vor dem Schloß formierten sich die Bauern in Karrees, wie damals die Emigranten, und Woicech verschwand unter den abermaligen Klängen der ›Marseillaise‹ im Schloß.

Trockenbrott kam ihm entgegen.

Mit dem Hinweis auf die Tatsache, daß der Herzog schon seit Jahren in Luzern wohne und nicht beabsichtigte, in der nächsten Zeit herzukommen. Er wolle dem Herzog umgehend Nachricht geben und nach den gegebenen Weisungen und Vollmachten die Angelegenheit ins reine zu bringen.

»Was heißt hier ins reine bringen ...?« trumpfte Woicech auf. »Kriegen wir's nicht, dann nehmen wir's alleine ...«

Woicech staffierte seine Rede mit dem gesamten Kostüminhalt seiner polnischen Propaganda aus.

Trockenbrott war von sich aus zu Zugeständnissen bereit und bat ihn für den nächsten Tag nach Kattowitz. Er könne schon heute sagen, daß da was zu machen sei. Es gehe hier nicht darum, einfach Land zu verteilen, sondern um weit Wichtigeres: Von wo nehmen die Leute plötzlich die Geräte und Gebäude her? Das müsse sich alles überlegen lassen. Zu diesem Zweck habe die deutsche Regierung eine Bodenreform geschaffen, die mit Umsicht an ihre Aufgaben herangehe ... Land wäre genug da ..., aber ...

»Aber ...«, bemerkte Woicech unerbittlich. »Sie wollen uns darum prellen. Ich mache Sie darauf aufmerksam, daß wir uns nicht zum Narren halten lassen.«

Woicech verließ Trockenbrott hochmütig und sprach zu den Bauern: »Brüder unserer großen polnischen Mutter! Ich habe ihm eine Frist gestellt. – Bekommen wir nicht in zehn Tagen das, was wir wollen, dann nehmen wir's mit Gewalt. Hoch lebe Polen! –«

Hoch, hoch, hoch ...

Der Zug bewegte sich zu Moschek zurück.

Die Musik spielte die ›Marseillaise‹.

Die Noten borgten sich die Polen bei den deutschen Sozialdemokraten, weil diese auf ihren Lorbeeren schliefen ...

... Woicech aber begab sich unverzüglich nach Kosbuchna.

Hier wiederholte sich dasselbe Spiel.

Mit der Marseillaise ging es zu Udo Toto.

Der jedoch ahnte schon längst, was ihm von seiten des ergrimmten Volkes blühte und war bei Nacht und Nebel verschwunden.

Hier im Kreise Pleß und Rybnik herrschte ohnehin seit Kriegsende ein Interregnum. Die sonst so großmäuligen Polizisten, Amtsvorsteher und Würdenträger samt Pastoren waren stillschweigend auf und davon gezogen ...

Das Volk aber plünderte ihre Paläste ...

... Von hier aus setzte sich Woicech gegen Borodin in Trab.

Der Fürst empfing ihn.

Woicech wurde es ein wenig ungemütlich zumute.

Als er mit dem Fürsten in einem vulgären Ton zu reden begann, würdigte ihn dieser keiner Antwort. Trat auf den Balkon heraus und sprach:

»Meine Herren Bauern!
Vorerst: Wünschen Sie, daß ich zu ihnen polnisch oder deutsch rede?«

Die Bauern murmelten untereinander: »Sprechen Sie deutsch!«

Der Fürst:

»Meine Herren Bauern!
Sie sandten mir Ihren Vertreter, Herrn Woicech, der in einer Form mit mir verhandelt, die mich an Galizien erinnert.

Vorläufig, meine Herren Bauern, sind wir noch in Deutschland ...

Was den Acker angeht, so bitte ich um Vertreter aus Ihrer Mitte.

Mit Herrn Woicech zu verhandeln, lehne ich ab. –

Was nun die Notlage unseres Vaterlandes anbetrifft, so möchte ich bemerken, daß es recht häßlich wäre, in der größten Not Deutschland zu verlassen und in einen Staat einzukehren, der durchaus nicht besser daran ist für die Lage des Bauern.

Meine Herren Bauern!

Ich will Ihren Wünschen restlos gerecht werden. – Bitte Sie jedoch, sich der politischen Ausschlachtung einer von mir durchaus anerkannten Lebensfrage zu enthalten. Schon morgen kann jeder von mir Acker zu kaufen bekommen unter den günstigsten Bedingungen. Selbstredend nicht in groteskem Maße. –

Es lebe Deutschland.«

Die Bauern riefen: »Es lebe Deutschland. Es lebe der Fürst. Hurra.«

Und sie marschierten ohne die ›Marseillaise‹ ins Dorf zurück.

Woicech aber fuhr ins nächste Dorf.

Trockenbrott begab sich unverzüglich zum Polizeipräsidenten: »Ich fordere Schutz für meine lebenswichtigen Betriebe.«

In damaligen Tagen regierte im Dorf Sackowitz, in den Städten Kattowitz, Beuthen, Gleiwitz, Hindenburg, in den ländlichen Bezirken und in den Bannwäldern Herr Hörsing. Herr Hörsing schützte Herrn Trockenbrott gegen das Volk. –

Deutschland, aus den Unverantwortlichkeiten einer Ära herausgeworfen, brodelte in allen Winkeln, und die Gesichter des Fememörders als auch des Femegemordeten trugen als Einheitszeichen: Das Zeichen des Hungers!

Verzweiflung über das Geschick der Familien. Der Mütter. Verzweiflung am eigenen Verstand ..., plünderten die Läden, die Arsenale Trockenbrotts, in denen man Brot und Fett wähnte.

Die Männer aus Sackowitz und auch von anderswo sprachen, was ja besonders nahelag, ihre wasserpolnische Umgangssprache, die sie ja stets und ständig gesprochen, im deutschen Schützengraben vor Verdun, an der Somme oder im Bauch eines Kriegsschiffes ..., ohne daß man sie nicht für unwürdig erachtet hätte, um für Deutschland den Tod zu erleiden.

Herr Hörsing aber, darauf bedacht, die Feinde der neuen Republik auf das Mindestmaß zu reduzieren, ihre Anzahl optisch ins Minimale abzuspiegeln, machte aus ihnen Polen. Polen, die sich an der Staatssouveränität vergriffen ..., Polen, denen der Garaus gemacht werden müßte, mit tödlichen Bleigeschossen reaktionärer Freischaren.

In jenen Tagen, da wir es nötig hatten, das Geschenk Lloyd Georges zu hüten, nämlich die im Friedensvertrag eingeflochtene Volksabstimmung, anstatt der bedingungslosen Abtretung, was bedeutete, daß Oberschlesien eventuell noch zu retten wäre, bei Umsicht und Vorsicht, beging Herr Hörsing den Kardinalfehler, der alle Gipfelpunkte jahrzehntelanger junkerlicher Dummheit übertrumpfte. Er wütete wie ein Elefant im Porzellanladen und ritt republikanische Attacken gegen verhungerte Menschen, weil es ja bloß Polen waren ...

Polen ...

Kommunisten kann man unter dem Vorwand, daß sie Polen seien, moralischer umbringen ...

Aus dem Dorfe Sackowitz nun, aus den im Umkreis brütenden Grubennestern, rotteten sich die Männer zusammen mit Knüppeln und Krücken bewaffnet. So zogen sie gen Kattowitz, gegen die Hochburg Trockenbrotts und seiner Ingenieure, des Beraters Hörsing, und vor den Toren fochten die Männer, geschult in deutschen Regimentern, ihren letzten Kampf. Drohten dieser vermaledeiten Ordnung, die ihnen nach vierjährigem aufrichtigem Kriegsopfer nichts zu essen gab.

Trockenbrott war es recht, die sozialen Wünsche und Rechte auf das polnische Geleise abgeschoben zu sehen, da ja dann die Front um so geschlossener war ...

Es waren eben Polen, die den Bestand des Vaterlandes gefährden, und mit grimmigem Behagen schossen die Soldaten in die Menschenhaufen.

In Sackowitz, wo die letzten Streiter heimkehrten, mit blutig zerfetzten Leibern, in gelichteten Reihen, raste die Volksstimmung nun gegen Deutschland statt gegen Trockenbrott. Auf den Barrikaden predigte Dollny und erinnerte an den Fall Johannes Wiemann.

»Wisset ..., daß ihr die Besitzlosen seid.

Besitzlos sein in diesem Land, das heißt ein Pole sein.

Besitzend sein in diesem Land, das heißt ein Deutscher sein. Wisset, wen ihr zu hassen habt!« –

So vollzog sich der Verrat der deutschen Nation an ihrem treuesten Stamm: dem oberschlesischen.

Mit betäubter Sinneslust warf sich Sackowitz mit all seinen atmenden Lebewesen in die Arme der polnischen Bewegung.

Selbst Hörsing traute sich nicht mehr, Sackowitz mit Stumpf und Stiel auszurotten.

Hier aber ließen sich Dollny und Woicech nun nieder.

Warteten auf die Franzosen.

Hier in Sackowitz beschleunigte Hörsing, der treue

Diener Trockenbrotts, den verderblichen Prozeß, Oberschlesien in die Arme der polnischen Demagogie abzugeben ...

Es schwelte der ganze Leib des Industrietiers »O. -S.«.

Trockenbrott schwankte.

Die Schornsteine rauchten nichts denn Apathie. Nichts denn Gleichgültigkeit am deutschen Schicksal.

Hörsing aber schoß die Menschen nieder.

Hörsing ..., der nie im Leben einen waschechten Oberschlesier gesehen. –

Unten ... in den Grubenbäuchen barsten die Blöcke rascher als sonst vor den nervösen, ungleichmäßigen Schlägen der Keilhauen. Und nur eine Frage saß auf den Lippen der Kumpel:

Du, Pierun, bist du ein Deutscher?

Du, Pierun, bist du ein Pole?

Das Leben hing von der Antwort ab.

Deutscher – Pole ...

Diese gleichgültig und stumpfsinnig gewordenen Männer kannten kein Deutschtum und kein Polentum mehr.

Sie kannten nur unsterblichen Haß, der sich in die polnische Fassade verkroch ...

Sie kannten nur unbeschreibliche Abscheu vor denen, die ihre besten Jahre mit Beschlag belegten. Und sie quittierten mit der blinden Wut.

Bimbim.

Die Räder der Fördertürme aber spielen so leicht. So traumhaft. So federnd. So enthoben aller Schwere. So festlich. So gewandt. So zuversichtlich. So sicher. So allverständlich.

Bimbim.

Versailles

Achter Abschnitt

Artikel 88

In dem von den unten beschriebenen Grenzen eingeschlossenen Teil Oberschlesiens werden die Bewohner aufgerufen, durch Abstimmung zu entscheiden, ob sie zu Deutschland oder zu Polen zu gehören wünschen ...

pp ...

... Die Regelung, unter welchen Maßnahmen diese Volksabstimmung durchgeführt werden soll, ist Gegenstand der Bestimmungen der beigefügten Anlage.

Die polnische und die deutsche Regierung verpflichten sich bereits jetzt jede auf ihrem Teil, auf keiner Stelle ihres Gebietes irgendwelche Strafverfolgungen durchzuführen, auch keinerlei Ausnahmeregel für etwaige politische Handlungen zu treffen, die in Oberschlesien während der Periode der in angefügter Anlage festgesetzten Regierungsform und bis zur Einrichtung der endgültigen Regierungsform dieses Landes vorkommen.

Deutschland erklärt hiermit bereits jetzt seinen Verzicht auf alle Rechte und Ansprüche auf den Teil Oberschlesiens, der jenseits der auf Grund der Volksabstimmung durch die obersten alliierten und assoziierten Mächte festgesetzten Grenzlinie liegt ...

pp ...

Anlage

§ 1

Sogleich nach Inkrafttreten des vorliegenden Vertrages und binnen einer auf nicht länger als vierzehn Tage zu bemessenden Frist, haben die deutschen Truppen den Bezirk zu verlassen.

§ 2

... Der Bezirk wird von den Truppen der alliierten und assoziierten Truppen besetzt.

§ 3

Die Abstimmung soll nach Ablauf einer von den alliierten und assoziierten Hauptmächten zu bestimmenden Frist stattfinden ...

... Das Ergebnis der Abstimmung wird nach Gemeinden festgesetzt. . .

§ 4
Nach Schluß der Abstimmung wird die Anzahl der in jeder Gemeinde abgegebenen Stimmen von der Kommission der alliierten und assoziierten Hauptmächte mitgeteilt, sogleich mit einem genauen Bericht über den Hergang der Stimmabgabe und einem Vorschlag über die als Grenze Deutschlands in Oberschlesien anzunehmende Linie, bei der sowohl der Wunsch der Einwohner wie auch die geographische und wirtschaftliche Lage Berücksichtigung findet.

§ 5
pp ...

Die Franzosen

Der Friedensvertrag von Versailles trat am 10. Januar 1920 in Kraft.

Die ersten Franzosen kamen schon am 27. Januar. Am 11. Februar folgte das Gros.

Und es ist bemerkenswert, daß die Deutschen Oberschlesiens des fluchbeladenen Glaubens waren ..., die Franzosen seien gekommen, um den Deutschen gerecht zu werden.

Auch wurde die Nase nicht in den Friedensvertrag gesteckt, und die Presse vergaß die wichtigen Punkte zu verkünden ... Die Wilsonsche Ideologie war von denselben Kreisen, die an eine Gerechtigkeit der Franzosen nicht nur glaubten, sondern solche maßlos forderten ..., schon lange vor diesem Datum begraben gewesen.

Über diesen Ressentiments vergaßen diejenigen, auf die es hier ankam, auf die deutschen Kulturdisponenten nämlich ..., daß die Franzosen nicht nach Oberschlesien gekommen waren, um Kultur, sondern um Politik zu machen. Ebenso wie die Deutschen seinerzeit nicht nach der Ukraine kamen, weil sie sonst nichts anderes zu tun hatten. Oder Polen gründeten, weil ihnen sonst nichts Besonderes einfiel.

Man vergaß zwar nicht, daß die Volksabstimmung ein politischer Akt war und daß die Politik gegen Politik zu setzen blieb ..., aber, o Jammer: Wie machte man Politik?

Das gesellschaftliche und vulgäre Kauderwelsch, das sich in den sogenannten besten deutschen Kreisen Oberschlesiens bei Frühstückstischen ergoß, färbte auf ehemalige mehr oder weniger mutige Feldwebel und Couleurstudenten ab, die auf eigene Faust da und dort einen Franzosen verprügelten, wenn sie nicht selber hierbei zum Teufel gingen.

In Gleiwitz, als die französischen Truppen vom Bahnhof zur Kaserne marschierten, konnte ein besoffner Patriot es nicht länger mehr ertragen, und es fiel ihm auch nichts anderes ein, etwa sich am Denkmal des Alten Fritzen um die Schmach seines Vaterlandes kurz und schmerzlos zu erschießen ..., nein ..., er warf mit einer Seltersflasche nach dem voranreitenden französischen Offizier.

So war auch die deutsche Politik der damaligen Tage: Man schmiß mit Seltersflaschen ...

Was glaubt man nun, was die Franzosen sich dabei dachten? Diejenigen, die mit Seltersflaschen nach uns schmeißen, werden wohl nicht unsere Freunde sein ..., also sind es die andern.

Die andern aber waren die Anhänger Woicechs.

Während nun deutsche Bier- und Seltersphilister auf die Franzosen schimpften, nicht ohne von ihnen trotz aller am Stammtisch festgenagelten Gemeinheit überzeugt zu sein, daß sie der Untergang des deutschen Oberschlesiens sind ..., setzte man doch Hoffnungen auf das Abstimmungsergebnis ...

Es war der Geist des U-Boot-Krieges. Der Geist der Erstürmung von Paris. Der Geist der Erstürmung Wallstreets ... Downingstreets. Der Geist der Zerschmetterung Briands ... Quai d'Orsays ...

Der französische General Le Rond, Vorsitzender der Interalliierten Kommission, verkündete in Plakaten und Aufrufen, die Ära der Freiheit und Gerechtigkeit sei gekommen.

Welche Freiheit und Gerechtigkeit wird er wohl gemeint haben?

Trockenbrotts? Hörsings? Udo Totos von Moto Homo? Kurz: des deutschen Volkes Oberschlesiens? Oder gar des gesamten deutschen Volkes, dem eine nationalistische Presse predigt, die Franzosen seien unsere unversöhnlichen Feinde? ...

Ferner besetzten französische Truppen diejenigen Gebiete, die unmittelbar an Polen grenzten, den engeren Industriebezirk und die Städte.

Warum wohl das?

Glaubt man im Ernst, trotz Lloyd George, daß die Volksabstimmung überhaupt stattgefunden hätte, daß dieser Passus in den Friedensvertrag hineingenommen wäre, wenn der wichtige Industriebezirk im nördlichen Teil Oberschlesiens gelegen wäre, etwa um Oppeln?

Das Schicksal Oberschlesiens ist besiegelt in der Lage seines wichtigsten Gebiets entlang der polnischen Grenze. –

... Und das Volk auf dem flachen Lande übersah man vor blinder Franzosenwut. –

Das überließ man dem Woicech und seiner Demagogie. –

## Die Engländer

Die Engländer waren plötzlich feine Leute ...

Unsere Vettern aus dem Lande Edward Greys ..., von Hause aus mit einem demokratischen Weltgefühl ausgestattet (das auch nicht wundern läßt in Sachen des Fürsten) ..., all diese langen Länglinge, die sich salopp durch die Straßen der Städte bewegten ..., sollte auf einmal kein Gott mehr strafen für ihre Hinterhältigkeit, ihre Tücke und Niedertracht. John Bull, weil es uns in den Kram paßte, war plötzlich in den Augen der »Gott-strafe-England«-Kreise ein famoser Kerl, der sicherlich nichts Arges zulassen werde. –

Ihr General hieß G. F. P. Percival.

Die Stammtische dröhnten wider von Lobeshymnen, und das Volk auf dem flachen Lande überließ man indessen dem Woicech und seiner Demagogie ...

## Die Italiener

Man freute sich, daß sie da waren. Ihre Offiziere, elegant und ungewöhnlich, gleichsam Operettenmajestäten, wirkten.

Ansonsten nahm man sie nicht für voll ...

Die kamen eigentlich gar nicht in Frage. –

Ihnen überließ die Hohe Kommission diejenigen Gebiete, die an das deutsche Gebiet grenzten, also im trauten Spiel ohnehin gar keine Rolle spielten.

(Ihr Oberstkommandierender war A. de Marini.)

Und an das oberschlesische Volk auf dem platten Lande dachte man vor lauter staunendem Übereifer nicht.

Das überließ man dem Woicech und seiner Demagogie ...

## Berlin

Berlin war des Abstimmungssieges so gewiß, daß es das Volk über diesem Vorschußtaumel absichtlich vergaß.

Die Sünden der Volksmißhandlung auf ideellem Gebiete wurden fortgesetzt.

Man finanzierte die Propaganda zwar mit viel Geld, wenn auch noch lange nicht so reichlich wie Warschau.

Zudem hatte man die Lehrer, die Behörden, die Post, die Bahn, kurz die Beamtenschaft, die Intelligenz zur Seite.

Man sah die oberschlesische Frage vor lauter Beamten und Schornsteinen nicht.

Ich wiederhole: Man sah die oberschlesische Frage vor lauter Beamten und Schornsteinen nicht.

Die Agitatoren, die das flache Land überströmten, waren zumeist Menschen nationalistischer Färbung, der Volkssprache nicht mächtig, und was sie dem Volke da vorerzählten, vom Alten Fritz, von der Herrlichkeit Preußens, interessierte den Bauern nicht ...

Oder, wenn sie etwa von den kulturellen Errungenschaften der Deutschen, im Vergleich zu denen Polens, sprachen.

Ganz abgesehen davon, daß die meisten Zuhörer gar nicht wußten, was das Wort Kultur bedeute, ferner was das Wort Industrie für einen Sinn habe, phrasierten die Deutschen mit den Schönheiten des deutschen Vaterlandes, mit den Schönheiten des Rheines oder der bayerischen Alpen, kurz mit Sachen, die der Bauer nie im Leben vernommen hatte, die ihn vielleicht belustigen konnten, die aber seinem eigentlichen Herkommen, der endlichen Verteilung des riesengroßen Landbesitzes der feudalen deutschen Herren, durchaus nicht entsprach.

Und dieser Punkt spielt auch heute die größte Rolle: Regierung, paß auf! ...

Man erzählte von den rauchenden Schornsteinen. Von der deutschen Kraft. Von den deutschen Denkern und Dichtern namens Goethe und Schiller (Ecco). Und immer wieder von jenem ominösen Alten Fritz, der sich im Grabe umdrehen muß, der schon jedem normalen Menschen zum Halse heraushängt.

Von den Ordensrittern und Ordensleuten. Mit welchen Ach und Wehs sie die blödsinnigen polnischen Bauern gelehrt hatten, den Pflug zu führen, und vergaß hierbei vollends, daß man mit jedem Wort den Zuhörer eigentlich beleidigte, der hier über seine eigene unfaßbare Dämlichkeit so herrlich die Leviten gelesen bekam ...

Man erinnerte an den Weltkrieg. Mit welcher Bravour man ihn geführt. Und vergaß, daß der Bauer sich rein instinktiv fragte, was ihn das alles eigentlich anginge. Man wies hin auf die Schulen, die herrlichen Bauten in den Städten und vergaß, daß in den Städten die Deutschen ihre eigenen Errungenschaften genossen. Daß für den Kumpel und Bauern keine Schulen und Bequemlichkeiten da waren. –

Man redete. Redete immer vorbei an den Wünschen dieses Volkes. Vorbei an seiner Seele, die zu gewinnen es doppelt schwer fiel, angesichts der Anstrengungen der Gegenseite, die ja ein leichtes Spiel hatte, darum, weil der Bauer jedes einzelne Wort klipp und klar begriff, vollends verstand, bewitzelte, wenn auch nicht glaubte, zerpflückte. Sich aber doch freute, daß einer von den beiden Rivalen wenigstens mit seinem Wesen, mit seinem eigentlichen Sinnen und Trachten zu reden verstand und Acker versprach.

Berlin vergaß vollends die Verquickung der nationalen Sache mit der sozialen durch die polnischen Agitatoren ...

Berlin vergaß vollends den realen Sinn dieser Menschen.

Mit einigen hundert ostfriesischen Kühen, ja mit einigen Fässern voll Erbsensuppe ließ sich entschieden mehr schaffen als mit der gesamten Technik des deutschen zwanzigsten Jahrhunderts.

Trockenbrott aber, der Geist Trockenbrott, wollte sich dem Volke nicht gerade herablassend zeigen. Denn der Spuk ginge vorbei, und man würde dem aufsässigen Landschwein schon heimleuchten ...

Anstatt ein oberschlesisches Sondergesetz zu schaffen und den ohnehin maßlosen Großgrundbesitz aus politischer Klugheit zu reduzieren, den Franzosen einen faustdicken Strich durch die Rechnung zu machen, schmiß man mit akademischen Seltersflaschen. Erzählte dem Bauern von den Herrlichkeiten der deutschen Kultur. Von den Spülklosetts, die in Polen nicht einmal ein Minister habe, in Deutschland jedoch jeder kleine Mann. Hierzu mußte der Bauer besonders lachen. Denn er schiß hinter seine Scheune und sehnte sich auch gar nicht nach einem Spülklosett.

Acker wollte er haben, und meinetwegen schiß er dem Woicech samt seinem polnischen Staat mitten auf den Kopf.

Acker wollte er haben und sonst meinetwegen ... »chinesisch« werden.

Berlin sah das oberschlesische Volk vor lauter Schornsteinen nicht. Trockenbrott hatte es befohlen.

Warschau brachte in dieses Spiel die Frischheit des Siegers über die Russen.

Vor allen Dingen aber die Versicherung der französischen Freundschaft und die liebäugelnde Neigung Prags, eines damals nicht zu unterschätzenden mitteleuropäischen Gewichts, das man nur blindlings übersieht und das in allen Fragen, die eine Schwächung des deutschen politischen Einflusses und der wirtschaftlichen Beschneidung bedeuten, doch, wie man weiß, gegen Deutschland steht ...

Dieser Kampf, an dessen Spitze der pathetische Oberschlesier Woicech stand, übrigens ein erstaunlicher Konzipist von flammenden Reden, Aufrufen und geradezu dichterischen Eruptionen, mit Dollny zur Seite, wurde folgerichtig auf dem flachen Lande betrieben. Denn der Friedensvertrag, den man besser studiert hatte als in Deutschland, sicherte die Abzählung nach Gemeinden zu ...

Jede Gemeinde von hundert oberschlesischen Waldbauern rivalisierte demnach mit der hunderttausend Einwohner zählenden Stadt Kattowitz ..., Gleiwitz oder Beuthen.

Der Kampf wurde folgerichtig aufs Land verlegt, mit der konsequenten Schlußlogik, daß die wenigen deutschen Industriezentren der Weite und Unendlichkeit der Landschaft erliegen mußten ...

Schon in den ersten Monaten der Propaganda, die die Franzosen protegierten und überwachten, schlug man die Gegenpropaganda, wenigstens in den wichtigsten Gebieten, aus den Dörfern in die städtische Flucht.

Die deutschen Agitatoren nun redeten und prosteten sich und den deutschen Städtern mutig zu, in den ohnehin einwandfrei deutschen Städten ...

Auf dem flachen Lande aber hörte zum mindesten in fünfzig Prozent unfreiwillig ... der Bauer die polnische Werbung.

Sie behagte ihm.

Er hörte Versprechungen in seinen Mutterlauten.

Konnte sie kontrollieren. Konnte die Sprache restlos mit seinem Verstande erfassen.

Warschau-Söldlinge und -Trabanten, sicher vertraut mit der kleinsten psychischen Regung des Bauern, versprachen, versprachen und versprachen. Reales.

Überzeugten vor allem mit dem Hauptargument jenes gewaltigen Großgrundbesitzes, der ausschließlich in deutschen Händen liege. Überzeugten von dem schlechten Willen der deutschen Sozialdemokratie, dem Bauern zu helfen.

Überzeugten den Kumpel, daß der Steiger nur deswegen ein besserer Mensch sei, weil er ein Deutscher ist. Brachten Verwirrung in die Gemüter und verquickten mit einer Frechheit ohnegleichen den Nationalismus mit dem Sozialismus. –

Ließen sich Vermutungen bestätigen, kamen der slawischen Gereiztheit entgegen. Tranken mit den Bauern einen Korn. Auch zwei und drei. Redeten vom Weltkrieg, in dessen Verlauf der oberschlesische Mensch als Kaczmarek herumlief, gut genug, von jedem deutschen Feldwebel in den Hintern getreten zu werden. Vergaßen nicht, Bismarck zu schildern. Bismarck, den Ausrotter der katholischen Kirche . . ., die allein in Polen geschützt sei.

Bitte sehr, wer sind die Gendarmen, Amtsvorsteher, Inspektoren?

Protestanten. Alle, die die Steuer schlucken, die Landräte, Amtsvorsteher: Das sind Protestanten.

Dazu die polnische Muttersprache.

Der Bauer, der in der deutschen Versammlung über Worte stolperte wie etwa »Gemüt« oder »herzlich«, mit denen er nichts anfangen konnte, bekam auch noch das Wort »eventuell« aufgetischt.

Ja, Woicech besaß die Unverschämtheit, jedem Bauern eine Kuh zu versprechen in einem polnischen Oberschlesien.

Die Kuh aus Warschau zog mehr wie der Trockenbrottsche 100 Ps.

## Prag

Prag hatte damals seinen oberschlesischen Anteil eingestrichen, das »Hultschiner Ländchen«.

Dieser südliche Teil des Kreises Ratibor ist von Wassermähren bewohnt, zum Unterschied von Wasserpolen.

Die Abstimmung blieb diesem Gebiet versagt.

Damit kam auch der größte Teil des Besitzes des Fürsten an Tschechien.

An Hand des Bodenreformgesetzes wurde dieser Besitz aufgeteilt.

Diese Politik, die ihren Erfolg nicht verfehlte, schlug eine nennenswerte Bresche in das Hultschiner Volk. –

In der oberschlesischen Frage nun bekräftigte Prag in Paris die Warschauer Wünsche, schon der europäischen Balance wegen, deren Protektor Prag geblieben ist bis auf den heutigen Tag.

Ein Deutschland, dessen südöstlicher Zipfel den größten Industriebezirk des Ostens beherbergt, mußte eine Gefahr darstellen.

Also wegnehmen. Was nun die völkische, die sprachliche Seite der Angelegenheit betraf, so war man im Bilde, daß sich die Zuteilung an Polen rechtfertigen ließ.

Man war im Bilde, sorgte für Balance und scherte sich nicht um die akademische Seltersflaschenpolitik.

## Kaczmarek besucht die Dichter

Tatitata.

## Die Städte

In den oberschlesischen Städten aber wehrte sich ein zumeist unschuldiges deutsches Volk.

Deutsche Menschen der Stadt und polnische Menschen des Dorfes schlugen sich an der Peripherie blindlings tot. Stritten sich in den Gassen der Vorstädte.

In den Gassen von Sackowitz.

Verbitterten sich gegenseitig das karge Dasein noch mehr ... Handelten aus dem Gegensatz, den nicht sie schufen, sondern andere ... mächtigere ... Einen Gegensatz, aus dem sie Gelder preßten! (die andern).

Huren wurden erschlagen und mit Pech besudelt, weil sie mit Franzosen schliefen.

Gleichzeitig aber hurten die Frauen deutscher Würdenträger mit französischen Offizieren. –

Geist Trockenbrott ...

... Oberschlesier vom Lande, was hat dir dein besitzloser Bruder, der Oberschlesier aus der Stadt, getan?

Siehst du ..., da weißt du keine Antwort.

Er hat dir nichts getan ... Gleich dir ist er ein Verratener.

Ein Verkaufter, der in der Zeitung gelesen hat, du wolltest ihn ermorden, und der es glaubt.

Du behauptetest von ihm, er habe irgendwo, irgendwann Augen ausgestochen.

Er sprach von dir dasselbe.

Aus den Städten prasselten die Schmutz- und Flugblätter in die Dörfer, aus den Dörfern in die Städte.

Einer log gegen den andern.

Das war die oberschlesische Abstimmung in der Ära der Freiheit und der Gerechtigkeit des Generals Le Rond.

## Polnisches Hauptquartier

Offiziere der französischen Besatzungsarmee flanierten durch die Straßen. Kamen auf eleganten Autos von allen Seiten zugeströmt und genierten sich nicht, bei Woicech und Dollny abzusteigen.

Hier herrschte vor allem in den Nächten Betrieb.

Von der nahen polnischen Grenze her rollte Lastauto um Lastauto herbei mit geheimnisvollem Frachtgut. Von hier aus ging es weiter hinaus, durch die Wälder in die herzogliche Residenz, wo Moschek seine Kellereien hergab. Hinaus gen Kosbuchna, wo Kukla ja immer noch lebte, und auch die Emmerenzianna. Hinaus gen Borodin, wo Peter Okon mit den Zähnen knirschte.

In Scheunen und Schuppen, in Kellern und Schobern steckten die Gewehre und Granaten und französische Munition. Französische Maschinengewehre ...

Sackowitz war heute schon polnische Hochburg, und niemand zweifelte mehr daran, daß es so ewig bleibe ...

Wie auch die oberschlesische Abstimmung ausfiele, für die Polen, für Woicech, für Dollny, für die französischen Offiziere stand es fest, daß Sackowitz polnisch wird. Daß das Industriebecken polnisch wird. –

Darüber war schon längst entschieden. Nicht dokumentarisch, wie es deutsche Seltersflaschenpolitiker vielleicht begreifen würden ..., sondern in jenem unsichtbaren Einverständnis der Sieger des Weltkrieges, die nun einmal Polen gegenüber mehr übrig hatten als Deutschland.

Das zu begreifen, braucht man kein deutscher Akademiker zu sein ...

Dazu und für alle Fälle wurden auch jene Waffentransporte bewerkstelligt, mit Munition und Gewehren, mit Ausrüstungsstücken und Lebensmitteln aus den Depots der französischen und polnischen Armee.

Machte man Le Rond, den Höchstkommandierenden, auf dieses Treiben aufmerksam und auf die dunkle Rolle Woicechs, dann hieß es mit wegwerfender Geste: »Ach ... dieser Woicech ..., der redet ja soviel Unsinn.«

Aber in der herzoglichen Residenz, in Kosbuchna und in Borodin, also an allen Enden des Abstimmungsgebiets, wütete der polnische Terror.

## Lisa

Kaczmarek fuhr damals mit Lisa, Laura und Olga nach Oppeln zum Oberstkommandierenden der französischen Besatzungstruppen und dem höchsten Mann seiner Heimat, dem General Le Rond.

In Kandrzin wurde Lisa schwach, die während des ganzen Weltkrieges infolge Untätigkeit ein bißchen dumpf und stumpf geworden war.

Kaczmarek ging in die Destille des Piernikarczyk hinein und kaufte für Lisa einen Liter des besten Kognaks.

Lisa kam durch die Arznei auf die Beine, und sie fuhren weiter.

Tatitata.

Es wehte ein eisiger Nordwind, und Lisa sprach zu Kaczmarek: »Weißt du, Kaczmarek, das paßt mir auch gerade nicht, daß alle Nordwinde in dieses Land von Deutschland wehen.«

Kaczmarek erwiderte und sprach: »Ja, was meinste nun, Lisa, was da zu machen sei. Du bist ja alt und klug.«

»Ja ...«, sprach Lisa bekümmert und hustete: »Man müßte in Berlin einen Wolkenschieber haben.«

»Ja, das verstehe ich nicht recht, liebe Lisa ...«, entgegnete Kaczmarek.

»Siehst du ...«, sprach Lisa weiter: »Ich bin nur ein dummes Pferd und sauf auf meine alten Tage Kognak. Aber wenn du, herzallerliebster Kaczmarek, ›Hüh‹ sagst, dann weiß ich, daß es nach links geht. Und wenn du ›Hott‹ sagst, dann weiß ich, daß es nach rechts geht. Und wenn du ›Prr‹ sagst, dann bleib' ich stehen.«

»Stimmt ...«, bestätigte Kaczmarek. »Das tust du. Ich kann's wirklich nicht leugnen.«

Lisa sprach weiter: »Eine Wolke kann man Hüh und auch Hott schieben. Schiebt man die Wolke links, kommt der Wind auch danach. Schiebt man sie rechts, kommt er auch danach.«

Und Kaczmarek nickte mit dem Kopf. Er sprach: »Man müßte einen klugen Wolkenschieber haben in Berlin.«

»Ja, das müßte man ...«, sprach Lisa, und sie fuhren weiter ... gen Oppeln. Zur Rechten ihres Weges erhob sich der Annaberg, der ein heiliger Berg ist in der Heimat Kaczmareks.

Lisa hielt das Wägelchen an und sang vom Kognak benebelt:

»Deutsches Reich, krank und bleich
Wieviel zählst du Feinde?
Ohne Zahl, soviel Mal
sei verflucht der Wogenprall.«

Tatitata.

Plötzlich sprang aus dem Gebüsch ein Bursche hervor, mit einem Karabiner in der Hand, und hielt Lisa an.

»Bist du ein Pole oder bist du ein Deutscher ...?« herrschte er den Kaczmarek an.

»Lisa ist ein alter Araber, und ich bin auch katholisch ...«, sprach Kaczmarek.

Der Bube fummelte ihm das Gewehr unter die Nase und sagte: »Dich schieße ich wie einen tollen Hund nieder, wenn du ein Deutscher bist.«

Und Kaczmarek erwiderte: »Die Deutschen sind ja auch gute Pilzsammler.«

Der wilde Mann hörte nicht zu, legte an und schoß Lisa eine Kugel in den Kopf, so daß sie zusammenklappte.

»So ... knall ... ich dich auch nieder ..., du ... du ...«

»Na ... was? ...«, entgegnete Kaczmarek ruhig und trat näher an ihn heran.

»Du ... du ... krätzige Mißgeburt ..., du Hundesohn ..., Pjes jebal twa Macz ...«

»Na ... was ... noch ...?« fragte Kaczmarek und kam noch näher.

»Weg von mir ...«, schrie der Bursche. Aber Kaczmarek hatte schon seinen Karabiner erfaßt und rang mit ihm.

»Du sollst mich loslassen.«

»Jetzt nicht mehr ...«, erwiderte Kaczmarek und trat ihm mit dem Knie in die Eier.

Der Bursche sackte winselnd zusammen.

Kaczmarek sprach: »Du hast dich mit einem Pilzsammler eingelassen, Bube.«

Und er fesselte ihn.

Dann zog er sein Messer aus der Tasche. Damit hackte er dem Gefesselten gräßliche Wunden in den Oberschenkel. In diese Wunden streute er Pfeffer und Salz. Dann faßte er den Heulenden und Wimmernden an der Kinnlade und schmiß ihn kopfüber in den Wagen unter die aufgestapelten Haderlumpen.

Der Bube schrie unmenschlich.

Kaczmarek ließ ihn schreien und ließ sich nicht stören.

Und er begab sich zu Lisa, die leise stöhnte und mit einem Abschiedswiehern verschied.

Er spannte sie aus, lud sie in den Wagen auf den schreienden Buben, so daß der aufgeblähte Bauch Lisas dessen Mund knebelte.

Der Bube hörte auf zu schreien.

Kaczmarek faßte die Deichsel und schob den Wagen umkehrend gen Kosbuchna.

Als er an einem Teich vorbeikam im Walde, blieb er stehen. Griff den Buben unter Lisas Kadaver hervor, faßte ihn an der Kinnlade und schmiß ihn im hohen Bogen in den Teich.

Den Karabiner jedoch vergrub er in den Lumpen.

Dann fuhr er weiter, und eine einzige Träne lief über sein Antlitz ...

Diese für Lisa.

Dann spie er heftig aus und fluchte. Das für den Buben.

Und der Nordwind schob ihn auch.

## Opferung

In Kosbuchna angekommen, sprach er zu Ludwina: »... Lisa ist tot. Wir wollen sie abschinden und unterm Apfelbaum begraben.«

Und er weinte.

Dann ging er zu Hochwürden und sprach: »Mir ist eine nahe Verwandte gestorben, und ich will für sie eine Fundation stiften.«

»Das ist aber sehr erfreulich ...«, sprach der Pfarrer und holte die Bücher, um alles zu notieren, was sich ja geziemte.

»Hier sind die fünfhundert Mark ...«, sprach Kaczmarek und legte das Geld auf den Tisch.

»Wie heißt die Selige?«

»Lisa Grauschimmel.«

Hochwürden notierte das und beschloß, die Messe zu lesen an die hundert Jahre.

Kaczmarek langte noch fünfhundert Mark aus der Tasche und legte sie auf den Tisch: »Hochwürden. Bitte, zweihundert Jahr.«

»Gut.«

Kaczmarek ging danach und spie aus vor dem Tor.

Das aber für den Buben.

## Schales Bier

Am andern Nachmittag ging Kaczmarek in eine Polenversammlung in Kosbuchna.

Woicech sprach über Polens traurige Geschichte. Über die Vergewaltigung des Volkes durch seine mächtigen Nachbarn. Über die Religion ...

Kaczmarek, unter dem Eindruck von Lisas tragischem Tode, meldete sich zu Wort: Er, als oberschlesischer Mensch wasserpolnischer Zunge, glaube betonen zu müssen, daß es nicht angängig sei, Deutschland und die Deutschen hier andauernd so zu verunglimpfen. Dem deutschen Waffensieg über Rußland allein habe Polen seine Existenz zu verdanken ... Deutsche Soldaten seien für die Freiheit Polens gefallen, und wenn man sie zählt, sind es ihrer weit mehr, als alle polnischen Freiheitsmärtyrer zusammengenommen. Wenn Rußland den Krieg gewonnen hätte, wäre es um Polen höchst arg bestellt. Die Alliierten, vor allem die Franzosen nicht, hätten Rußland dieses Leid angetan, Polen zu unterstützen oder gar zu gründen. Oberschlesien aber sei ein Land deutscher Arbeit und die Rechnung stehe mindestens halb und halb ...

»... Haut ihn ... Haut ihn ...«, schrien sie allseits.

Kaczmarek flüchtete durchs Fenster hinaus und begab sich heim.

Er ging zu Jeremiasch Kukla und sprach: »Ihr habt doch einen Esel? ... Verkauft ihn. Hier sind fünfzig Mark.«

Kukla gab ihm den Esel um die fünfzig Mark, und Kaczmarek fuhr von dannen.

In Borodin angekommen, unternahm er in einer Versammlung denselben Versuch zu entgegnen.

Aber auch hier mußte er durchs Fenster flüchten.

Darum fuhr er quer durchs Land Oberschlesien, der herzoglichen Residenz zu.

Auch dort schmissen sie ihn aus der Versammlung und gaben dem Esel verfaulte Disteln zu fressen.

Von hier aus fuhr er südwärts, gen Sackowitz.

Tatitata.

In Sackowitz angekommen, hielt er vor der Schenke »Zum Herzog von Sackowitz« an, band den Esel an einen Pflock, ging in die Gaststube und bestellte ein Glas schales Bier.

»Außerdem bringen Sie mir ein Blatt Papier, einen Briefumschlag, ferner Tinte und Feder.«

Und er schrieb:

»An den Französischen General von Sackowitz.

Lieber, guter General!
In Punkt drei Stunden, das ist um sechs Uhr dreißig Minuten mitteleuropäischer Zeitrechnung, wird die große Brücke in Sackowitz neben dem polnischen Hauptquartier von meinem treuen Gehilfen gesprengt.

Kaschpar Theophil Kaczmarek.« –

Dann pfiff er nach dem Wirt.

Tatitata.

»Herr Wirt. Ich muß jetzt fort. Einen Brief bestellen an den französischen General, der mein guter Freund ist.«

Der Wirt, der solches hörte, verbeugte sich sehr tief.

»Was habe ich zu zahlen ...?« sprach Kaczmarek.

»Nicht so schlimm ...«, erwiderte der Wirt. »Zahlen Sie ruhig das nächstemal, Herr Agitator.«

»Ist gut ...«, entgegnete Kaczmarek »... dann machen Sie mir noch einen Eimer schalen Bieres warm. Ich bin in einer Stunde wieder da.«

Dann verabschiedete sich Kaczmarek und ging zum französischen Generalkommando.

»Kann ich den General sprechen?«

»Nein.«

»Wenn nicht, dann nicht. Hier ist ein dringender Brief für ihn. Von diesem Brief hängt Ihr Leben ab . . .«, setzte Kaczmarek gewichtig hinzu.

Der Posten glaubte, Kaczmarek wolle handgreiflich werden, da er mit dem Finger nach ihm zielte, und setzte ihm das aufgepflanzte Gewehr vor die Brust.

Kaczmarek aber bewegte seinen kleinen Finger und schob das Rasiermesser beiseite.

»Vergessen Sie nicht den Brief.«

Dann ging er zurück zu seinem Esel vor die Schenke, gab ihm frische Disteln untermischt mit Spreu und altem Käse, nebst Kieler Sprotten.

Unterdessen der Esel fraß, holte er das Bier beim Wirt, das im Eimer auf dem Tisch stand und angewärmt war.

»Also, ich bezahle das nächstemal«, meinte Kaczmarek und ging mit flüchtigem Gruß, und der Wirt verbeugte sich wieder sehr tief mit den Worten: »Steh' zu Diensten, Herr Agitator.«

Der Esel hatte von den Disteln und von der Spreu etliches zu sich genommen und auch am Käse herumgenascht und die Kieler Sprotten beknabbert, und Kaczmarek reichte ihm den Eimer mit dem angewärmten Bier, das ihm recht gut schmeckte.

Und er hüpfte mit den Hinterbeinen.

Inzwischen sausten die Franzosen mit ihren Panzerautomobilen, die ganz aus Panzer waren, vorne mit Gucker und hinten mit Verschluß, an der Schenke vorbei, und Kaczmarek sprach zum Esel: »Also halt dich stramm.«

Die Franzosen hatten die Brücke stark besetzt, an jeder Ecke ein Maschinengewehr postiert und die nötigen Schützen daneben. Die Vorübergehenden wurden scharf nach Ausweisen kontrolliert und in große Kontobücher hineingekritzelt.

Um sechs Uhr und etlichen fünfundzwanzig Minuten kam Kaczmarek auf Laura um die Ecke, den Esel feste mit der Peitsche aufmunternd, dieweilen dieser trotzig das angewärmte Bier von sich geben wollte und in kleinen Mengen bereits verlor.

So preschte der Esel samt Kaczmarek durch die Postenkette, und die Poilus amüsierten sich höchlichst, indes sie vergaßen, die Pistolen zu laden, und liefen hinter ihm, er möge mal ein bißchen stehenbleiben, von wegen dem Ausweis, na und so weiter.

Kaczmarek war bis in die Mitte der Brücke gelangt und rief: »Prrr.«

Und der Esel stand auch gleich Prrr.

»Ach, verzeihen Sie, meine lieben Herren Franzosen ... Mein Esel ist vor soviel Waffen, Handgranaten, Panzerautos ganz aus Panzer, vorne mit Guckloch und hinten mit Verschluß, und Maschinengewehren wild geworden ...«, sprach Kaczmarek und hob bescheiden seinen Cagan, ein Filzhütlein, das vorn spitz zulief ...

Der Esel aber ließ das angewärmte Bier von sich in Massen und die Franzosen fluchten.

Und Kaczmarek sprach: »Gehen Sie nach Hause, meine Herren ..., die Brücke ist gesprengt.«

Und dann fuhr er weiter gen Kosbuchna.

Tatitata.

## Kaczmarek wird mit Gott verwechselt

Der General, den dieser Streich köstlich aber nachträglich amüsierte, ließ Kaczmarek samt dem Esel hinter Sackowitz arretieren und zu sich schaffen.

»Was haben Sie da gemacht, Sie Boche?«

»Wissen Sie, Herr General ..., Bosche heißt auf polnisch: Gott. Also werde ich mit Gott verwechselt.

Danke für Ihren großen Irrtum, ich bin bloß der Kaczmarek. Bitte, nennen Sie mich so ..., und lästern Sie nicht Gott.«

Der General lachte.

»Hier haben Sie eine Zigarre.«

»Danke, Herr General ... Die könnte geladen sein.«

Und er ging ab, ohne die Zigarre.

Tatitata.

## Kaczmarek verstümmelt zwei tote Polen

Die Polen von Sackowitz ärgerten sich über ihn, denn sie hätten gewünscht, der General wäre über ihn hergefallen und hätte ihm zwei Monate aufgebrummt, oder drei. Sie fielen daher auf der Straße über ihn her, mißhandelten den Esel und vergaßen, den Wagen zu durchsuchen, wo ja der Karabiner war. Kaczmarek entzog sich durch rasche Flucht, und auch der Esel machte rapide Sprünge aus Sackowitz hinaus. Als die Luft endlich rein war, ging Kaczmarek in eine Telefonzelle und telefonierte an die Polizei: »Schicken Sie sofort das Überfallkommando hierher. Am Zaun liegen zwei tote Polen, die habe ich verstümmelt, weil sie nicht mehr leben.«

Die Polizei kam in einer Stärke von fünfzig Mann im Schweinsgalopp und in Automobilen ... an: »Wo liegen die toten Polen?«

»Hier ...«, erwiderte Kaczmarek und zeigte auf eine Zaunlatte. Dort lagen zwei Läuse langgestreckt und waren verstümmelt.

Und Kaczmarek sagte: »Ich habe sie vor zwei Stunden, als ich mit den Polen eine Unterredung hatte, getötet. Sie gehören einem Polen, folglich sind sie zwei tote Polen. Wissen Sie, meine sehr geehrten Herren Apo, ich bin sonst ein guter Pazifist. Aber früher hab' ich einmal einem Athletenklub zugehört, und manchmal werde ich ein bißchen wild.«

Die Apopisten lachten, und einige fluchten. Und sie ließen Kaczmarek laufen.

Tatitata.

## Bodenreform

In Kattowitz besann sich Trockenbrott eines andern. Die Versprechungen, die er Woicech in der herzoglichen Residenz gegeben, waren ihm hier nicht maßgebend, denn hier fühlte er sich seines Lebens sicher. Er widerrief sie.

Die Kommission, bestehend aus Woicech, Dollny und

Moschek, empfing er mit bezeichnendem deutschen Hochmut.

Dazu ist die deutsche Bodenreform da, eine fabelhafte Einrichtung, die sich vielleicht und bestimmt gar künftig noch bewähren werde.

Etwas aber könnte er schließlich in den abgelegenen Wäldern verpachten.

Verkaufen jedoch nicht. –

Woicech und Dollny verwiesen auf die Tschechoslowakei. Trockenbrott antwortete, das seien nur Repressalien gegen den deutschen Besitz. Vorläufig sei man in Oberschlesien noch nicht so weit, daß sich die Nationalpolen mit solch einem Hallo hineinmischen in Dinge, die sie in Kongreßpolen nicht anschneiden dürfen ..., bei ihrer Schlachta ... Wenn schon, dann werde man aus eigener Initiative etwas geben, nicht aber unter solch einem unverschämten polnischen Druck.

Außerdem habe er keine Zeit, sich weiter zu unterhalten.

## Der Herzog

Der Herzog in Luzern war schon längst anderer Ansicht. Er war nicht müßig gewesen, horchte da, horchte hier über die Sachlage.

Fuhr des öfteren nach Paris. Fuhr auch nach Warschau und nach Prag.

In dem unwichtigen Berlin war ja Trockenbrott. Apropos: Trockenbrott!

Es war höchste Zeit, daß er verschwand, das wußte der Herzog. Er wußte auch, daß sein Besitztum, das Reich Trockenbrotts, in größter Gefahr schwebte, daß eigentlich alles schon beschlossene Sache war. Daß die Abstimmung nichts weiter als der Schlußpunkt eines Trauerspiels war. – Eines Spiels, das Deutschland bis zum letzten Augenblick Enttäuschungen über Enttäuschungen schenkte. –

Er befahl daher unverzüglich Trockenbrott zu sich und faßte einen geradezu grotesk anmutenden Plan für einen Freund Wilhelms II.:

»Mein lieber Trockenbrott!
Die Politik unserer Familie erfordert es, Ihnen zeitweilig die Führung meiner Vermögensverwaltung zu entziehen. Sie werden außerordentlich überrascht sein, aber trösten Sie sich vorläufig mit meinem vollsten Vertrauen und drei Millionen Schweizer Franken. Ich habe mir ferner gedacht, in Berlin vorzustoßen und Ihnen, als dem ausgezeichneten Kenner der oberschlesischen Sache, die Geschäfte eines preußischen Staatskommissars zu vermitteln.

Eines preußischen Staatskommissars für Oberschlesien.

Als Ihren Nachfolger für meine Vermögensverwaltung aber habe ich bereits sicher und für vorläufig zwei Jahre verpflichtet den Rechtsanwalt Dollny. Sie sehen, ich springe hier dem Löwen in den Rachen. Aber ich glaube, daß nichts geeigneter erscheint als diese Lösung im Interesse meiner Familie. Die Dinge stehen herzlich schlecht für Deutschland. Die Gesamtsituation für die deutschen Wünsche ist eine verzweifelte.«

»Unmöglich, Durchlaucht ...«, fistelte Trockenbrott. »Ganz einfach unmöglich.«

»Sie meinen wohl unglaublich, Trockenbrott.«

»Bei Gott und den Franzosen ist alles möglich.«

## Oberglogau

Die erste Amtshandlung des Generaldirektors Rechtsanwalt Dollny war die Einberufung der Versammlung der ehemals wilhelminischen und kaisertreuen oberschlesischen Magnaten bzw. ihrer Generaldirektoren und Generalbevollmächtigten im Schlosse des damals wie heute im Dienste der polnischen Sache stehenden Grafen Oppersdorf, der mit einer Fürstin Radziwill verheiratet ist.

Die Konferenz fand in Oberglogau in Oberschlesien statt und hatte in der deutschen Presse eine ungeheure Panik und eine restlose Verurteilung gefunden, als man ganz zufällig dahinterkam.

Hier verfaßte Dollny eine Resolution, deren eindeutige

Haltung jeder einfache Holzhacker aus den Wäldern nicht nur durchschaut, sondern, soweit er deutschtreu war, mit Entrüstung zurückgewiesen hätte.

Darin also hieß es, daß: wenn Oberschlesien rechts des Oderflusses an Polen falle, Oberschlesien links des Oderflusses aus wirtschaftlichen und verkehrstechnischen Gründen gleichfalls an Polen fallen müsse. Man wollte beim Vorsitzenden der Interalliierten Regierungskommission in Oppeln dieserhalb vorstellig werden.

Alle unterschrieben. Alle, die Freunde Seiner Majestät Wilhelms in Doorn.

Einige jedoch unterschrieben nicht.

Der erste war der Generalbevollmächtigte des Fürsten. – Desselben Fürsten, dem die intimen Freunde seiner Majestät geschlossen nachsagten, er hätte Deutschland an England vertrottelt.

Udo Toto allerdings hatte ja nichts zu unterschreiben, denn sein gesamter Besitz lag rechts des Oderflusses, aber sicherlich hätte er auch ohne Bedenken unterschrieben, wenn sein Besitz beiderseits der Oder gelegen wäre.

Der zweite aber, der nicht unterschrieb und diese Bombe sensationell zum Platzen brachte im Interesse seines deutschen Vaterlandes, war der alte greise Graf Seherr Toß auf Dobrau. Es war derselbe Graf Seherr Toß, dem Seine Majestät seinerzeit, wie erinnerlich, beim großen Stelldichein und beim riesenhaften Böckeschießen in der herzoglichen Residenz seine Hand verweigerte, dafür aber ausverschämt zugerufen hat: »Na, Sie altes Schwein, sind Sie auch da?«

Der alte Graf Seherr Toß auf Dobrau ist tot. Er war zwar ein Junker. Aber ein Junker mit ein wenig Charakter und Vaterlandsliebe, denn er verließ die Oberglogauer Konferenz mit den Worten: »Lieber in Deutschland Bettler, als in Polen Graf ...«

Alle anderen aber, die Freunde und Berater seiner Majestät, des Herrschers von Doorn, alle, die heute gegen Polen so wütenden Nationalsozialisten, die Judenfresser, die Erneuerer Deutschlands, alle, alle, alle unterschrieben sie. –

## Staatskommissar

Berlin griff nach dem Angebot.

Trockenbrott wurde Staatskommissar für das Abstimmungsgebiet. Trockenbrott wurde verantwortlicher Dirigent der deutschen Propaganda zur Rettung Oberschlesiens für Deutschland.

Der Bock wurde zum Ziergärtner gemacht.

Ein Mann saß nun oben, der gegenüber dem landesverräterischen Herzog durch drei Millionen Goldfranken gebunden war und anderseits seit Jahren das rote Tuch für die Polen und ihr unverantwortliches Treiben galt.

Der Bluthund von Sackowitz, der Massenschlächter der Sackowitzer Verdunhelden, der Ohrenbläser des Hörsing war der Garant der oberschlesischen Exekutive.

Ein Garant, der seine Garantien stets verleugnete ...

Der Herzog, ein internationaler Geldaristokrat, wie es Wilhelm II. ist, samt allen deutschen Fürsten, der Herzog also nutzte Trockenbrotts Position gegen sein Vaterland für seine Familie aus. Gegen sein Vaterland, das ihm aber Tausende Morgen von Ländereien zur Nutznießung übergab und dessen Erträge er nach der Schweiz verschoben hat, zur Zeit des glorreichen Stahlbades seliger Erinnerung.

Staatskommissar Trockenbrott formierte Freischaren. Nicht zur Eroberung Oberschlesiens. Sondern zum Schutze der herzoglichen Gruben und Domänen gegen Kommunisten.

Staatskommissar Trockenbrott.

Geld wurde geschützt, Besitztum gegen Eingriff der Besitzlosen gerettet.

## Der Fürst

Wir fordern von den Privilegierten dieser Erde nichts weiter als Vornehmheit.

Der Fürst war als Deutscher geboren und ist als Deutscher gestorben. Mit allen Konsequenzen, die sich daraus ergaben.

Damals fuhr er nach England zu seinen früheren

Freunden, um für seine oberschlesische Heimat auf eigene Faust zu bitten. Schon damals, als er diesen Schritt tat, war sein Besitztum im wesentlichen durch die tschechische Bodenreform zerschlagen. Es ist gewiß eine Ironie des Schicksals, daß einer der entschiedensten Gegner der deutschen Weltkriegspolitik unter den Folgen dieser Politik am stärksten litt. Der Fürst, der heftig während des ganzen Krieges seine Stimme gegen den Krieg erhob, wurde durch die oberschlesisch-tschechische Grenzziehung nach der Tschechoslowakei geschlagen und sofort das Opfer des scharfen Bodenreformgesetzes.

Wir wollen das aber nicht so tragisch nehmen, denn der fürstliche Boden in Händen der Bauern ist wichtiger als in Händen eines einzelnen, des Fürsten.

Nicht vergessen aber wollen wir darüber, mit welcher Sorgfalt und Fürsorge die menschliche Seite seiner Akkerknechte berücksichtigt und hervorgekehrt wurde.

Heute noch stehen die vierundzwanzig Domänen als einzige Zeugen der Umkehr eines Aristokraten von der Methode der Ausbeutung des Proleten.

Es wäre Unsinn, hier etwa zu erklären, die Indifferenz eines dekadenten Kapitalisten sei kein Argument. –

Der Fürst schwieg und ließ sich vielleicht ausbeuten ...

Doch das ändert nichts an seiner makellosen Haltung als Deutscher und als Mensch.

Er fuhr zu Lloyd George. Er fuhr nach Oxford. Besuchte die Universitätspotentaten, deren Ehrendoktor er war. Fuhr in der englischen Welt umher und warb um Verständnis für seine Heimat.

Lloyd George sagte: »Ich habe Deutschland die Abstimmung für Oberschlesien verschafft. Nun bin ich neugierig, wie sie das nutzen.«

Der Fürst kam heim, mit einem recht dürftigen Ergebnis seiner Mission.

Und als sie zu ihm kamen und ihn baten, wieder einmal ein hilfreiches Wort für die deutsche Öffentlichkeit zu schreiben, erklärte er resigniert: »Ihr habt ja auf mich nicht gehört und mich verhöhnt, als ich euch etwas zu sagen hatte.

Heute habe ich euch gar nichts mehr zu sagen ...«

## Frost

Aus dem hellsten Punkt des gewaltigen Widerscheins, der wie ein barockes Riesenfenster im Horizont stand, drangen schneeüberladene Telegrafenstangen durch den Wald. Surrten und wimmerten vor Kälte.

Das Brummen steigerte sich. Schwächte ab. Begann von neuem. Und klagte immer drohender aus den schlanken Masten mit den gewaltigen Frostschaumkronen.

Frost, Frost, Frost.

Die Drähte waren zu weißen dicken Strichen angeschwollen und liefen mitten in das quellende oberschlesische Licht hinein.

Milliarden Sterne trieben in unermeßliche Höhen und rieben sich vor Kälte blank.

Der Wald aber schwieg unter der Last des Schnees ...

... Es knisterte zwischen den Tannen, und zwei Männer traten aus dem Dickicht heraus auf die Straße.

»Bruder ..., nun sind wir wirklich in der Heimat. Gott sei Dank, wir sind gerettet.«

Nach diesen Worten sank der eine vor Erschöpfung in den Schnee.

»Bruder, ich kann nicht mehr weiter. Ich muß hier liegen bleiben.«

»Aber ...«, sprach der Aufrechtstehende. »Du wirst doch nicht jetzt, nachdem wir aus dem polnischen Gebiet glücklich entronnen sind, angesichts der Heimat liegen bleiben? Das geht doch nicht. In einer Stunde sind wir in Borodin ...«

Es waren »Hoch- und Tiefbau O.-S.« aus Hultschin.

Sie waren aus der polnischen Hallerarmee geflohen. Viele andere Oberschlesier, denen es nicht gelang, über die polnische Grenze zu kommen, wurden eingesperrt oder gar erschossen. »Hoch- und Tiefbau« jedoch hatten Glück.

»Hochbau« lag erschöpft im Schnee, und die Telegrafen summten ihn in den Schlaf.

»›Tiefbau‹..., hörst du meine Mutter singen? Es ist das ›Lied vom verlorenen Sohn‹«, und er summte:

»Singen möcht' ich, singen,
Tot ist, ach, mein Klingen,
Schuster haben es geklaut,
Ein paar Stiefel draus gebaut.
Singen möcht' ich, singen.«

»Ach, mach keine Faxen«, erwiderte »Tiefbau«. »Noch ist es nicht soweit mit dem Gesinge. Eine Stunde müssen wir noch feste wandern bis nach Borodin. Steh auf.«

Da »Hochbau« jedoch nicht aufstand, lud »Tiefbau« ihn mühselig auf den Rücken und zog, die Telegrafendrähte entlang, gen Borodin.

Und der Schnee war sehr hoch.

Da.

Menschliche Stimmen. Hinter ihnen kamen sie her. Schon konnte man ein hitziges Gespräch unterscheiden: »Wir Oberschlesier gelten in Deutschland als Menschen zweiter Klasse. Ich stimme für Polen.«

»Da haste ja ganz recht...«, erwiderte eine andere Stimme. »Aber ich sage mir, Deutschland ist Deutschland. Die Polen haben ja noch weniger zu fressen.« –

»Macht nichts...«, sprach der erste. »Für das Land, das einen solchen Amtsvorsteher und einen solchen Gendarmen geboren hat, stimme ich nicht, auch wenn's dort Dukaten regnet ...«

Hitzige Brüder?

Mit diesem Gespräch kamen sie an »Hoch- und Tiefbau« heran. »Tiefbau« stellte »Hochbau« in den Schnee und sagte: »Gott zum Gruß. Wir sind zwei deutsche Kriegsgefangene, aus Polen geflohen. Bitte helft uns bis nach Borodin.« –

»Muj Bosche. Muj Bosche...«, schwadronierten die Männer durcheinander.

»Freilich. Freilich. Oooo ihr armen Kerle. Muj Bosche. Na kommt.«

»Hej ruck.«

Ein jeder lud sich einen auf, und es blieben außerdem noch drei übrig zum Blasen.

Peter Okon blies die Trompete, Stuchlik den Baß, und der alte Karlitschek, der Schwiegervater von Stuchlik, pummste die Tuba.

Sie bliesen ergriffen und erregt in den frostigen Wald einen Willkommenstusch und zogen mit einem Marsch, mit dem wunderschönen deutschen Lied von dannen, gen Borodin:

»O Straßburg, o Straßburg,
Du wunderschöne Stadt,
Darinnen liegt begraben so mannicher Soldat,
Darinnen liegt begraben so mannicher Soldat.«

Vor dem Dorfe hielten sie inne.

»Wir wollen alles rebellisch machen.« Behutsam passierten sie die Oderbrücke, auf welcher die Telegrafendrähte um so gewaltiger surrten.

Plötzlich setzten sie mit einem neuen frischen Marsch ein:

»Wenn die Soldaten
Durch die Stadt marschieren,
Öffnen die Mädchen
Fenster und Türen.
Ei warum? Ei darum. Ei warum? Ei darum.
Ja bloß wegen dem Tschingdarassa, Bumdarassa, Heisassa,
Ja bloß wegen dem Tschingdarassa, Heisasassassa ...«

Die Menschen kamen erschrocken an die Fenster.

Kommen schon die Polen ...?

»Nein ...«, meinte Okon. »Zwei Brüder kommen.«

Die Schenke öffnete sich, und bis zum frühen Morgen feierte man die Rückkehr »Hoch- und Tiefbaus« aus Hultschin, die neben dem eisernen Ofen gebettet in den weinenden Schlaf übergingen.

Einige Wochen danach herrschte in der Kaschemme in Duisburg ein tolles Leben.

Die Oberschlesier der ganzen Vorstadtbaracken waren versammelt. Alle, die sich seit Jahren und Jahrzehnten fern von der Heimat herumschlugen, waren versammelt. Denn in den nächsten Wochen sollte es heimwärts gehen. Zur Stimmabgabe.

»Hoch- und Tiefbau« waren da. Sie machten Theater. Ein reichhaltiges Programm stieg:

Numero eins: Die oberschlesischen Räuberhauptleute Eliasch und Pistulka und der polnische Staat.

Eliasch auf einem Baumstumpf sitzend. Im Borodiner Walde. Sich lausend.

Fluchend über die ganze Weltordnung »na Pieruni a Hromi«. Brüllend, daß die Bäume wackeln, nach seinem Kollegen Pistulka.

»Pistuuuuulkaaaaaa ... aaaa ... aaaa ...«

Pistulka tritt auf. Sein Bart ist mehrmals um den Leib gewickelt.

Pistulka herrscht Eliasch rauhbeinig an: »Was willst du von mir, verfluchter krummer Hund?«

»Du ...«, meint Eliasch, »kannst du mir verraten, was mit der Welt eigentlich los ist.«

»Nee.«

»Etwas ist nicht in Ordnung. Mir liegt's im Magen.«

»Im Magenetschku liegt's dir ...«, meinte Pistulka, »im kleinen Magenetschku?

Na, da werrden wir gleich chabben ...«

Pistulka verschwindet und kommt mit einer großen Schmiedezange zurück.

Nach langen Anstrengungen und fürchterlichem Gebrüll zieht er dem Eliasch langsam und vorsichtig eine Visitenkarte aus dem Maul. Sie betrachten das Ding von allen Seiten. Es bleibt ein unbeschriebenes Blatt Papier.

»Mensch, Pistuletschka ...«, beginnt Eliasch, »was kann das bloß sein? Verflucht. Verflucht.«

Eliasch laust sich verlegen und wirft die pflaumengroßen Läuse hoch in die Luft und frißt sie im Schwung.

Sie riechen gemeinsam an der Karte herum, beißen hinein und stellen fest, daß sie weder röche noch schmecke.

Inzwischen kommt ein Bäuerlein durch den Wald getippelt.

Schnuppend. Tippelnd. Schnuppend.

»Halt, ti Pierune hromski ...«, brüllt ihm Eliasch entgegen. »Stehengeblieben, ti Hrome Pierunski.«

Der Bauer tut unbefangen, bekreuzigt sich einige Male und spricht: »Hm, was kann mir schon passieren ..., da war ich ja auch zur Beichte.«

Pistulka tritt mit Löwengebrüll vor ihn hin: »Wenn du mir nicht sagen kannst, was dieses unbeschriebene Blatt hier bedeutet, wirst du eines schrecklichen Todes sterben. Wir werden dir deine Tasche umkehren, und du mußt das Futter fressen. Du wirst ferner Schnupftabak fressen müssen, bis dich der Teufel aus Czenstochau sechsspännig abholt.«

Der Bauer, der vorhin wasserpolnisch sprach, spricht deutsch: »Der Pappir da ... Chm. Mensch, Eliasch, tummer Ast. Weil da chaste Grippe, Affe beschissener ..., ist das ja Pollen, Mensch ... Menschlitschku ..., was da chatt soviel Kühe, das werrde ich auch eins von Woicech bekooohmen ...

Chatt er gesagt, sagt er. Paddum.«

Numero zwei: Bahnschalter eines oberschlesischen Dorfes.

Ein Frauchen guckt immerfort ins verhangene Dienstzimmer hinein.

Schon kommt der Beamte: »Na, Mutterku ..., wohin möchten Sie fahren?«

Das Frauchen lacht wortlos.

»Na, wohin denn ..., wohin, Mutterku?«

Keine Antwort.

»Aber Mutterku ..., Sie wollen doch eine Fahrkarte haben? Wohin denn, Mutterku?«

Keine Antwort.

»Na, so reden Sie doch endlich, Mutterku.«

Mutterku räusperte sich: »... da mechten Sie aber wissen ..., Vatterku.«

Heimgang

Drei Tage vor der Abstimmung.

Über die deutschen Ebenen, aus Ost und West, aus Nord und Süd rollen die Züge nach dem bedrohten südöstlichen Zipfel. Nach der Heimat.

»Hoch- und Tiefbau« sind auch unterwegs. Sorgen für Belustigung im Coupé. Reichen Erfrischungen herum und nehmen sich der Gebrechlichen an.

Hauptbahnhof Breslau.

Hier strömen schon die Züge in Bündeln zusammen.

Brieg.

Bald kommt die Grenze des Abstimmungsgebietes.

Dambrau.

Franzosen stehen an der Sperre mit aufgepflanzten Seitengewehren.

Kandrzin.

Der Strom verdichtete sich aus anderen Strecken. Zweigt ab. »Hoch- und Tiefbau« verabschieden sich von Bumba. Verabschieden sich vom besitzlosen Johannes Wiemann dem Älteren, dessen Sohn in Frankreichs Erde modert für Deutschland.–

Ratibor.

Grüßende jauchzende Menschen. Hüteschwenken. Gesang. In der Heimat gibt's ein Wiedersehen.

»Hoch- und Tiefbau« pilgern gen Borodin.

»Kindersch . . ., polnisch werden wollt ihr? Allerhand Kurasche!«

Sie holen die Musikanten, die ihnen damals auf der Flucht beigestanden.

»Hochbau« zieht sich als Kabarettkuh an, und »Tiefbau« zieht ihn an der Leine. Hierbei ein Plakat:

»Das ist die Kuh vom Woicech.«

Die Prozession zieht durchs Dorf.

Man lacht. Traut sich wieder aus dem Haus.

»Ist ja alles Quatsch. Aber man muß vorsichtig sein. Hol der Teufel die ganze Abstimmung. Nichts darf man gegen Polen sagen, sonst fliegt man samt dem Bett in die Luft.«

... In Sackowitz aber war es ungemütlicher.

Johannes Wiemann, der dem Zuge entstieg, wurde gleich den anderen mit einem Geheul begrüßt.

Man spie ihnen ins Gesicht.

Johannes Wiemann, der Besitzlose, war von der polnischen Bewegung vergessen. Seine Sache hatte Dimensionen angenommen, und seine Person kam nicht mehr in Frage. –

Er wußte das, und er war ja gekommen, für Deutschland zu stimmen.

Die verwegenen Gestalten vom Perron folgten ihm. Behielten ihn im Auge ..., als er in seine frühere Wohnung, die er bis zur Emission durch Trockenbrott innehatte, trat. Hier wohnte ein polnisch gesinnter Grubenarbeiter, der ihn feindselig musterte. Johannes Wiemann betrachtete die Wände seiner langjährigen Wohnung und trat sinnend hinaus.

Die verwegenen Gestalten bildeten ein Spalier und spien ihn an.

Einer stellte ihm das Bein, so daß er stolperte. Und der Chor murmelte: »Pierunski Heimat. Verfluchter Heimattreuer.«

Plötzlich verknäulten sich die Spalierbildenden und schlugen auf ihn ein.

Johannes Wiemann war heimgekommen, um zu sterben.

Am Abend hauchte er sein Leben aus.

Man bahrte ihn im Zechenhaus auf, im Zechenhaus der Grube, in die er jahrzehntelang eingefahren war.

Am Abstimmungstage begrub man ihn auf dem Friedhof von Sackowitz, auf dem Generationen besitzloser Kumpels modern. Auf den Sarg polterten die Schollen, indessen rings um Sackowitz und draußen in oberschlesischen Landen die Besitzlosen an die Urne schritten.

Jaja ...

Es halfen dem besitzlosen Johannes Wiemann die Deutschen »hungern« und die Polen einen »jähen Tod sterben«.

Er hatte sich zum Heimgang begeben und war daheim.

Bimbim.

Die Räder der Fördertürme aber spielten ...

So leicht. So traumhaft. So federnd. So enthoben aller Schwere. So festlich. So gewandt. So zuversichtlich. So sicher. So allverständlich.

Bimbim.

## Czenstochau

Es sprach sich herum in den Dörfern, daß die allerheiligste Jungfrau Maria von Czenstochau wirkliche Tränen weine.

Wirkliche Tränen! ...

Die Bauersfrauen, so auch Emmerenzianna Kukla, Jeremiasch, Hochwürden, ferner Moschek, ja auch Tatschitschek und Matschitschka, Frau Okon, Ulka nebst Ludwina ..., also aus allen Gegenden Oberschlesiens ..., strömten in Scharen über die Landesgrenze nach Polen hinüber.

Unter dreckigen Juden in ihren langen Talaren, unter polnischen Rekruten, Rosenkranzverkäufern, Ablaßbuden zogen singende Prozessionen aus dem oberschlesischen Abstimmungsgebiet in unübersehbarer Länge zur Gnadenkirche. Murmelnd. Wabbelnd. Rosenkranzkullernd. Zusammengesunken und gottergeben.

Emmerenzianna, die nicht anders konnte, zupfte mit der Linken am Rosenkranz umher, machte mit der Linken das Kreuzzeichen, dieweilen die Rechte dürr und ausgetrocknet unterm Ärmel baumelte. Im Knochenfraß.

Und sie sangen: »Maria zu lieben, ist allezeit mein Sinn ...«

Knierutschend näherten sie sich über Steinfliesen und viele Treppen der Grotte, gebannt auf das schwarze Bild starrend, wabbelnd, lispelnd.

Immer in Abständen von fünf Minuten entließen die Augen des Bildes zwei Wasserperlen, zwei Tränen, und ein Mönch erschien und predigte mit ausverschämter Bescheidenheit: »Sehet, ihr gläubigen Brüder aus dem unterjochten preußischen Schlesien.

Maria, die allerheiligste Mutter Gottes, vergießt Tränen

des unendlichen Schmerzes über euer Unglück. Tränen der unendlichen Freude über die angebrochene Freiheit. Vergeßt es nicht am 20. März, eure Stimme für Polen zu geben. Aaaamen« ...

»Amen«, sagten sie alle ... Der Jeremiasch. Die Emmerenzianna. Der Moschek. Die Ulka und auch ihre Ludwina, die vom Kaczmarek seine. –

»Amen«, sagte die ganze Prozession.

## Zwanzigster März

Die Oder rauchte schwadig aus ihrem Bette.

Eine Lokomotive keuchte in den Morgen hinein. Brachte die letzten Heimattreuen, die in die Dörfer hinauspilgerten.

In Borodin bimmelte nun das Morgenglöckchen. Es schrumpfte der barocke Lichtkegel und verschwand. Ein Hahn krähte.

Ein zweiter erwiderte. Das Dorf erwachte.

Der schwere Sonntag des 20. März 1921 war angebrochen ...

Lastwagen mit französischen Besatzungstruppen ratterten über die Brücke gen Borodin.

Angespannte Tätigkeit des Militärs und der Polizei.

Das Glöckchen rief die Bauern zum Gottesdienst.

Über die Straßen kamen sie. Aus den Katen im Ufergebüsch.

Vom Waldrande. Geputzt. Ehrfürchtig. Langsam mit ihren Frauen ausschreitend.

Die Orgel wob und sponn in das Gedröhn der Militärlastwagen.

Das Volk scherte sich wenig drum. Betete und sang.

Nach der Kirche gingen sie wie von ungefähr in das Abstimmungslokal.

Wie schon immer, wenn es galt, die Stimme bei der Reichstagswahl abzugeben. Oder, bei der »Hromada«.

Polen/Deutschland aber ... hieß diesmal die Losung.

... Und sie entschieden, wie sie es eben verstanden ...

Abend in der herzoglichen Residenz.

Am Horizont wuchs der Ballen. Wurde größer und größer und türmte sich hoch zum barocken Kuppelbau über dem Wald.

Das Abendglöckchen bimmelte. Die Uhr im herzoglichen Schloßturm schlug sieben.

Die Bauernhäuschen erleuchteten sich spärlich. Wie ja schon immer. Erloschen aber schon um acht ..., denn der Sonntag ist dem Herrn geweiht.

Um acht schliefen die Bauern schon. Wie ja immer.

Als man die Urnen öffnete, die ihr eigenstes Schicksal bargen, schnarchten sie bereits. Dem Montag entgegen. Der schweren Feldarbeit und Frühjahrssaat.

Das wichtige Ereignis zwang ihnen keinen Respekt ab.

Wie ja nichts ... außer ihrem Gott.

Der Herr Pfarrer wird schon gewußt haben, was er angeraten hat.

Zehn Uhr nachts in Kosbuchna.

Die Straßen sind leer. Alles schnarcht in den Katen.

Nur im Häuschen Kaczmareks ist Licht.

»Ludwina ...«, sprach Kaczmarek, »hast du den Zettel abgegeben, den ich dir gegeben habe, oder den Hochwürden dir gegeben hat?«

»Ja ...«, erwiderte Ludwina und senkte den Kopf zu Boden.

»Gib dem Esel etwas frische Disteln und ein wenig Spreu ..., ich muß fort.«

Und Kaczmarek ging hinaus, um die Räder zu schmieren. Dann fuhr er von dannen in die tiefe Nacht.

Tatitata.

In den Städten, in Kattowitz, Beuthen, Gleiwitz, Hindenburg, Königshütte, Ratibor, Oppeln, Rybnik, Pleß ... standen um Mitternacht die Menschen auf den Straßen und warteten.

Warteten.

Noch nichts.

Sie warteten noch eine Stunde.

Immer noch nichts.

Da.

Die ersten Radfahrer. Teilergebnisse vom Lande.

Polnische Überwiegenheit in Sackowitz.

Na . . ., das war ja zu erwarten.
Deutsche Überwiegenheit in Pleß.
Nu klar, Mensch.
Polnische Überwiegenheit in Kosbuchna.
Kosbuchna kommt nicht in Frage.
Polnische Überwiegenheit in der herzoglichen Residenz.
Hm . . . Raff . . ., kommt nicht in Frage . . .
Deutsche Überwiegenheit in Borodin.
Nu klar, Mensch. An der Oder ist alles deutsch . . .
Dort deutsch. Da polnisch. Da halb und halb. Schwere Überwiegenheit für Deutschland. Schwere Überwiegenheit für Polen. Halb für Deutschland. Halb für Polen.
So warteten die Städter in den morgenfeuchten Straßen.
Gesamtergebnis: Vorläufig über sechzig Prozent für Deutschland.
»Nu klar, Mensch. Hab' ich ja immer gesagt.«
»Gott sei Dank. Der Kram ist entschieden.«
»Na. Mojn.«
»Mojn.«
»Zu was der ganze Zirkus nur nötig war?«
»Na, Mojn,«
»Mojn.«
In Sackowitz aber herrschte fieberhafter Betrieb.
Geheimnisvolle Lastautos kamen. Gingen. Kamen wieder. Gingen wieder. Energische Kommandotöne schwirrten.
Die Franzosen krochen mißmutig umher.
In Borodin jedoch, in Kosbuchna und in der herzoglichen Residenz, ferner in den dazwischenliegenden weiten Landschaften Oberschlesiens schliefen unbesorgt die Bauern.
Ergebnis?
Was galt ihnen das. Was galt das für ihre schwere körperliche Arbeit. Was scherte sie das im Eigentlichen?
Was hieß für sie »Deutschland« oder »Polen«?. . .
Jacke wie Hose, solange es keinen Acker regnete und Kühe donnerte.
Der barocke Lichtkegel war schon hinabgestiegen und zusammengesunken in die Gruben, Hütten, grauen Stra-

ßen der Städte, in den Wald, in die Furchen der Äcker und in den Oderfluß.

Montag, der 21. März.

Die Bauern fuhren in den Saatacker.

Die Kumpels in die Schächte.

Kaczmarek aber fuhr in den Morgen ...

Tatitata.

## Versuchung

Kaczmarek kutschierte gen Oppeln, wieder getragen von der Absicht, den französischen General, den Vorsitzenden der Abstimmungskommission, namens Le Rond, aufzusuchen und mit ihm ein vernünftiges Wort zu sprechen.

Es war der Abend des Montag angebrochen, als er den Teich passierte, in dem der Bursche noch lag und faulte.

Kaczmarek hielt den Esel an und kroch in den Wagen. Er kramte in den Lumpen und hob den Karabiner hervor. Wog ihn in der Hand und warf ihn gleichfalls in den Teich.

Da er dies tat, vergingen einige geschäftige Minuten.

Als er zu seinem Wagen zurückkehrte, saß eine vermummte Gestalt auf dem Kutschbock neben seinem Platz.

Kaczmarek überlegte: Ist das wieder der Teufel?

Festen Schrittes setzte er sein rechtes Bein auf das Rad und schwenkte sich auf seinen Platz, in gleichem Nu die Gestalt am Kopfende fassend und zweimal durch die Luft kreisend.

Die Gestalt gab nur einen Ton von sich, gleich dem quirlenden Kuhmagen, und als Kaczmarek in das Tuch hineinschaute, war nichts darinnen.

»Du bist es, Mora ...?« sprach Kaczmarek.

»Ja ..., ich bin es ...«, erwiderte Mora.

»Ich wollte dir nur sagen, Kaczmarek, daß ich etwas weiß, was du auch weißt und was sonst niemand weiß.«

Kaczmarek faßte sich ans Kinn und entgegnete: »Meinst du den Buben?«

»Ja, den meine ich ...«, sprach Mora. »Du bist ein Fememörder.«

»Was ist ein Fememörder?« fragte Kaczmarek.

»Das ist einer, der um sein Vaterland mordet.«

»Dann bin ich kein Fememörder ...«, erwiderte Kaczmarek. »Der Bursche hat mutwillig meine Lisa getötet, und Lisa war klüger denn er.«

»Ja, aber er tat es, weil er ein Pole war ...«, sprach Mora.

»Wie kann er denn ein Pole sein, da er doch einen französischen Karabiner in der Hand trug. Da ist das Geschoß, das ich Lisa aus dem Kopf entnahm. Es ist ein französisches Geschoß. Warum hat er nicht einen Knüppel genommen da von der Hecke und damit seine Heimat verteidigt gegen mich und meine Lisa, die klüger war denn er?«

Und Kaczmarek wischte sich eine Träne aus dem Antlitz.

Aber Mora sprach weiter: »Würdest du auch einen Deutschen totschießen, käme er des Wegs daher und tötete dir deinen Esel?«

Kaczmarek erwiderte und sprach: »Ich kann dir nicht sagen, Mora, was ich täte, denn der Esel hört meiner Rede zu. Ganz gewiß würde ich diesen Deutschen töten und auf der Stelle in den Teich werfen, denn mein Esel wäre demnach gewiß klüger als dieser erbärmliche Mensch aus Deutschland, der kein Deutscher wäre nach meinem Geschmack und dem Geschmack aller Menschen, die eines guten Willens sind.«

Und Mora sprach weiter: »Würdest du einen Kommunisten töten, käme er des Wegs daher und behelligte deinen Esel, da dieser unbekümmert Disteln fräße von der Hecke?«

»Wenn dieser Mensch namens Kommunist ihn nur behelligte und nicht tötete, meinen guten Esel, dann würde ich meinen Esel freundlichst bitten, mir einen Appel zu schenken auf die hohle Hand.

Diesen Appel würde ich dem Menschen namens Kommunist unter die Nase halten und ihm sagen: ›Vorläufig scheißt mein Esel noch Erde. Wenn mein Esel Programme scheißen wird, dann darfst du ihn behelligen.‹

Und ich würde meinen Esel nicht mißhandeln lassen ...«

... Mora verschwand, denn aus dem Walde blinzelte das Dörflein der herzoglichen Residenz.

## Kilometerstein

Neben einem Kilometerstein lag Bumba und schlief.

Prr.

Kaczmarek hielt den Esel an.

Bumba träumte schlecht, und der Schweiß rann ihm perlend über sein Christusantlitz.

»Wach' auf, Bumba ... Wach' auf ... Christus ist erstanden. Ich bin es, dein Freund Kaczmarek.«

Bumba wachte auf und starrte Kaczmarek an.

Sie küßten sich.

Bumba sprach: »Hier liege ich nun neben dem Kilometerstein und kann nicht in mein Heimatdorf hinein. Mora hat mir die Beine zugebunden, und bei der Maut liegen die Schächer im Grase und spielen Karten um meine Treue. Sage mir doch, Kaczmarek ..., ist die Abstimmung schon vorbei?«

»Ja ...«, sagte Kaczmarek, »und die Deutschen haben so gut wie gewonnen.«

»Die Deutschen haben so gut wie gewonnen ...«, murmelte Bumba. »Die Deutschen. Ich habe sie so lieb, die Deutschen, denn sie müssen immer von vorn anfangen und suchen und können es nicht finden. Darum habe ich sie so lieb.

Ach ..., aber wie traurig ist das für mich. Meine Stimme habe ich nicht abgegeben, denn Mora hat mir die Beine zugebunden hier am Kilometerstein, und an der Maute saßen die Schächer und spielten Karten um meine Treue.«

Kaczmarek band ihn vom Kilometerstein ab, und Bumba stieg zu ihm in den Wagen, setzte sich auf den Platz, wo Mora gesessen, und sie fuhren dem Dörfchen zu.

»Verstecke dich im Wagen ...«, riet Kaczmarek. »Ich werde Tatschitschek überraschen.«

Bumba tat es, und siehe, es war ihm sehr übel zumute.

Bei Tatschitschek angekommen, pfiff Kaczmarek vor dem Hof Tatitata.

»Lumpen, Knochen, altes Eisen. Tatitata. Der Lumpensammler ist da.«

Matschitschka hörte den Kaczmarek draußen rufen, und sie sagte: »Eigentlich brauche ich ein wenig Zwirn und auch paar Nadeln sowie Wolle zum Stopfen, Tatschitschek. Deine Socken sind auch kaputt. Ich werde auf den Boden gehen und paar alte Lumpen zusammensuchen.«

Kaczmarek pfiff wieder Tatitata.

Tatschitschek, der solches hörte, rief zum Fenster hinaus: »Wart' einen Augenblick, Lumpensammler. Meine Frau bringt gleich was.«

Und Kaczmarek nickte ihm freundlichst zu: »Schönes Wetter, was?«

»Ja. Gestern war es auch schön ...«, erwiderte Tatschitschek. »Ob es morgen auch schön sein wird, das weiß ich nicht.«

Und Kaczmarek pflichtete ihm restlos bei: »Stimmt. Das weiß man noch nicht. Übermorgen kann es noch schlimmer werden.«

»Ja ...«, meinte Tatschitschek. »Man kann es nie wissen im Leben.«

»Stimmt ...«, erwiderte Kaczmarek.

Dann kam Matschitschka mit den Lumpen über den Hof.

Sie ergriff die Plane, hob sie hoch und warf den Ballen in den Wagen. Indem sprang Bumba hoch, so daß sie mächtig erschrak und nach der heiligen Maria von Czenstochau rief, die, nebenbei bemerkt, ganz schwarz ist im Gesicht.

Bumba umarmte sie, gab ihr einen Kuß, und sie gingen zum Tatschitschek.

Tatschitschek weinte auch. Kaczmarek aber kam ins Haus und sagte: »Hier, Matschitschka, Zwirn und Nadeln und Wolle hast du vergessen.«

Dann fuhr er weiter.

Tatitata.

## Geschäfte

Im Walde kam wieder Mora, und sie sprach: »Du, Kaczmarek . . ., du verdirbst mir meine ganzen Geschäfte.«

»Seit wann machst du Geschäfte?. . .«, erwiderte Kaczmarek und setzte hinzu: »Ich denke, du glaubst an den Papst?«

»Der Papst ist auch kein schlechter Mann«, meinte Mora. »Er hat ein sehr schönes Unterkinn, und ich kann ihn daran sehr nett kitzeln.«

Und Kaczmarek sprach: »Das genehmige ich dir. Denn das ist ja dein Papst und nicht der meine. Ich würde ihn aber nicht unterm Kinn kitzeln . . .« Dann verschwand Mora. Kaczmarek aber fuhr weiter gen Oppeln zum General Le Rond. Tatitata.

## Das Vaterland ist in Gefahr

Aus dem Walde sprang abermals ein wilder junger Mann heraus.

Es war ein Bube.

Er trug braune Schnürstiefeletten. Hatte das Gesicht zersäbelt, so daß sein Maul aussah wie der Rüssel eines Schweines aus der weltberühmten Zuchtstation des edlen und auch preußischen Junkers Udo Toto von Moto Homo, residierend auf Kosbuchna.

Dieser wilde junge Mann hatte einen Revolver in der Hand und herrschte Kaczmarek an: »Du bist ein östlicher Untermensch. Dich knalle ich jetzt nieder. . .«

Kaczmarek erwiderte: »Ich bin kein östlicher Untermensch, und du wirst mich nicht niederknallen.«

»Das werde ich tun und lassen, wie ich lustig bin . . .«, sprach wieder der wilde junge Mann und Bube. Und er legte Kaczmarek die Mündung des Revolvers auf die Brust.

Kaczmarek bewegte den kleinen Finger seiner rechten Hand und schob den Lauf beiseite, indes er sagte: »Sie, Herr Schleter. Das Ding ist geladen.«

Der wilde junge Mann und Bube brüllte: »Für Sie bin

ich noch lange kein Herr Schleter. Ich bin preußischer Oberleutnant und wünsche, daß sie mich danach titulieren. Übrigens, ihr Schweine, jetzt Gnade euch. Euch hängen wir alle mitsamt. Eure Köpfe werden rollen. Beim Barte des heiligen Hakenkreuzes.«

Und Kaczmarek erwiderte ruhig: »Ach, Herr Oberleutnant, bitte, lassen Sie mich am Leben. Ich bin nur ein armer Pilzsammler.«

Der Oberleutnant Schleter aber brüllte: »Stillgestanden.«

Und Kaczmarek stand sofort still.

Nur der Esel drehte seinen Kopf nach hinten und stand nicht still.

Darüber ergrimmte der Oberleutnant Schleter so sehr, daß er seinen Revolver flugs entsicherte und den Esel in den Kopf schoß.

Der Esel knickte sofort zusammen.

Kaczmarek schaute den Oberleutnant ruhig an: »Sie sind ein Fememörder.«

»Das bin ich ...«, erwiderte der Oberleutnant Schleter. »Und ich tue alles für mein Vaterland.«

»Stimmt ...«, sagte Kaczmarek. »Jeder Fememörder tut für sein Vaterland, was er kann.«

Oberleutnant Schleter brüllte wieder: »Sie werden auch niedergeknallt.«

Kaczmarek aber trat ihn unversehens in die Eier, so daß er winselnd zusammenbrach. Und er sagte: »Wenn Sie, Oberleutnant Schleter, in die deutsche Walhalla eingezogen sein werden, dann denken Sie an mich, an Kaschpar Theophil Kaczmarek. Ihre Eier kommen nicht in die Walhalla. Die habe ich Ihnen vor der Zeit kaputt geschlagen ...«

Und er lud ruhig den Esel auf den Wagen und schob an der Deichsel gen Oppeln, zum General Le Rond.

Tatitata.

## In der Not frißt der Teufel Fliegen

Im nächsten Dorfe kaufte sich Kaczmarek einen riesengroßen räudigen Hund.

Diesem räudigen Hund gab er die Stullen von Ludwina zu fressen, belegt mit Preßwurst, mit Käse und Kieler Sprotten. Und dankbar leckte ihm der rärige Hund dafür die Hand.

Kaczmarek schirrte ihn an, in das Kummet des Esels, und schritt neben ihm einher gen Oppeln.

Am Fuße des Annabergs, im Angesicht des Kirchleins begrub er den Esel unter einer Tanne, indes die Frösche quakten, die Grillen zirpten und irgendwo ein Ochse brüllte.

Dann fuhr er weiter gen Oppeln.

Tatitata.

## Ergebnis

Das Abstimmungsergebnis, sechs zu vier für Deutschland, rückte den Fall ins Unlösbare.

Es waren abgegeben worden an Stimmen:

| | |
|---|---|
| für Deutschland . . . . . . . . . . . . . . . . . | 717122 |
| für Polen . . . . . . . . . . . . . . . . . . . . . . | 483514 |
| | 1200636 |

Ein schönes Ergebnis fürwahr, trotz Trockenbrott und Udo Toto ... Das Volk hat seine Pflicht getan ...

Die unerquickliche Tatsache, daß in einem grotesken Gewirr zum Beispiel die Gebiete entlang der polnischen Grenze gut deutsch und die Gebiete zum Oppeln gut polnisch wählten, setzte die Regierungskommission außerstande, beide Teile befriedigen zu können.

Zudem sind sechzig Prozent eine große Mehrheit und vierzig Prozent eine große Minderheit. Man braucht einen Salomon und ein salomonisches Urteil. –

Der Friedensvertrag aber spricht von der örtlichen Regulierung im Zweifelsfalle und im Gegensatz zur falsch orientierten deutschen Öffentlichkeit ausdrücklich von einer Teilung des Landes. Nicht von einer restlosen Zueignung einem der beiden Partner. –

Dieser Standpunkt läßt sich aufrechterhalten.

Denn gesetzt den Fall, Deutschland hätte mit vierzig Prozent den kürzeren gezogen, dann würde man vielleicht in eine Teilung eingewilligt haben und froh gewesen sein, daß nicht, wie die deutsche Version nun lautet, das ganze Gebiet flöten ging.

Das Unglück nun war, daß die wichtigen Industrien entlang der ehemals russisch-deutschen Grenze verlaufen, so daß, wenn Polen auch nur dreißig oder gar zwanzig Prozent Stimmen bekommen hätte, sich nach dem Friedensvertrag mit diesen dreißig Prozentsätzen der relativ kleine Teil Oberschlesiens mit dem Industriegebiet ... abzwicken ließ.

Während nun die Deutschen von einem Siege sprachen und die Stimmzahl schlechthin in die Waagschale warfen, vielleicht gar nicht mit Unrecht ..., verschwiegen die Polen nach Kräften das Gesamtergebnis und zählten nur den Sieg der Gemeinden, die sich demnach günstig (nicht überwiegend) für Polen zählen ließen, da jedes kleine Walddorf zum Beispiel der Stadt Kattowitz als Körperschaft gleichkam. Ein Standpunkt, der lächerlich ist.

Das war nun auch ein Sieg. –

Nun sollte die Kunst der Diplomaten dazwischenfahren und eine befriedigende Lösung finden.

Ein Plan wollte den Polen gar nichts geben. Das war der der Engländer.

Ein Plan wollte den Polen Rybnik und Pleß und einen Teil von Kattowitz geben. Das war der der Italiener.

Ein dritter wollte ihnen das gesamte Industrierevier geben. Das war der der Franzosen.

Man sprach sogar von einer Abfindung von vier Milliarden Mark, die Trockenbrott den Polen geben wollte, im Falle eines Verzichts auf die Industrie.

Den landwirtschaftlichen Teil aber mit der problematischen Bevölkerung, die stark für Polen stimmte, wollte man ohnehin bei Deutschland belassen. –

Also wozu eine Abstimmung, da das Volk sowieso nicht maßgebend war mit seiner Stimme?

Industrie hieß der wunde Punkt, und Trockenbrott, Dollny nebst Woicech waren seine Propheten ...

Balance

Die Entente, die nach Ausschaltung der militärischen Macht Deutschlands das europäische Gleichgewicht zu dirigieren sich glücklich bevorzugte, zirkelte und stückelte an den Grenzen Deutschlands herum, immer haarscharf an geschlossenem deutschen Siedlungsgebiet vorbei. Gar nicht zu sprechen vom Elsaß oder von Sudetendeutschland, wo sich geographisch und auch wirtschaftlich wohl eine Lösung niemals finden lassen wird.

Es scheint aber doch, daß die mitteleuropäischen Köche einigen Schrecken in den Gliedern stecken hatten. Etwa, wie schon bemerkt, die Tschechoslowakei mit den Sudetendeutschen. Polen aber mit den Ukrainern.

Zu Zeiten des alten Rußlands, des Machtexponenten im Fernen Osten, spielte ein Industriebecken wie das oberschlesische keine auswiegende Rolle. Nun aber, da nicht Rußland, sondern ein entsprechend kleineres, agrarisches und verarmtes Polen Deutschland gegenüberstand, wäre ein industrieller Hexenkessel, von dem Polen restlos abhängig ist, wäre eine Fabrik, aus der sich allerlei Kanonen, Granaten und Gase herauswirtschaften lassen, in deutscher Hand ein politischer Trumpf, der heute die Kleine Entente in Trümmer geschlagen hätte ohne nennenswerte Anstrengung. (In wirtschaftliche Trümmer und Abhängigkeit.)

Deutschland, mit Gesamtoberschlesien in der Hand, hätte den gesamten Osten Europas industriell beherrscht, so wie es Polen im Verein mit der Tschechoslowakei, deren Industriegebiete ja eine Einheit bilden, unbestritten heute tut. Man denke da an die englische Arbeitslosigkeit im Zusammenhang mit dem skandinavischen Markt, der eine Bahn wie die Gdingen-Kattowitz-Bahn heute, nach zehn Jahren polnischer Wirtschaft in Oberschlesien, bereits garantiert ...

Einerseits also die Sorge vor der industriellen Abhängigkeit Polens gegenüber einem deutsch verbliebenen Oberschlesien, anderseits die Benutzung der niemals wiederkehrenden Gelegenheit eines solch günstigen Versailler Friedensdiktats bestimmte Paris, nicht zuletzt auf Geheiß Prags, zu der dunklen oberschlesischen Politik, zu der Duldung der oberschlesischen Insurgentenaufstände, zum Bruch der Versailler Konvention, die schon seit Oberschlesien für Deutschland moralisch unverbindlich ist, ganz abgesehen vom Punkt Abrüstung.

Eine unparteiische Abstimmung in Oberschlesien hatte es nicht gegeben ...

Die mitteleuropäische Balance, die Existenz der Kleinen Entente, des östlichen Gendarmen Frankreichs ..., erforderte ein geschwächtes Deutschland. Erforderte vor allen Dingen eine wirtschaftliche Grundlage für Polen, die sich nur auf Kosten Deutschlands erlangen ließ.

Wenn auch in Oberschlesien Slawen wohnen, so wohnen dort auch Deutsche, und die Geschichte ist wohl Schicksal und nicht polnisches Ressentiment Czenstochauer Couleur ... So ist ferner auch das dort angelegte Kapital und die Energie deutsches Nationalvermögen, das sich mit Rührseligkeit nicht beseitigen läßt. Deutsches Nationalvermögen ist polnisches Nationalvermögen geworden, und der Bauer ist Nebensache. Das ist der springende Punkt. Alles andere ist Theater, polnisches Kirchentheater.

Wenn also zufälligerweise die östlichen Gebiete Deutschlands, vor allen Dingen aber Oberschlesien, keine Slawen enthielten, dafür nur germanische, deutsche Menschen, dann hätte man die Volksabstimmung nicht zugelassen, vor deren Genehmigung Woicech in Paris bekanntlich neunzig Prozent für Polen garantierte.

Man hätte dieses Gebiet trotz Lloyd George, wie es ja auch im Friedensvertrag vorgesehen war, Polen ohne Abstimmung übergeben, aus der rein strategischen, wirtschaftlichen und politischen Balancepsychose heraus.

Man hat Oberschlesien die Volksabstimmung gegeben, weil es für die Entente und ihre politische Zielrichtung völlig gleichgültig war, vor oder nach der Abstimmung die beschlossene Verschacherung der Industrie zu vollführen. –

## Die Insurgenten

Woicech erkannte die Bemühungen Trockenbrotts um die Rettung des Gebietes.

Etwas mußte schließlich Trockenbrott auch noch tun ...

Woicech gab die Parole heraus: Unser Ziel ist in Gefahr. Darum: Wir nehmen es mit Gewalt. Wir stellen die Welt vor vollendete Tatsachen.

Wir nehmen es mit Gewalt ..., scholl es durch die Straßen von Sackowitz.

Man schrieb die Nacht des 2. Mai 1921, die Nacht zum polnischen Nationalfeiertag, dem 3. Mai: Auf, an die Oder! Auf, nach Oppeln!

Verkleidete polnische Soldaten, verkleidete polnische Offiziere, zumeist in französischen Uniformen und darum unbehelligt, ergossen sich über das Land.

Bauer, nun ist dein Augenblick gekommen! Morgen ist das Land, das du dir mit der Flinte in der Hand holst, dein!

Auf, auf, Bauer, komm mit uns!

An der Oder ... über Borodin nördlich hinaus gen Oppeln ..., von hier durch die Wälder zur Herzoglichen Residenz ... flammte plötzlich und über Nacht, ein Aufstand.

In der Nacht vom 2. und 3. Mai 1921 gab Woicech den Bauern ..., den Franzosen und seinen verkleideten Helfern aus Kongreßpolen den Befehl zum offenen Widerstand.

Am Abend schon schloß sich eine Frontkette entlang der Oder bis Oppeln und quermitten westostwärts durch die Wälder bis zur Herzoglichen Residenz.

In diesem Kessel aber setzte eine grausame Abschlachtung unschuldiger Menschen ein. Man requirierte. Verhaftete.

Schoß nieder und überfiel.

Über dem Land stand das Kriegsrecht. Die Deutschen waren Freiwild. Man zerbrach ihnen die Glieder nach der ausgesuchtesten Manier. Gleich den mittelalterlichen Foltern schnitt man deutschen Lehrern und deutschen Beamten und deutschen Bauern Nasen, Ohren, Finger ab, stopfte Stroh in diese Wunden.

Und das alles nur, weil Trockenbrott seinen gottvermaledeiten Acker nicht herausgab. – – –

In dieser Insurgentenflut brandeten Inseln. Hielten sich die Städte Kattowitz, Beuthen, Gleiwitz. In deren Vorstadtstraßen wütete der Mord ...

Die Franzosen verschränkten die Arme.

Und Deutschland ..., das große stolze Deutschland ... hatte keine Ahnung.

## Selbstschutz

Oberschlesien in Gefahr!

Von allen Litfaßsäulen der deutschen Großstädte schrien es flammende Plakate.

Freiwillige wurden gesucht.

Jetzt endlich, da seit Tagen die Polen das gesamte Gebiet mit Triumphgeheul in den Händen hielten, besannen sich die Seltersflaschenpolitiker, die großmäuligen Stammtischbrüder, soweit sie nicht lange Beine gemacht hatten, daß es eine Ehre des Vaterlandes gibt, außer dem dröhnenden Stammtisch und den langen Beinen. –

Man formierte Männer zur Rückeroberung des Gebietes nach denselben Grundsätzen, die Woicech so glänzend gelehrt.

Das ist das große Plus in der deutschen Rechnung ...

Aus allen deutschen Landschaften strömten Menschen herbei.

Oberschlesier, allüberall draußen im Reich, warfen das Handwerk hin.

Studenten ließen die Bücher im Stich.

Wieder ratterten die Eisenbahnen gen Südosten des Reichs, mit gewiß viel tapferen deutschen Männern, die bereit waren, für ihr Vaterland zu sterben. Aber auch mit viel Raubmördern, politischen Hasardeuren, die das Vaterland verwechselten mit eigenen Wünschen. Die das eigene flötengegangene Wohlergehen verwechselten mit dem Vaterland. –

Diese zusammengewürfelte Schar aus Ernst, aus Tragik, aus Komik, aus Idealismus, aus Spekulation, aus Menschen, aus Larven, aus Leutnants, aus Masken und Kumpels formierte sich entlang der Oder, so auch in Borodin. Buddelte sich in die Erde und beschloß, eher zu sterben, als den Polen das eroberte Land zu schenken.

## An der Oder

Das Unrecht um die Heimat war nun Fleisch geworden. Und an der Oder spritzte Menschenblut.

Nicht nur in Sackowitz, in den grauen Vorstadtstraßen eintöniger, zermürbender Arbeit schlugen sie sich tot.

Nein. Auch hier an der Oder und erst recht.

Peter Okon, der Trompetenbläser, lag im deutschen Schützengraben im Odergebüsch.

Drüben bei den Polen kroch einer auf den hohen Uferbaum und drohte übern Fluß hinüber.

Oooo ihr deutschen Schweine!

Peter Okon zielte nach ihm. Schauderte und schoß nicht. Das nutzte nun aber nichts, denn einige Sekunden später klatschte der Körper des Polen unter dem frenetischen Wutgeheul seiner dortigen Kameraden zu Boden.

Ein zweiter wiederholte tollwütig das Spiel.

Auch dessen Körper klatschte hinab.

Ein dritter. Vierter. Fünfter.

Waren die Kerle irrsinnig geworden oder besoffen?

Von Ratibor gen Borodin rollten ununterbrochen die deutschen Verstärkungen auf der Eisenbahnstrecke entlang des Oderflusses. Unter dem entsetzlichsten Gewehrfeuer der Polen.

Vor der Kirche stand der Kommandant, Oberleutnant Schleter, im größten Kugelregen.

Formationen meldeten sich aus der Stellung. Sächsische Studenten in die Stellung.

Freikorps um Freikorps passierte den Kirchplatz.

Jubel.

»Ein freies einiges Deutschland.« –

Hurra.

Verstärktes Feuer der Polen.

Es wird Abend.

Die barocken Lichtkegel dringen in die Höhe.

Es wird Nacht.

Heftiges Schießen. Schreien der Verwundeten. Weinen. Wimmern.

»Hoch- und Tiefbau O.-S.« werden abkommandiert, über den Fluß zu schwimmen und zu rekognoszieren.

Sie gehen rasch ab.

Erst am nächsten Morgen sieht man, daß sie im Ufermorast stecken und daß sie verloren sind.

Eine sächsische Ordonnanz meldet dem Kommandanten, Oberleutnant Schleter, unerklärliches Flankenfeuer. Man wittere Verrat.

Schleter befiehlt sofort, Bauern zu verhaften.

»Wieviel Sachsen sind bei dem Flankenfeuer gefallen?«

»Sieben.«

»Gut ...«, ruft Schleter ... »Sieben Bauern sind unverzüglich zu erschießen.«

Peter Okon, soeben aus der Stellung abgelöst, hört von dem unerhörten Befehl.

Er eilt unverzüglich zu Schleter.

»Was gibt es?«

»Herr Oberleutnant Schleter! Die sieben Bauern werden nicht erschossen, oder es passiert was.«

»Verhaften Sie den Mann ...«, ordnet Schleter seiner Ordonnanz an.

Peter Okon wird abgeführt, entwischt jedoch den Wachsoldaten und rast der Oderbrücke zu wie ein wilder Stier. Die Hände in die Höhe gehoben, keucht er der Brücke näher und näher.

Heftiges Feuer.

Immer noch läuft Okon und verschwindet auf polnischer Seite.

»Gebt mir sofort ein Gewehr ..., drüben werden unschuldige Bauern in Massen erschossen.

Gebt mir sofort ein Gewehr ...«

... Und Okon focht nun für die Sache »Woicech«.

## Für das deutsche Heer

Man meldete Schleter, daß Okon hinüber sei zu den Polen.

»Die sieben Bauern sind sofort zu erschießen ...«, bekräftigte Schleter nochmals.

»Ferner ist bei Peter Okon zu requirieren.«

Die Soldaten begaben sich befehlsgemäß zu Frau Okon.

Die lag schon im Bett.

»Peter, bist du es?«

»Nein. Soldaten sind hier. Aufmachen!«

»Aufmachen oder wir schießen.«

»Sind Sie Frau Okon?«

»Ja.«

»Ihr Mann ist zu den Polen übergelaufen. Wir sollen Stiefel, Betten, Anzüge und Lebensmittel beschlagnahmen.«

Und sie räumten das Stübchen leer ...

Als die Soldaten gegangen waren, flüchtete Frau Okon in den Wald und schlief im Moos.

Vom Fieber befallen, schleppte sie sich am nächsten Tag ins Häuschen zurück.

Wieder kamen Soldaten.

Sie suchten. Einer nahm den Spazierstock mit. Er meinte, für das deutsche Militär.

Einer nahm die Kaffeemühle. Ein Dritter die Pfeife. Und einer die Trompete.

Sie meinten, für das deutsche Heer.

## Brudermord

Es war Sonntag.

Die Glocken der Oderebene läuteten zur Kirche.

Summen und Melodie lag in der Luft, und die Sonne stand klar und gewaltig am Himmel.

Da hißten die Deutschen aus ihren Schützengräben eine weiße Fahne.

Auch auf der polnischen Seite ging ein weißer Fetzen hoch.

Deutsche und Polen erschienen auf der Brücke.

Ein deutscher Selbstschutzsoldat überreichte dem Polen einen Brief an Peter Okon, darinnen geschrieben stand: Seine Frau liege im Sterben und wünsche ihn noch einmal zu sprechen.

Die Fahnen wurden eingezogen. Alles verschwand.

Etwa eine Stunde später das gleiche Spiel.

Peter Okon sei da und habe den Mut, auf die deutsche Seite zu gehen, zu seiner sterbenden Frau.

Die Deutschen garantierten, ihn in zwei Stunden zurückzubringen . . .

. . . Zwischen zwei deutschen Selbstschutzsoldaten schreitet Peter Okon, umsummt von Glockenklängen, umzwitschert von Frühlingsvogelsang, gen Borodin.

Er passiert das Holzkreuz und hebt die Hand zum Gruß: »Na, mein lieber Christus, dich haben sie ermurkst. Aber bei mir können sie hopsen . . .«

Da.

Sein Häuschen liegt vergoldet im Sonnenschein.

Er trat ins Zimmer. Die Wache blieb draußen.

Seine Frau röchelte schwer in den Kissen. Er beugte sich über ihren Kopf.

»Peter, du . . .? Wie kommst du denn hierher? Du bist ja bei den Polen?«

»Aber du hast mir ja geschrieben, Frau, ich soll kommen.«

»Ich?

Nein, ich habe dir nicht geschrieben . . .«

Nun wußte Peter Okon, daß es um ihn geschehen war.

Die Frau schluchzte: »Was hast du getan, Peter, daß sie dich verfolgen? Wir sind ja alle Menschen, ob Polen oder Deutsche. O Gott. Was hast du getan?«

»Ich habe nichts getan ...«, erwiderte Okon ruhig.

Sie umarmten sich.

Schon donnerte die Wache an die Tür.

»Peter Okon ..., deine Zeit ist um. Los. Los. Los.«

Peter Okon küßte seine Frau noch einmal und ging.

Durch Borodin ging es zurück zur Brücke. Selbstschützler lagen im Straßengraben und beschimpften ihn.

Er merkte, daß der Weg vor der Brücke abbog.

Da brach er knirschend zusammen. Legte sich platt auf die Erde und klammerte sich an.

Aber das nutzte ihm alles nichts.

Er ist seither verschwunden.

## Kampf

Als die Polen sahen, daß man sie geprellt hatte, krochen sie erbittert aus ihren Gräben und stürmten über die Brücke nach Borodin hinein.

Alarm ...

Unter diesem heftigen Anprall wichen die Deutschen bis hinter Borodin zurück.

Zwischen den Häusern wütete der Kampf.

Am Abend, als die Polen endlich zurückgeschlagen waren, zählte man die Toten.

Es waren viele Bauernburschen aus Borodin darunter, die sich hinübergeschlagen auf die polnische Seite und nun im Grimm angesichts der heimischen Häuschen um den Acker des vermaledeiten Trockenbrott fochten ... und starben.

Unter den Toten lag auch Oberleutnant Schleter. Er war in sieben Teile zerschnitten.

Ein jeder Teil bedeutete einen schuldlos erschossenen oberschlesischen Bauern, der im Westen einstmals tapfer gefochten und auch bei Verdun fürs deutsche Vaterland ...

Viele sächsische Studenten, Österreicher, Oberländer

und Tiroler verkrampften sich im Tode in die Borodiner Bauernburschen.

Das war der Endakt des Dramas Peter Okon, der Trompete blies und auch das Lied:

Zu Straßburg auf der Schanz
Da fing mein Trauern an.
Das Alphorn hört ich drüben wohl anstimmen
... Ins Vaterland wollt ich hinüberschwimmen.
Nun ist es aus. –

Viele Menschen schlugen sich seinetwegen tot. – Er selbst aber ist, der Wahrheit die Ehre, in den Sumpf geworfen worden von einem Bayern, einem Menschen aus dem Lande, wo sie Alphörner wohl anstimmen. –

Der Irrwisch nahm seine Hülle in Empfang und gibt sie bis auf den heutigen Tag nicht heraus.

Am nächsten Morgen steckte mitten im Sumpf ein Schildchen, darauf geschrieben stand:

Hier ruht der Streiter ihrer ein
Nach langer Leidenslitanein ...,
Für Deutschland und für menschlich Recht,
Peter Okon war nicht schlecht.

Diesen Spruch hat der Irrwisch gedichtet.

## Hoch- und Tiefbau

»Hoch- und Tiefbau« wurden von den Polen aus dem Odermorast gezogen und gefangengenommen.

Viel Prügel gab's und wenig Brot.

Gefesselt zogen sie die Landstraße hinaus, aus der Kampffront gen Kosbuchna.

Während die Bewachung in einer Kneipe zechte und sie draußen sich selbst überließ, banden sie sich gegenseitig los und flüchteten gen Kosbuchna.

Die Zecher, die das zu spät bemerkten, schossen durch das Fenster nach ihnen und verfolgten sie.

»Hochbau« schwenkte zur Linken, »Tiefbau« zur Rechten in den Wald hinein.

Spät in der Nacht klopfte »Hochbau« in Kosbuchna an der Tür des Jeremiasch Kukla und seiner Emmerenzianna.

Kukla vermeinend, es seien Insurgenten, die stets und ständig bei ihm ein und aus gingen, öffnete, und »Hochbau« bat ihn um ein Nachtlager.

»Hochbau« zog seine Löhnung aus der Tasche und bezahlte.

Kukla, der Jeremiasch, sah, daß er noch verschiedenes Geld bei sich trug, und willigte ein, ihn übernachten zu lassen.

»Hochbau« sank ermüdet und vor Erschöpfung zum erlösenden Schlaf um, und Kukla, der das Geld bei ihm gesehen, holte die Axt und erschlug ihn.

Zusammen mit seiner Emmerenzianna, zerhackten sie die Leiche, stopften sie in einen Sack und schafften sie in die Jauchegrube des Udo Toto.

Das Geld nahmen sie an sich.

»Tiefbau« flüchtete zur selben Stunde in das Häuschen Kaczmareks, zu Ludwina.

Ludwina verriet ihn in derselben Nacht.

Insurgenten holten ihn ab, und als sie feststellten, daß er geflüchtet war und dem Selbstschutz angehörte, mißhandelten sie ihn gleichfalls zu Tode.

## Erde

Tatschitschek hatte den ganzen Tag, wie schon eine Reihe von früheren Tagen, seine Ländereien gepflügt und geeggt. Zur Saat sauber gemacht.

Nun ratterte sein Wägelchen heimwärts, denn der Abend webte.

Im herzoglichen Park sang eine Amsel den Frühling ein. Sie schnitt goldene Scheiben aus der Sonne. Die stäubten sich über die ganze Waldlandschaft.

Die Ohren Tatschitscheks klangen voll von Frieden.

Abendsonne rieselte in ihn.

Die Eggen, der Pflug und sonstige wunderliche Werkzeuge der Feldbestellung stapelten sich hinter dem hemdsärmligen Manne wie eine Verwüstung, in deren Mitte er auf einem Brett thronte.

Gegen uralte Gewohnheit ließ er seit kurzem nichts mehr über Nacht auf dem Acker liegen. Brachte allabendlich jedes kleinste Gerät heim. Diese unglückselige Abstimmung brachte nur wildfremde Menschen ins Land und machte aus den wenigen Guten nur noch Diebe und Halunken.

Morgen säe ich. Übermorgen auch. Dann kommt Christi Himmelfahrt. Dann säe ich wieder. Bin ich rechts des Dorfes fertig, säe ich links auf besserem Grunde, der es nachholt. Gott schenke mir gutes Wetter.

Autos mit Franzosen und Italienern rasten an ihm vorbei. Störten ihn in seinen Saatgedanken. In seiner Heimwegruhe.

Diese Franzosen!

Die Nase haben sie ihm bei Verdun abgehackt. Wie ulkig die nur um den Kopf aussehen. Matschitschka könnte aus diesen Schüsseln ganz gut die kleinen Gänse füttern. Er lachte laut hinter den Kraftwagen her. Wie ein Spitzbube. Was das alles nur für einen Sinn haben sollte, dieses ewige Herumgefahre mit den Flinten und aufgepflanzten Säbeln.

Tatschitschek fühlte sich ins Gesicht. Die Nase fehlte. Ja. Er erinnerte sich an Verdun.

An den spaltenden Hieb.

Mein Gott, was war denn das alles? Er schüttelte mit dem Kopf.

Vielleicht kommt das daher, weil die Menschen zu wenig beten?

Das Wägelchen surrte melodisch weiter.

Dem Dörfchen entgegen.

Jetzt rumpelte es über eine hölzerne Feldbrücke wie über einen uralten morschen Sarg.

Tatschitschek schrak auf.

Hörte er nicht ein Stöhnen unter der Brücke?

Sein Aberglaube ward aufgerüttelt. Bebend griff er in die nackte Brust. Nach seinem Skapulier. Heilige Jungfrau von Czenstochau, schütze mich vor bösen Geistern.

Dann war es ihm, als käme ein Rufen aus der Landschaft. Aus seiner Scholle, die fern in der Sonne badete.

Seine Hände umklammerten fest das Skapulier, und seinen Lippen entwand sich murmelndes Beten.

Vater unser. Gegrüßet seist du, Maria. Glaubensbekenntnis. Zehn Gebote. Engelsgruß. Noch ein Vaterunser und noch eins und noch eins.

Für den Franzosen, der ihm die Nase abgehackt hatte, auch ein Vaterunser . . .

Das Wägelchen fuhr in die Sonne hinein.

Die Sonne.

Sie führte Regie. Kniete im Westen ganz fern überm Dorfe. Stülpte die Künste auf die Bühne. Gruppierte den Wald, die Wiesen, die Felder, die sanften Hügel und die glitzernden Weiher zu bunten, farbsatten Kulissen. Schuf aus Baumgruppen, Remisen und Büschen rotflammende Altäre und goldene Säulen einer Kirche.

Tatschitschek betete.

Im Antlitz der Sonne dachte sein Hirn: Alt bin ich nun. Aktiv gedient hab' ich Preußen. Im Weltkrieg hackten sie mir die Nase ab. Für Deutschland. Alles, alles für Deutschland. Gefangen war ich in Frankreich. Für Deutschland, alles für Deutschland. Leidlich deutsch lernte ich sprechen. Fühlte mich wohl in der deutschen Heimat.

Muj mili Bosche.

Das Wägelchen ratterte am herzoglichen Schloßpark vorbei, melodisch ins Dörfchen hinein.

Eintönig spannte er die Gäule vom Wagen. Noch spät in der Nacht rumorte der Hof.

Dann aßen sie: »Und du Matschitschka, fährst morgen um vier Uhr früh mit mir.

Wir säen zur Rechten des Dorfes.«

Dann schliefen sie. Traumlos und tief.

Unschuldige Bauern

Der Morgen sang wie ein junger Fisch, der die Wellen lustig schneidet, und die Sonne führte abermals festlich Regie.

Sie kniete im Osten über dem Wald. Blutigrot.

Und wieder sang die Amsel im Park den Frühling ein.

Wie ein goldumsponnenes Märchengefährt rumpelte Tatschitscheks Wägelchen aus dem Dorf.

Nebel lag über dem Wald.

Der schwere Wagen schnitt laut in die Straße, denn seine schwere Last deuchte ihm gleißendes Gold. Viele Säcke voll des goldenen Kornes.

Still ... ganz still war es umher.

Nur die Telegrafen surrten wie traurige Orgelpfeifen.

Sie spielten das Drama O.-S. ... jene Tragödie, die noch zur Stunde im ersten Akte spielt ...

Störche spazierten die Wiesen entlang. Schwalben strichen die Straßen hinab. Lerchen zwitscherten hoch in der Luft.

Tatschitschek und Matschitschka aber saßen nebeneinander und schwiegen. Gleich Brautleuten. Matschitschka angesichts des heißen Tages ganz weiß. Weißes Kopftuch. Weißes Jäckchen. Weißen Rock.

Matschitschka sprach: »Ich sehe Schatten aus dem Walde streichen. Es sind viele Menschen mit Flinten, Sensen und Gabeln.«

»Ach, du täuschst dich, Matschitschka ... Es sind Wallfahrer mit Kreuzen, Wimpeln und Fahnen ...«

Dann waren sie angelangt.

Während Tatschitschek die Körner ausstreute, eggte Matschitschka und führte das Gespann. Fertig geworden mit der Aussaat auf einem Fleck, nahm er die Gäule, und sie putzte mit einer Hacke den Feldrain.

Darüber stieg die Sonne zum Zenit.

Die Lerchen in der Luft riefen aus tausendstimmigen Zauberpfeifen, und eine Wachtel gluckste für sich.

In der Ferne dröhnten Lastautos und fluchten Männer.

Da.

Ein Bersten und Poltern erfüllte die Luft. Dann fielen Schüsse.

Matschitschka fiel mit einem Aufschrei in die Furche, und ihr Antlitz färbte Blut.

Sie lag auf dem Munde.

Ihre Hände krallten das Erdreich und wühlten im Schmerz Kies und Steine durcheinander.

Das Schreien drang in die Erde, da sie auf dem Munde lag, und Tatschitschek hörte daher nichts am anderen Ende des Ackers. Als er nun endlich hinzukam, war Matschitschkas Weh vorbei und ihre Seele beim lieben Gott.

In der Stirne steckte ein Flintenschuß.

Matschitschka war um die Heimat gestorben.

Die Lerchen lobten Gott, und aus dem Walde gurrte ein Täubchen.

Tatschitschek umfaßte sein totes Weib und brachte es zum Wägelchen. Spannte die Gäule ein und fuhr langsam dem Dorfe zu.

Mittagglocke schwang traurig über die Felder.

Mit langen Pausen erstickte sie kurz und bündig.

Matschitschka lag ausgestreckt mit gefalteten Händen auf dem seiner Seitenbretter entblößten Wagen.

So erreichte das Gefährt aus den Feldpfaden kommend die Chaussee ins Dorf, die mit Menschen vollgestopft war.

Krieg war ganz plötzlich auf der Chaussee. Krieg bei diesem prachtvollen Maientag? Menschen mit Knüppeln und Flinten schrien immerzu: »Schlagt alle deutschen Hunde tot.«

Aufgepflanzte Säbel starrten dem Bauern entgegen: »Wohin, Alter?«

»Ach, mein Weib ist soeben bei friedlicher Saatarbeit erschossen worden. Laßt mich ins Dorf, daß ich sie aufbahre und redlich begrabe.«

»Ach, Alter, begrab deine Alte anderswo ... hier unterm Baumstumpf. Ins Dorf kommst du nimmermehr. Dort sind die Germanen eingedrungen. Geh nach rückwärts. Dort ist ja Polen.«

Dann brüllte der Haufen wieder: »Schlagt alle Germanen tot.«

»Panowje, es geht nicht. Laßt mich hinüber. Meine Gäule hungern. Ich bin mitten in dringendster Saatarbeit und habe keine Zeit für eure Witze. Mitten in schwerster Saatarbeit stirbt meine Frau. Drüben im Stalle brüllen die hungrigen Kühe. Ach, laßt mich redlich und in Frieden durch.«

»Alter erzähl keinen Unsinn. Zurück. Zurück.

Die Germanen sind hinter uns her.

Zurück mit dir. Nach hinten.

Zurück mit der Leiche!

Schlagt alle deutschen Hunde tot.«

Tatschitschek wurde von der Menschenflut mitgerissen und irrte durch den Wald.

Quer durch den Wald fuhren die Gäule hin und her. Und über allem pfiffen die Flintenkugeln.

Es wurde Nacht.

Tatschitschek aber irrt mit dem Gefährt durch die Felder und Wälder Oberschlesiens bis auf den heutigen Tag und kann nicht heim.

## Sturm

Bumba kauerte auf seiner Pritsche, die Beine bis zum Kinn gezogen. Mora kam angewackelt und grinste ihn an.

Alarm. Alarm. Die Sache steht schief für jemanden. Es brennt und schwelt im Dorf. Auf, auf, auf.

Bumba heulte auf und griff nach der Handgranate: »Verschwinde, Mora, eins, zwei, drei. Pack dich gen Osten ...«

Doch nichts geschah. Und Kaczmarek stand vor seiner Pritsche und rief: »Nicht so stürmisch, Bumba ... Wir stürmen dein Heimatdorf.«

Und sie eilten beide von dannen.

Kaczmarek hielt seinen räudigen Hund an der Leine und transportierte das Maschinengewehr.

Hurra.

»Vorwärts. Vorwärts. Die Bande türmt ja.«

»Wenn sie türmt, um so besser ...«, meinte Kaczmarek, »dann brauchen die Bayern wenigstens keine Leichen zu schänden.«

Tratatata. Tratatata. Tut, tut, tut.

Der Bauernsohn Janke aus Zobten am Berge kam auf seinem plattfüßigen Braunen angeprescht: »Wo sind die Polen? Ich sehe keine.«

»Ach, Mensch, Janke ...«, meinte Kaczmarek. »Auf dich werden sie gerade warten, damit du mit deinem plattfüßigen Erbschaftsgaul die ganze Reichsarmee blamierst.«

»Du ..., dich hab' ich gefressen ... Dir schlag ich mit meinem Pallasch den räudigen Hund tot ...«, antwortete Janke, und cheruskischer Geifer floß aus seinem teutoburgischen Munde.

»Das wär' aber auch 'ne Heldentat ...«, meinte Kaczmarek. »Im deutschen Heeresbericht stünde dann zu lesen: ›Der Bauernsohn Janke aus Zobten am Berge ließ es sich auch nicht nehmen, Oberschlesien zu retten und schoß dem Kaczmarek den räudigen Hund tot, der das Maschinengewehr in Stellung schleppte ...‹ Mensch, Janke ..., auf welche Kriegsschule hat dich dein Vater geschickt?«

Janke preschte giftig von dannen.

Im Dorfe angekommen, eilte Kaczmarek zu Moschek. Fand ihn schlotternd im Keller hinterm Eisschrank.

»Komm raus. Es passiert dir nichts, wenn du dein Geld hergibst.«

Moschek gab die Schlüssel zum Geldschrank, und Kaczmarek holte zwanzigtausend Mark heraus, die er sich einsteckte.

»Also, Moschek. Du kriechst in die Haderlumpen, und ich bring' dich hinüber zu den Polen. Die Deutschen machen mir mit solchen Kerlen wie du zuviel Unsinn. Sie dürfen sich mit dir nicht beschmutzen, denn sonst gibt es in ganz Polen ein Hallo und einen Märtyrer mehr.« –

Moschek kroch schlotternd in den Wagen, kuschte sich in die Haderlumpen.

Kaczmarek zog die Plane zu, pfiff und eilte den Stürmenden nach. Es ging gen Kosbuchna.

Tatitata.

Jetzt, nachdem die Deutschen die Offensive antraten und sich bereits bis an die Nord- und Nordwestränder des Industriebeckens verbissen, um Schritt für Schritt des wichtigen Beckens den Polen langsam, aber sicher zu entreißen, blies man auf Veranlassung der Hohen Kommission: »Das Ganze halt.«

Nun, da der deutsche Selbstschutz von demselben Recht Gebrauch machte, das Woicech mit Duldung der Franzosen so famos und mit einem Schlage in den Besitz des ganzen Landes Oberschlesien gebracht, nun, da man unter schwersten Verlusten an jungen Menschen bis in die Kernfrage, bis in das Industriezentrum gedrungen war, sprach die Hohe Kommission von gestörter Ruhe und Ordnung. Von der Notwendigkeit eines Waffenstillstandes. Von der Schaffung einer Demarkationslinie. –

Es sei darum festgestellt, daß beim Nichteingreifen des Selbstschutzes, beim Ausbleiben einer deutschen Gegenaktion das gesamte Gebiet, zum mindesten das gesamte Industriegebiet den Polen zugeschlagen worden wäre, nach dem Grundsatz: Was du dir erobert hast, ist deine künftige Grenze. –

Wäre nicht Halt geblasen worden, dann hätte der Selbstschutz die Polen aus dem Lande vertrieben, womit zwar die oberschlesische Frage nicht aus der Welt geschaffen wäre, Woicech aber immerhin die gebührende Antwort erhalten hätte.

Zwar wäre damit der Grimm gegen Deutschland nicht beseitigt, aber das spielte nach dem jetzigen Stand der Dinge eine nebensächliche Rolle, da Raub mit Gegenraub zu beantworten ist, wenn der Grundsatz zur Geltung kommt, daß Hieb die beste Parade sei ...

Man hatte nun eine Demarkationslinie.

Waren an einem Ende einer Mietskaserne des Industriegebietes die Polen eingenistet, am andern jedoch schon die Deutschen eingedrungen, dann ging die Demarkationslinie mitten durch das Gebäude.

War das Grubengebiet noch von Polen besetzt, die Schächte jedoch bereits in deutscher Hand, behielten die

Deutschen die leeren Schächte ohne Kohle und die Polen die Kohlenfelder ohne Schächte.

War die Kirche von den Deutschen besetzt, das Dorf noch von den Polen, dann blieb die Kirche in Deutschland, das Dorf in Polen.

War der Vater Pole, die Mutter Deutsche, der Sohn jedoch beides, dann zog man die Grenze durch den Lokus! – –

Der Sinn dieser Demarkationslinie bleibt die rascheste Rettung des von den Polen restlich besetzten Gebietes. Allerdings des wichtigsten . . .

## Feme

Kaczmarek, samt seinem räudigen Hund und Moschek im Wagen, stand an der Demarkationslinie und überlegte.

Er hatte Moschek die letzten Wochen nur mit Kohlrüben gefüttert, ihm während des ganzen Vormarsches das Maschinengewehr platt auf den Bauch gelegt, damit der Magen nicht so des Hungers wegen quietsche und beide in Teufels Küche brächte.

Und Kaczmarek sprach zu seinem Kompanieführer: »Jetzt, da wir so eine famose Demarkationslinie haben und alles in bester Butter schwimmt, bitte ich um meine Entlassung.«

Der Kompanieführer erwiderte: »Sie sind ein großer Held, Kaczmarek, und das Vaterland wird niemals vergessen, wie Sie samt dem räudigen Hund das Maschinengewehr durch die Wälder schleppten, um die Polen auszurotten.«

»Ich muß schon sagen . . .«, meinte Kaczmarek, »das Vaterland vergißt nie. Das muß ich schon beschwören.«

»Na, schwören Sie nicht zuviel, denn Sie sind ein deutscher Mann . . .«, meinte der Kompanieführer.

Kaczmarek sprach: »Dann geben Sie es mir aber schriftlich, daß ich nicht geschossen habe. Ich wollte den Polen nur Angst machen, und mein räudiger Hund ist gefährlicher als das Maschinengewehr.«

Der Kompanieführer lachte und gab ihm das Zeugnis

und sprach: »Wenn wir Sie wieder brauchen, dann sind Sie da.«

»Ja, dann bin ich da ...«, erwiderte Kaczmarek. »Mein Esel aber ist tot.«

»Das ist aber schade ...«, meinte der Kompanieführer. »Aber dafür haben Sie ja einen so prächtigen räudigen Hund.«

»Stimmt, ich kann's nicht leugnen ...«, setzte Kaczmarek hinzu. Dann fuhr er mit Moschek durch die Demarkationslinie hinüber nach Kosbuchna.

Als die Polen ihn kommen sahen, zogen sie ihre Säbel aus der Scheide und wollten ihn totstechen.

Kaczmarek aber sprach: »Nicht so hitzig, ihr Brüder ... Erst muß ich zur Beichte gehen.«

»Du Hurensohn«, erwiderten sie. »Du warst ja schon dreißig Jahre nicht zur Beichte.«

»Das ist was anderes ...«, meinte Kaczmarek. »Jetzt, da ich mit eurer Hilfe in den Sand neben das Gras beißen soll, möchte ich mich mit dem Papst aussöhnen, denn das ist auch ein schöner Mann, wenn er schläft.«

Sie aber drangen auf ihn ein, und einer stach ihm in die Westentasche, worinnen die zwanzigtausend Mark steckten vom Moschek, lauter deutsches Inflationsgeld und auch polnische Markvaluta.

Da sprang Moschek aus dem Wagen und tuschelte mit den Heldenbrüdern von Kosbuchna, und die schrien: »Pack dich fort, du Lump.«

»Ein guter Lump ist auch nicht schlecht ...«, meinte Kaczmarek. »Erst fahre ich aber nach Kosbuchna rein zur Ludwina, die mein Eheweib ist. Ihr habt ja auch eure Weiber, ohne daß ich euch des Willens beraube, mit ihnen im Bett zu schlafen ...«, meinte Kaczmarek.

»Fahr zum Teufel, du Schwein!«

Und er fuhr.

Tatitata.

Ludwina fütterte gerade den Wladimir Illjitsch, ihr Jüngstes, mit Griessuppe, die sie erst einmal selber in den Mund nahm, mit der Zunge ein wenig zerballerte, dann auf den Löffel spülte und dem Wladimir in den Mund schob.

Da hörte sie den Kaczmarek kommen.

Sie schaute zum Fenster hinaus und rief: »Kaczmarek, du hast ja einen räudigen Hund vor dem Wagen und nicht den Esel.«

»Der Esel ist in einem großen Lande Minister geworden ...«, sprach Kaczmarek, »und ein räudiger Hund ist immerhin besser als eine leere Deichsel.«

»Na, komm endlich herein und iß mit uns zu Mittag.«

»Was gibt es zu essen?«

»Backpflaumen mit Gänsebrüsten ...«, erwiderte Ludwina.

»Das habe ich noch nie gegessen.«

»Das wird dir ganz gut schmecken ...«, sprach Ludwina. »Hochwürden ißt das auch sehr gern.«

Kaczmarek nickte und schaute sich in der Küche um. An einem Wandnagel hing ein Halstuch.

»Was ist das für ein Halstuch?«

»Ach ... das hab' ich gefunden ...«, erwiderte Ludwina.

»Wo hast du das gefunden?«

»Ach, auf der Straße.«

»Auf welcher Straße?«

»Neben dem Dominium.«

»So ... neben dem Dominium ...«, entgegnete Kaczmarek und schaute sie rasch an.

»Wann war der ›Tiefbau‹ da?«

»Was für ein ›Tiefbau‹ ...«, erwiderte Ludwina.

»Na der ..., dem du nach Christenpflicht geholfen hast.«

»Hier war keiner.«

»Ludwina«, sprach Kaczmarek mit ernster Stimme. »Ich höre ihn schreien, wie meine Lisa, als man sie mutwillig mißhandelt, und wie meinen Esel, der im Himmel ist.«

»Aaa ...«, pflichtete Ludwina bei, ihn abzulenken. »Dann ist der Esel gar nicht Minister?«

»Nein, das ist er nicht ...«, sprach Kaczmarek, und er aß nicht mehr von den Backpflaumen, und auch die Gänsebrust rührte er nicht mehr an und kotzte der Ludwina auf den Schoß.

»Hier sind zwanzigtausend Mark ...«, sprach er danach. »Zehntausend für den Wilhelm und zehntausend für den Franz Josef. Der Wladimir Illjitsch braucht nichts, denn er ist ja sowieso gegen das Kapital.« –

Ludwina nahm das Geld, und sie sprach: »Kaczmarek, es kommt noch jemand. Wie soll ich ihn nennen?«

»Wenn es ein Mädchen ist, nenne es Auguste Viktoria. Sind es zwei Mädchen, nenne das zweite Cäcilie ... oder noch besser: Jolandabombina.

Wenn es ein Bub ist, nenne ihn Jeremiasch. Sind es zwei Buben, dann nenne den zweiten Momek.«

Dann ging er und legte sich auf die Pritsche, um auszuruhn.

Während er schlief, kam der kleine Wilhelm zu ihm, zupfte ihn am Ohr und sprach: »Vater ..., draußen warten Männer mit Flinten auf dich. Mutter hatte sie geholt.«

Kaczmarek hob das Gesicht des Knaben zu sich und befahl ihm, den räudigen Hund einzuspannen und bis zum Wald zu bringen. Kaczmarek zog sich die Kleider der Ulka an und entwich den Männern mit Flinten, die ihm Ludwina zugedacht.

Ludwina aber war bei Hochwürden und – betete.

## Litanei

Unterdessen war Kaczmarek der Demarkationslinie näher gekommen und überlegte, wie er den Polen entwischen könnte, die da hingelümmelt im Grase lagen.

Und er zog wieder die Kleider der Ulka an, in denen ein Gebetbuch und ein Rosenkranz staken.

Mit der einen Hand nun hielt er den räudigen Hund an der Leine, und mit der andern zog er die Rosenkranzperlen der Reihe nach durch die Finger, und er sang eine Litanei, die keine Litanei war, vielmehr nur so dahingemurmelt wie eine Litanei: »Vor Woicech, Dollny, Hochwürden ... verschone uns, o Herr.

Vor Seuche, Pest und Hunger ... verschone uns, o Herr.

Vor Insurgentenschweinen ... verschone uns, o Herr.

Vor Trockenbrott und Toto ... verschone uns, o Herr.

Vor Schleter und vor Moschek ... verschone uns, o Herr.

Vor allen Wallhallisten nebst Jolandabombina ... verschone uns, o Herr.

Vor allen toten Teufeln ... verschone uns, o Herr.

Vor lebendigen Teufeln ... verschone uns, o Herr.

Vor Wolkenbruch und Polen ... verschone uns, o Herr.

Vor Himmel, Arsch und Hagel ... verschone uns, o Herr.

Vor Pfaffen und Ministern ... verschone uns, o Herr.

Familie Hohenzollern ... o schenk sie mir, mein Herr ...«

... Die Polen, die den Kaczmarek so daherwabbeln sahen, machten sich lustig über ihn, hoben ihm die Kleider in die Höhe, ob sie nicht etwas darunter sehen könnten.

Und er kam hinüber.

Auf der deutschen Seite streifte er die Kleider der Ulka vom Leibe, verunreinigte sie und warf sie den Polen zurück.

Tatitata.

## Liga für Menschenrechte

Die Deutschen freuten sich über seinen gelungenen Spaß, und er zog weiter gen Oppeln, um endlich den General Le Rond zu sprechen.

An der Stelle am Teich, wo der Bursche immer noch lag und auch sein französischer Karabiner, kam Mora wieder und setzte sich zu ihm.

»Du hast für Deutschland gekämpft und gegen die Polen.«

»Was geht dich das an ...?« herrschte Kaczmarek sie an.

»Ich möchte nur bemerken ...«, sprach Mora, »daß du ein schlechter Pazifist bist.«

»Nenne mir einen guten Pazifisten ...«, antwortete Kaczmarek erbittert.

»Na, zum Beispiel Professor Friedrich Wilhelm Förster.«

Kaczmarek griff unversehens nach der Stricknadel und stach sie der Gestalt in den Arsch. Es entstand ein Geheul, und der Teufel sprang aus der Hülle.

»So ein Spiel mach' ich nicht mit ...«, kreischte der Teufel fuchsteufelswild.

Kaczmarek antwortete ihm nicht, sondern rief: »Räudiger Hund, faß zu!« –

Der räudige Hund drehte sich um, ergriff den Teufel und fraß ihn samt seiner Hülle.

Dann kehrte Kaczmarek bei Piernikarczyk in Kandrzin ein und gab dem räudigen Hund einen Liter Kognak zu saufen.

So fuhren sie beide besoffen weiter gen Oppeln.

Tatitata.

## Saure Gurken

Auf der Straße, auf der sie torkelnd hin und her zogen, samt dem Wagen, kam ein elegantes Auto gefahren.

Kaczmarek hielt die Straße querseits völlig versperrt. Der Chauffeur hielt an, kroch aus dem Auto und herrschte Kaczmarek an, den Weg freizugeben, ansonsten er einige Backpfeifen bekäme.

Der räudige Hund fletschte seine Zähne und wollte sich am Chauffeur ergötzen.

Kaczmarek jedoch streichelte den Hund und redete ihm zu: »Laß ihn, räudiger Hund, das ist nur ein armer Irrer.«

Und der räudige Hund wedelte mit dem Schwanze.

Dem Chauffeur aber rief Kaczmarek zu: »Wenn Ihr was von mir haben wollt, kommt beide raus. Dein dickbäuchiger Herr da drinnen auch.«

Trockenbrott entstieg dem Wagen, setzte sein Monokel

ins Auge und schnarrte Kaczmarek an: »Was will denn dieser östliche Untermensch? Was machen Sie denn hier für tolle Zicken? Schmeißen wir doch den Quark samt dem räudigen Hund in den Straßengraben. Dummes Theater.«

Kaczmarek flüsterte dem räudigen Hund zu. Dieser sprang Trockenbrott an und biß ihn in die Uhrkette.

Mehr machte er ihm nicht. –

Der Chauffeur, der da sah, daß Kaczmarek mit Trokkenbrott respektlos dahinredete, wurde auch frech und maulte gleichfalls Trockenbrott an: »Fahren Sie sich Ihre Hämorrhoidenschaukel alleine, Sie Affe.«

Trockenbrott schnappte nach Luft.

Aber schon war der Chauffeur eingestiegen, setzte den Motor in Gang, drehte um und fuhr von dannen, durch den Wald, von wo er gekommen war.

Trockenbrott fuchtelte mit den Händen in der Luft.

»Sie, Sie Kommunist, Sie . . . Sie . . . Ihnen werde ich das anstreichen. Sie . . . Sie . . . Bolschewist . . . Sie . . .«

Das nutzte nun alles nichts. Das Auto war weg.

Trockenbrott weinte.

»Na, wein mal nicht, Wirtschaftsführer . . .«, klopfte ihm Kaczmarek auf den Rücken. »Ich bringe dich bis ins Dorf, wenn du gut bezahlst.«

»Wieviel Geld hast du überhaupt bei dir?«

»Sie unverschämter Kulturbolschewist . . . Sie östlicher Untermensch . . .«, brüllte Trockenbrott wieder.

Kaczmarek revidierte ihm sorglos die Taschen und entlockte ihnen etliche Tausender.

Dann setzte sich Trockenbrott auf den Wagen, und sie fuhren los. Trockenbrott aber jammerte immer wieder: »Herrschaften, ich komme zu spät zur Grenzregulierung. Ich komme ja zu spät.«

Kaczmarek spuckte aus und murmelte: »Hätten Sie halt eher fahren sollen. Jetzt wird ohne Sie reguliert. Das ist aber auch kein Schade . . ., Herr Wirtschaftsführer . . .«

Tatitata.

Im Dorfe angekommen, rotteten sich die Bauern zusammen und umstellten Kaczmarek: »Was hast du denn da für einen Dickbäuchigen, Kaczmarek?«

»Das ist der König von Preußen ...«, sprach Kaczmarek.

»Hier habt ihr zehn Mark, besauft euch und sagt dem Wirt, er soll seinen Kohlenkeller hübsch zurichten.

Der König von Preußen sitzt gern zwischen Kohlen ...«

Die Bauern gingen, wie ihnen geheißen, nicht ohne daß neue hinzukamen.

So ging das hin und her. Trockenbrott wollte sich fortbegeben.

Telefonieren.

»Hier gibt's kein Telefon ...«, erwiderte Kaczmarek, und die Bauern lachten dröhnend: »Was will der?«

»Telefonieren will der.«

Wieder lachten alle dröhnend.

Nichtsdestotrotz ging Trockenbrott unbehelligt in die Kneipe, wo Kaczmarek den Kohlenkeller revidiert und wo die Bauern bereits für sein Geld zechten und randalierten.

Kaczmarek und die andern folgten ihm.

»Kann ich hier telefonieren ...?« fragte Trockenbrott.

»Ja, das können Sie stundenlang ...«, sprach der Wirt, »da unten im Kohlenkeller ist das Telefon.«

Trockenbrott ging in den Kohlenkeller. Suchte das Telefon.

Und sie schlossen hinter ihm die Türe.

Kaczmarek aber sprach zu einem Burschen: »Hier hast du zwanzig Mark und hole fünfhundert saure Gurken und behalte dir den Rest des Geldes.«

»Nana ...«, meinte der Bursche, »für zwanzig Mark kriegst du keine fünfhundert saure Gurken. Höchstens hundert.«

Und Kaczmarek gab ihm weitere hundert Mark.

Da nun der Bursche die sauren Gurken gebracht hatte und Trockenbrott im Keller wild tobte, sagte ihm Kaczmarek durchs Schlüsselloch: »Wir lassen dich laufen, wenn du fünfhundertmal ›Heil dir im Siegerkranz‹ singst und dazwischen immer eine von den Gurken hier verschmaust, die wir dir durch den Türspalt reichen werden.«

Trockenbrott fluchte. Aber da ihm das alles nichts half, sang er.

Und jedesmal nach der letzten Strophe reichte ihm ein Bursche die Gurke, deren Endzipfel er zur Kontrolle wieder hinausreichen mußte.

Na, und das dauerte schon ein paar Tage.

Und der räudige Hund stand daneben, damit Trockenbrott nicht entwische.

Danach ließen sie ihn laufen, zogen die Hüte, verbeugten sich und riefen: »Gott sei mit Ihnen, Herr Wirtschaftsführer ...«

Sein Bäuchlein war ganz klein geworden, und sie spotteten und lachten ihn aus dem Dorf hinaus.

## Schwerindustrie

Der ungeahnte Fall des erfolgreichen deutschen Widerstandes, der Selbstschutzoffensive, brach die Illusionen des Herzogs, seines Generaldirektors und all jener internationalen Geldgenossen in Klumpen.

Man spekulierte auf ein ungeteiltes polnisches Oberschlesien, nicht Polen zuliebe, sondern anschmiegend an die dominierende französische Politik, besorgt um die mögliche Zerschneidung des Machtkomplexes Oberschlesiens.

Diese Hoffnung auf eine bloße Auswechslung der Staatssouveränität scheiterte an der Aktion des Selbstschutzes.

An der öffentlichen Meinung Deutschlands, der man langsam einzuträufeln begann, welch dunkle Doppelrolle das deutsche Kapital spielt.

Mitten durch die Hüttenhöfe, mitten durch die Schachtanlagen lief der blutige Strich der Demarkationslinie bis zur endgültigen Festsetzung der Grenze durch den Viererrat in Paris durch die interalliierte Mächtegruppe.

Kattowitz, Königshütte und das Gros der Industrieortschaften war in polnischer, Beuthen, Gleiwitz, Hindenburg mit dem Dorf Sackowitz aber in deutscher Hand.

Fünf Sechstel der modernsten industriellen Werke in polnischer. Die Kruste, das eine Sechstel, und das tiefe, weite Feld- und Waldgebiet mit den landhungrigen, unbefriedigten polnischen Bauern in deutscher. Des Herzogs Industrie jedoch schier vollends in polnischer Hand.

Jetzt offenbarte sich die diplomatische Geschicklichkeit des Herzogs, der sich mit Dollny die besten Voraussetzungen und Wege nach Warschau ebnete und einen Druck auf die Initiative Warschaus auszuüben imstande war. Das war auch der Zweck der herzoglichen Übung, ganz Oberschlesien staatssouverän nur an Polen auszuwechseln. –

Dollny nämlich wurde Generaldirektor für das polnische Gebiet.

Trockenbrott aber wurde Generaldirektor für das deutsche Gebiet.

Der Herzog selbst ließ sich taufen. Wurde katholisch. –

Die protestantischen Beamten ließen sich gleichfalls in Scharen taufen ...

Weil es die oberschlesischen Umstände erforderlich machten, wie ehedem Katholiken sich in Scharen zum Protestantismus bekannten ... zu Zeiten Wilhelms II.

Zwischen den beiden Säulen nun, zwischen Dollny, dem Polnischen, und Trockenbrott, dem Deutschen schlängelte sich der Freund Seiner Majestät Kaiser Wilhelms II. in das Dritte Reich. –

Aber auch für Woicech fand sich eine lohnende Tätigkeit.

Auch für Woicech fanden sich Aufsichtsratsposten in den nun polnisch gewordenen herzoglichen Direktionen.

Und niemand mehr sprach von Johannes Wiemann, von den Besitzlosen, die ihre Schuldigkeit getan hatten und zumeist im landwirtschaftlichen deutschen Hinterland als erneut biedere Deutschgesinnte verblieben waren.

## Genfer Protokoll

In Genf beschlossen sie unter Vorsitz Aristide Briands, daß die neue Grenze zusammenfallen soll mit der Demarkationslinie und zogen nicht einen Strich hinzu und hinab.

Das Theater, das Dollny auf polnischer und Trockenbrott auf deutscher Seite veranstalteten, segnete der Herzog mit dicken Schecks.

Es war indessen nur Theater.

Den Selbstschutz, eine Truppe, die auf eigene Faust losschlagen wollte und nicht die Dienste der Industrie wahrzunehmen gewillt war, sondern die Belange der deutschen Nation, hieß es in Schach halten.

Dollny verhandelte für den Herzog drüben.

Trockenbrott verhandelte für den Herzog hüben.

Der Herzog aber verhandelte für beide: Polen und Deutschland.

So zogen sie die groteske Grenze durch das Land, und nun sind die Franzosen daran schuld. Die Franzosen, die, wenn es nach ihnen gegangen wäre, das ganze Gebiet ungeteilt hätten und das Maß ganz voll-, nicht aber halb vollgegossen hätten.

Nun spukt der Geist Trockenbrott und der Geist Dollny entlang diesem blutigen Grenzstrich. Und die Bauern, die vormals gemeinsam um den Acker fochten, kämpfen nun getrennt um nichts, aber darum um nichts, damit sie die Gedanken nicht auf den Acker lenken.

Dafür sorgten Dollny drüben und Trockenbrott hüben.

Das Genfer Protokoll bestimmte, daß jeder Oberschlesier sich seine Sprache in größter Freiheit wählen dürfe, ebenso seine Erziehung, Schule und vieles andere.

Das Genfer Protokoll garantiert den Deutschen für fünfzehn Jahre einige Bewegungsfreiheit.

Nach dieser Zeit setzt das Morden schuldloser Kleinbürger mit ungeahnter Heftigkeit ein.

Denn das Volk muß beschäftigt werden. –

## Sackowitz

Sackowitz, die polnische Hochburg, war bemerkenswerterweise deutsch geblieben.

Das polnische Hauptquartier räumte eiligst das Feld.

Hier wütete die deutsche Feme.

Rollkommandos marschierten durch die Straßen, lange Listen in den Händen. Und Kumpel um Kumpel, die in ihrer bittersten Not ein unbedachtsames Wort geäußert hatten, wurden aus ihren Stübchen hinausgeschmissen, weil das Vaterland solches wünschte. –

Die Rollkommandos drangen in die Wohnungen dieser armen, gezeichneten Hörsing- und Trockenbrottopfer, dieser genasführten Besitzlosen aus Dollnys Kinderzeit ..., dieser Mohren, die ihre Schuldigkeit getan, in den polnischen Schützengräben an der Oder bei Borodin ..., für den Kapitalismus ..., also die Rollkommandos drangen in ihre Stübchen, schmissen das spärliche Mobiliar zum Fenster hinaus auf die Straße und bekundeten den Ärmsten der Armen, wenn ihnen das Leben lieb sei, zu verschwinden im polnischen Oberschlesien.

Die Kumpels, die ja ihres Hungers wegen gefochten und nicht des polnischen Staates wegen gebrüllt wie die Löwen ... und unbedachtsame Worte von sich gaben, früher einmal, luden nun ihre zertrümmerten Ofenrohre und Kinderwiegen auf quietschende Karren, auf Radweren und zogen, gefolgt von ihren Kinderscharen, aus Sakkowitz von dannen.

Wie damals an den Emigranten, wie damals an diesen Besitzlosen, vollzog sich an diesen Gezeichneten ein Fluch, der sie aus einem Reich, dem Reich Trockenbrotts, ins andere, das Reich Dollnys, trieb.

Hinaus aus Sackowitz.

Fort aus dem Reich Trockenbrott.

Hinein ins Reich Dollny.

Die Besitzlosen ...

Bimbim.

Die Grube klingelte in der Ferne.

Bimbim.

Fort ging der traurige Weg, zwischen den Mietskasernen. An der Kirche vorbei. Am Friedhof, darinnen Johannes Wiemann ruht.

Bimbim.

In Holzpantinen, durchscheuerter Knie, fahlgelben Antlitzes, gingen sie fort, »die deutschen Helden von Verdun«, nach Polen, wie das Gesetz es befahl ...

Bimbim.

Vom Zechenhause klang Gesang: »Sankt Barbara, hilf.«

Bimbim.

Die Grube ist ein Herdentier und nimmt mit Menschen vorlieb.

Bimbim.

Die Räder des Förderturms aber spielten.

So leicht. So traumhaft. So federnd. So enthoben aller Schwere. So festlich. So gewandt. So zuversichtlich. So sicher. So selbstverständlich.

Bimbim.

An der Grenze tauschte man sie aus.

Menschenmaterial. Menschenmaterial ...

Denn drüben hatte man deutschgesinnte Kumpel ebenso aus den Stübchen geworfen.

Die beiden Unglückshaufen kreuzten sich.

Sie umarmten sich nicht etwa, als Brüder. Nein.

Die einen schrien: »Ihr verfluchten Knechte Trockenbrotts, mit euch rechnen wir ab!« –

Die andern aber schrien: »Ihr verfluchten Knechte Dollnys, mit euch rechnen wir ab!« –

Bimbim.

An diesen Flüchtlingen vorbei fuhr ein elegantes Auto.

Wer saß darin?

## Der ewige Bauer

Tatschitschek aber irrt mit seinem erschlagenen Weib durch die Felder, durch die Wälder, durch die Wiesen und kann nicht heim.

Die Pferde schnauben, und die Peitsche schwengelt wie ein trauriger Tropfen, der lang geworden durch die Tage und nicht zur Erde fallen kann.

Wehe mir.

Wehe dir.

Wehe uns.

Im Baum sitzt eine Krähe und spottet, weil Tatschitschek keine Nase hat.

Die Nase haben sie ihm bei Verdun abgeschnitten, damit er nicht mehr riechen kann. Haja!

Wehe mir.

Wehe dir.

Wehe uns.

Tatschitschek irrt mit seinem erschlagenen Weib durch die Felder, durch die Wälder, und Gott hat es zugelassen, daß dem so bliebe.

Am Abend, wenn der Widerschein wie ein barockes Riesenfenster über die oberschlesischen Wälder steigt, wird Tatschitschek groß, und er steigt in den Widerschein. Und seine Peitsche schwengelt nicht mehr. Nein ... Sie knallt.

Und in deutschen Landen spitzen sie die Ohren und meinen schlafmützig: Die Polen schießen mit Kanonen. Was ist da zu machen?

Na gut ...

Machen wir einen Krieg. Ein Krieg ist immer gerecht.

Wehe mir.

Wehe dir.

Wehe uns.

Wäre ein Krieg immer gerecht, wir hätten keine Menschen mit abgeschnittenen Nasen, damit sie nicht mehr riechen ...

Wäre ein Krieg gerecht und gut, er würde still und leise einherschreiten, wie es die Jünger taten mit ihrem Herrn.

Und die Toten würden auferstehen, nicht aber getötet werden die Lebendigen in Massen.

Tatschitschek irrt mit seinem erschlagenen Weib über die Felder und Wälder und darf nicht heim.

Am Sonntag steht sein Gefährt vor der Kirche, und darinnen singen sie vom großen Gott, den sie loben wollen. Loben wollen! – – –

Dann fährt Tatschitschek in die Schenke und trinkt einen Bolschewik ...

Das ist ein zweistöckiger übelster Korn aus der Brennerei des edlen Preußen Udo Toto von Moto Homo ...

Wehe mir.

Wehe dir.

Wehe uns.

Währenddessen sie alle rufen nach Acker, Acker, Akker ..., fährt Tatschitschek weiter und von dannen. Und wieder wird es Abend, indessen der Widerschein kommt.

Dann aber wird Tatschitschek wieder groß, und seine Peitsche knallt nach Deutschland ... hinein.

Sind das polnische Kanonen?

Nein.

Es sind grimmige Peitschenhiebe Tatschitscheks, eines Bauern, dem sie die Nase abgeschnitten haben bei Verdun für das deutsche Vaterland.

Bumba, sein Sohn, der gleich ihm im Schützengraben gelegen, fürs deutsche Vaterland ..., sucht.

Und Mora wohnt in seinem Wagen.

Wehe mir.

Wehe dir.

Wehe uns.

Tatschitschek irrt über die Felder und darf nicht heim.

## Brücke

Die Oderbrücke war ein Friedenstor.

Nun ist sie in die Luft gesprengt. Wer hatte das getan?

Wehe mir.

Wehe dir.

Wehe uns.

Die Männer, die da wohnen links des Flusses, sie gingen rechts hinaus zum Kohlengraben.

Die Bauern, die da wohnen rechts des Flusses, sie fuhren links hinaus, um auszusäen.

Die Brücke war die Ader dieser Erde. Und alle Wesen kreisten um die Planken.

Und alle Amseln sangen auf den Planken.

Nun sind die Planken weggefegt durch Bomben.

Die Brücke ist geborsten in der Mitte. Die Planken faulen in dem Flusse »Oder«.

Unter den Wassern aber in den Kammern, wo alle Geister sich versammelt haben, da liegt das grüne und das rote Buch.

Das Unrecht, das da wimmert rechts der Oder, notiert ein Wassermann ins grüne Buch.

Das Unrecht, das da wimmert links der Oder, notiert ein Feuermann ins rote Buch.

Wehe dem, des Buch frühzeitig endet!

Weh mir.

Weh dir.

Weh uns.

Die Lügenfluten steigen an . . .

## Die Kate

Bumba kauert auf seiner Pritsche, die Beine bis zum Kinn gezogen.

Er wartet auf etwas Unbestimmtes.

Aus der Dunkelheit der Schlafkammer kriechen die unzähligen Heiligenbilder von den Wänden. Werden lebendige Zerrgestalten und dringen halb lächerlich, halb feindselig auf ihn ein.

Bumbas Gehirn, von stundenlanger Arbeit erschlafft, wächst und wächst und wächst. Wie eine Träne im nassen Auge.

Draußen die Nacht.

Rollend durch die krummen Gassen, wie ein tauber Klang des Schöpfers. Wie ein erstickter Schrei der verfluchten Erlösung.

Wie eine Klage der verpfuschten Form.

Bumba legt sich aufs andere Ohr und denkt an den lieben Gott. Wieder werden die Heiligen lebendig und stechen nach ihm.

Brr. Brr. Hui. Hui.

Bumba fürchtet sich und schreit: »Matschitschka.«

Jedoch, es kommt keine Antwort.

»Matschitschka.«

Wieder keine Antwort.

Bumba springt auf und brüllt.

»Ist denn niemand da?«

Es erfolgt keine Antwort. Ihn aber faßt ein grauenhaftes Angstgefühl. Aus der bemalten Truhe kommt ein spitzköpfiges Ungetüm.

Ist das der Großvater?

Aus dem Ofenrohr ein Pfaff. Aus dem Kamin eine Kuh.

Und von allen Seiten marschieren Apostel auf ihn zu.

Apostel, Apostel, Apostel.

»Ja, was wollt Ihr denn immerfort von mir, Hochwürdige Herren Apostel?«

Ha.

»Matschitschka! Hilfe! Rettung! Rettung!«

Bumba greift nach einer Heiligenfigur im Herrgottswinkel und schlägt wild um sich. Ihm ist eng die Brust. Eng ist der Mund. Die Zunge schwillt. Er lallt, lallt, lallt.

»Hilfe! Rettung! Ich ersticke! –«

Mit einem Satz saust sein Körper aus der Kate, durch das Fensterchen auf den Hof.

Hier wird es ihm leichter ... Ja ... hier ist es ihm wohler ...

Ooo wie entsetzlich ist es, in der Kate allein zu sein. Wie schaurig. Wieviel Sünde klebt an den Wänden. Ooo ...

Mora kommt angewackelt: »Warum hast du Angst vor dir selbst, Bumba?«

Bumba greift sich nach dem Hals. Er flucht. Er stürzt zum Zaun, reißt eine Latte ab und schlägt nach Mora.

Und es gibt nichts, nur einen quirlenden Ton des Kuhmagens.

Am Himmel aber wächst der Widerschein.

In diesem Widerschein ... groß und gewaltig steht Tatschitschek. Die Peitsche knallt, und Bumba legt sich mit diesem schönen Wiegenlied im Ohr untern Zaun beim Kilometerstein.

Das Morgenrot aber ist noch sehr ... sehr ... weit.

Der räudige Hund

Kaczmarek kommt an einer evangelischen Kirche vorbei. Er läßt den räudigen Hund stehen und geht hinein.

Es ist Gottesdienst. Zuvor spielt man ein Orgelkonzert von Johann Sebastian Bach.

Kaczmarek faltet ergriffen die Hände.

Dann muß er unwillkürlich die Gläubigen anschauen und geht hinaus zu seinem räudigen Hund und hört auch so ganz gut.

Und der Räudige schaut ihn treu und andächtig an. Zum Zeichen fährt er sich mit der Zunge zweimal ums Maul.

Kaczmarek weint eine einzige Träne. Diese für den Esel.

Dann faltet er die Hände, nimmt den Spitzhut vom Kopfe und betet ein Vaterunser. Dies für Lisa.

Und der räudige Hund schaut ihn an.

Die Musik ist zu Ende. Jemand redet mit starker Stimme in der Kirche.

Kaczmarek, der noch auf Musik wartet, die hernach kommen könnte, nimmt etwas von seinem Lumpengewebe und stopft sich die Ohren vor dem Gedröhn da drinnen.

Es kommt noch Musik, und wieder lauscht Kaczmarek andächtig.

Es ist Johann Sebastian Bach, denn die Töne zerbröckeln und zerfließen in den Ohren gleich Sandkuchen auf der Zunge.

Kaczmarek denkt: So ist es gut, ihr lieben Deutschen! So ist es gut! – Indessen gehen sie alle aus der Kirche und auseinander.

Im Nu kommt ein wilder Mann heraus und schreit immerfort unter die Fortgehenden: »Trinket nicht aus dem Brunnen daheim! Das Wasser hat man vergiftet!«

Es ist der Pastor, der da so redet und wiederholt: »Das Wasser für die Deutschen ist vergiftet!«

Kaczmarek geht an ihn heran und sagt: »Wem erzählen Sie das, Herr Pastor?«

»Dem Deutschen Volke allhier im Land.«

Kaczmarek faßt ihn an der weißen Binde vorn und sagt ihm gelinde: »Und wenn ich auch ein Deutscher wäre?«

»Bist du evangelisch?«

»Nein.«

»Dann bist du auch nicht unser Mann. Was bildest du dir ein? Wir haben die Kultur ins Land gebracht. Wir Evangelischen. – Also trinket nicht von dem Wasser daheim. Es ist vergiftet ...« So schreit der Pastor noch einmal mit vollem Register, und dann geht er in seine Kirche rein.

Kaczmarek sagt dem räudigen Hund: »Räudiger Hund, komm. Das ist bloß ein armer Irrer aus dem Gotteshaus.«

Und der räudige Hund bellt einmal. Aber laut.

Tatitata.

## Kulturbringer

Dann fährt Kaczmarek samt dem räudigen Hund und seinem Wagen namens Laura nach Ratibor.

Im Café Präsident, das er passierte, saßen auf der Terrasse, da es ja sommerlich heiß war, Offiziere des Selbstschutzes, auch die, die sich als solche ausgaben. Und sie tranken.

Kaczmarek, der etliche von ihnen kannte, da er sich mit ihnen ehrlich geohrfeigt, ging vorbei und nahm ein Glas vom Tisch, das angefüllt war mit Moselwein. Und er gab es seinem räudigen Hund zu trinken.

Da dies der Kulturbringer sah, sprang er auf, um Kaczmarek mit seiner Reitpeitsche zu schlagen.

Der räudige Hund aber biß ihn ins Portepee und ließ das nicht zu.

Kaczmarek jedoch sprach: »Wer von euch keinen unschuldigen oberschlesischen Bauern ermordet hat, der kann sich mit mir um seine Ehre schießen.«

Während die anderen schwiegen, meldete sich der, dessen Moselwein der räudige Hund ausgetrunken.

Kaczmarek erschoß ihn auf der Stelle mit Katzendreck.

Tatitata.

## Die Bayern

Die Kulturbringer, die er so gröblich beleidigt, sandten einige Totschläger hinter ihm her, welche ihn nahe Kuchelna angesichts des fürstlichen Waldes einholten.

Erst fuhren die Totschläger an ihm vorbei im sausenden Tempo und dann wieder zurück. Solches einige Male.

Kaczmarek sagte zum räudigen Hund: »Räudiger Hund, paß auf.«

Der räudige Hund erwiderte: »Mein Ende ist noch nicht gekommen ...«, und er fletschte grimmig die Zähne.

Der erste von den Radfahrern, der stehenblieb und Kaczmarek herankommen ließ, war ein Bayer: »Pfuat Goot.«

»Mojn ...«, erwiderte Kaczmarek.

Der Bayer hatte im selben Nu ein Messer aus dem Stiefelschaft gezückt und stach Kaczmarek in den Arm.

Der Räudige fraß diesen Bayern aus Deutschland zwei Sekunden danach samt seinem Schlachtmesser.

Die andern kamen nicht mehr, denn sie hatten Angst.

Im nächsten Dorf bestellte Kaczmarek für den räudigen Hund eine Flasche Kognak. Das war bei Postulka in Kuchelna.

Dann ging er zu seinem Wagen, einiges von seinen Lumpen für die Wunde zu holen. Der räudige Hund leckte ihm alles heil mit seiner Zunge.

Und er dachte an das Mädchen namens Lisel.

Tatitata.

## Idealismus

Es begegnete ihm eine Kutsche.

Darinnen saß der Fürst, ein von den Bauern hochgeschätzter Herr, den Kaczmarek auch kannte.

»Tag, Herr Fürst ...«, sagte Kaczmarek und hob seinen Spitzhut.

»Tag, Herr Kaczmarek ...«, meinte der Fürst. »Wie geht's?«

»Danke verbindlichst ...«, entgegnete Kaczmarek ...

»Sagen Sie mal, Herr Fürst, was machen die Engländer, Ihre Freunde?«

»Warum fragen Sie, Herr Kaczmarek?«

»Nu, weil wir Freunde brauchen in der Welt. Dann haben Sie die Engländer eher und besser gekannt als die andern, Herr Fürst.«

»Halb so schlimm ...«, meinte der Fürst.

»Tschjaja ...«, meinte Kaczmarek und stützte seine Hand ans Kinn: »Mit den Feinden Deutschlands ist es so wie mit dem Schornsteinfegerlehrling.«

»Wie meinen Sie das, Herr Kaczmarek?«

»Na, Herr Fürst, Sie als hochgebildeter Mann kennen sicher die Anekdote von dem Bauern und dem Schornsteinfeger?«

»Nein.«

»Dann passen Sie mal auf, was Ihnen der Kaczmarek mit seinem dummen Verstand sagt, Herr Fürst: Ein Bauer trifft einen Schornsteinfeger, überlegt, daß Schornsteinfegen höchst einfach sei, und er beschließt, ihm das beizubringen, wie dumm er eigentlich ist.

›Sag mal, Schornsteinfeger, alter Bär, wie lange lernt man Schornsteinfegen?‹

Der Schornsteinfeger erwiderte: ›Ist man schlau, gar nicht. Ist man dumm, ewig.‹ «

Der Fürst sprach: »Kaczmarek, Sie sind ein kluger Mann. Hier haben Sie eine Pyramidontablette.«

Kaczmarek nahm die Pyramidontablette, die nicht gerade schmeckte.

»Sagen Sie mal, Herr Fürst«, begann Kaczmarek, an der Pyramidontablette lutschend: »Wieviel Acker ist Ihnen nach der Bodenreform noch geblieben?«

»Nu, so etliche tausend Morgen ...«, erwiderte der Fürst.

»Jammern Sie darüber, daß es nur etliche tausend sind?«

»Iii Gott bewahre ..., ich freue mich, daß sich die Bauern freuen.«

»So ist es recht ...«, meinte Kaczmarek. »Nachdem Ihnen aber noch etliche tausend Morgen geblieben sind, Herr Fürst, so sind Sie noch kein ganzer Idealist.«

»Was muß ich tun, um ein ganzer Idealist zu werden?«

»Herr Fürst ...«, sprach Kaczmarek und schluckte die Pyramidontablette herunter: »Sie müssen sich von den Polen die Nase abschneiden, sich selber das rechte Bein vom Rumpf reißen und von den Deutschen in den Sumpf werfen lassen.«

Der Fürst schaute ihn an: »Herr Kaczmarek ... Sie werden aber immer radikaler. Außerdem ist ein Femegemordeter und ein gefallener Soldat noch lange kein Idealist.« –

Kaczmarek setzte fort: »Das ist und bleibt aber das mindeste, was ich von Ihnen verlangen kann, Herr Fürst, wenn Sie Wert darauf legen, auf meinem Wagen durch die Stadt Ratibor kutschiert zu werden, gezogen von meinem braven räudigen Hund.«

Der Fürst erwiderte: »Der Mensch ist ein Gewohnheitstier. Ihr Vorschlag ist für mich zu spät, aber ich will mich bessern.«

Kaczmarek erwiderte: »Sehen Sie, Herr Fürst. So etwas hört man gern. Der gute Wille allein genügt der Menschheit. Ich bin schon so mit Ihnen sehr zufrieden, Herr Fürst.« –

Dann fuhr der Fürst von dannen.

Kaczmarek fragte seinen räudigen Hund: »Was ist Diplomatie? Was ist Kultur?«

Der räudige Hund schnupperte in der Luft: »Fahren wir doch schnurstracks nach Lubowitz ... zum Dichter Eichendorff.« –

Kaczmarek weinte. Dies für Lisa. Und er klopfte dem räudigen Hund auf den Hals.

Noch eine Träne lief ihm über die Wange. Diese für den Esel.

»Ich bin sehr mit dir zufrieden, räudiger Hund, und wenn du vor mir stirbst, wird man dreihundert Jahre die Messe für dich lesen. Sterbe ich eher aber als du, dann fresse mich samt meinen Gamaschen. Bitte!«

»Sehr gern«, erwiderte der räudige Hund.

Sie fuhren weiter gen Lubowitz.

Kaczmarek kaufte erst einmal bei einem Krämer eine Dose Schnupftabak, und dann bogen sie zum Schloß Lubowitz ein, darinnen der letzte Ritter der deutschen Romantik Josef Freiherr von Eichendorff geboren ist.

Kaczmarek schaute ins Odertal hinab, in die Wälder, die Felder, die Dörfer, die Wiesen, reinigte hüstelnd seine Kehle und fragte den räudigen Hund, ob er denn gut zweite Stimme singen könne. Der räudige Hund machte schnurstracks »Lalilalo« und Kaczmarek meinte, das würde schon gehen.

Und dann ging's los:

»O Täler weit, o Höhen,
O schöner grüner Wald,
Du meiner Lust und Wehen
Andächt'ger Aufenthalt.
Da draußen stets betrogen
Saust die geschäft'ge Welt,
Schlag noch einmal den Bogen
Um mich, du grünes Zelt.

Bald werd' ich dich verlassen,
Fremd in die Fremde gehn,
Auf buntbewegten Gassen
Des Lebens Schauspiel sehn,
Und mitten in dem Leben
Wird deines Ernstes Gewalt
Mich Einsamen erheben,
So wird mein Herz nicht alt.«

Dann zerdrückte Kaczmarek eine Träne.

Diese für Lisa.

Dann noch eine.

Diese aber für den Esel.

Und sie fuhren weiter gen Oppeln zu dem kreuzverfluchten General Le Rond.

Tatitata.

## Oppeln

In Oppeln angekommen, begab sich Kaczmarek sofort in das Verwaltungsgebäude der Interalliierten Regierungskommission, darinnen die heiligen drei Könige regierten, das waren der Franzose Le Rond, der Engländer Percival und der Italiener De Marini.

Kaczmarek ließ sich beim General Le Rond, dem Oberkönig, anmelden. Le Rond empfing ihn nicht. Er ließ ihn nur schön grüßen, schickte ihm eine Zigarre und ließ ihm sagen, die Sache wäre inzwischen erledigt, die Grenze sei festgesetzt. Außerdem führen die Franzosen morgen früh schon in ihre Heimat zurück.

»Zeit mit ihnen ...«, brummte Kaczmarek.

»Wie meinen Sie?«

»Ich meine Zeit mit meinem Schnupftabak ...«, erwiderte Kaczmarek, zog die Schachtel aus der Tasche und gab jedem von den Beamten in kleinen Mengen von dem Zeug aus Lubowitz, so daß sie alle zu niesen anhuben und an das Packen der Akten nicht mehr dachten.

Kaczmarek sprach: »Wollt ihr nicht zum Abschied einen mit mir heben?«

Die Franzosen meinten: »Wujwuj.«

Sie ließen das Packen sein und gingen mit ihm in eine Kutscherkneipe.

Kaczmarek bestellte ihnen von dem Gelde, das er Trockenbrott abgenommen, einige Flaschen »Grünberger«.

Sie tranken und verzogen saure Gesichter.

»Schmeckt euch das nicht ...?« fragte Kaczmarek ... »das ist schlesisch, ihr Franzosen. Schlesisch, versteht ihr?« Sie wehrten ab.

»Nein, nein ..., wir trinken lieber Kölnisches Wasser.«

»Ober ...«, rief Kaczmarek.

»Zehn Pullen Kölnisches Wasser.«

Der Ober grinste.

»Grinsen Sie nicht. Ich kann noch bezahlen. Gott sei Dank! Noch und noch.«

Der Ober flüsterte Kaczmarek ins Ohr, das Kölnische

Wasser ginge wie warme Semmeln und er müsse erst den Pikkolo in Oppeln herumschicken. Die neue Sendung sei leider am Bahnhof.

»Ist gut.«

Der Pikkolo lief in Oppeln umher und kam ohne Kölnisches Wasser zurück: Die Franzosen hätten alles verbraucht.

Darum bestellte ihnen Kaczmarek einige Bolschewiks aus den deutschnationalen Brennereien Oberschlesiens, und sie wurden davon übervoll und erbrachen sich und sprachen: »Wenn es nach uns ginge, Kaczmarek, Polen wäre schon längst vernichtet.«

Kaczmarek sagte zu ihnen: »Hier nehmt den Rest des Schnupftabaks mit. Gebt das eurem famosen General. Das reicht fürs ganze Leben.« –

Dann fuhr er weiter und kaufte dem räudigen Hund eine polnische Wurst.

Der räudige Hund roch an der Wurst und sprach: »Die ist aus der weltberühmten Schweinezucht des edlen und preußischen Junkers Udo Toto von Moto Homo, residierend auf Kosbuchna.«

»Immer noch ...«, knirschte Kaczmarek: »Das riechst du also auch, räudiger Hund. Du bist mein bester Freund, räudiger Hund. Kannst du mir aber auch sagen, wo der Udo Toto jetzt gerade steckt, räudiger Hund?«

Der räudige Hund schnupperte in der Luft, gab kurze Bellstoßer von sich, und dann zog er ungestüm den Wagen samt Kaczmarek zur Stadt Oppeln hinaus, dem Udo Toto entgegen.

Und Kaczmarek blies: Tatitata.

## Der Geist Moschek

Da es nun wieder ruhig geworden war in Oberschlesien und die Franzosen fort, begannen die Deutschen überall die faulen Dinge zu liquidieren.

Da niemand wußte, was aus Moschek geworden, läuteten sie die Totenglocke.

Die Glocke streikte.

Der Klöppel riß schon nach dem ersten Schlage ab, um heulend in die Tiefe zu sausen und im Werk der Turmuhr ächzend zu versacken.

Nichtsdestotrotz machte man ein pompöses Requiem für ihn.

Alsdann wurde der Nachlaß versteigert.

Aus den Kellern und Schuppen schleppte man Infanteriemunition, Gewehre, Handgranaten, Lebensmittel, Bekleidungsstücke.

Über dem Kassenschrank, den man erbrechen mußte, hing ein großer Rahmen, darinnen auf gepolstertem Hintergrund das Deutsche Verdienstkreuz für Kriegshilfe ...

Im Kassenschrank war jedoch kein Pfennig. Dafür hatte Kaczmarek gesorgt.

Dann schritt man zur Versteigerung. Die Versteigerung, die einem Volksfest glich, brachte wider Erwarten viel Geld ein, nachdem aus einer morschen Kommode dem glücklichen Ersteher ein Zwanzigmarkstück in Gold in die Hand fiel.

Dieser Auftakt veranlaßte den Verkauf der kleinsten Dinge, ja sogar der Kuhstallritsche, die an Ort und Stelle zerschlagen und auf ihre kleinsten Fugen und Spalten nach Goldstücken gründlich untersucht wurde.

Als jedoch nach der Versteigerung die amtliche Kommission die Steuerbücher dieses preußischen Ortssteuererhebers untersuchte und feststellte, daß Moschek als behördlicher Vertrauensmann seit zwanzig Jahren keine Steuereingänge ordnungsgemäß verbucht und den preußischen Staat gründlich betrogen hatte, wurde der gesamte Versteigerungserlös zugunsten des preußischen Staates beschlagnahmt. Das Steuerbuch beziehungsweise die Buchungsjournale waren vollgekritzelt mit wunderlichen Notizen, Sinnsprüchen, Verwünschungen der Bauern und dichterischen Versuchen.

Über einem ganzen Blatt stand demonstrativ geschrieben: »Woicech ist ein großer Affe und der Herzog auch ...«

... Moschek aber spukt unter der Brücke seither. Und

es gibt niemanden, der ihn nicht schon als kalbsgroßes Ungetüm um zwölf Uhr nachts gesehen hätte. Oder gar im Hemd mit einem turbinenartigen Sausen durch die Straßen fegen.

## Filou

Nach erfahrungsreichen fünf Tagesmärschen bog Kaczmarek samt seinem räudigen Hund und Laura, dem Planwagen, in die Hauptstraße des Bades Ziegenhals im Altvatergebirge, unweit der Stadt Neiße, ein.

Tatitata.

»Können Sie mir sagen, wo hier der Graf Udo Toto von Moto Homo wohnt?«

»Wie meinen Sie?«

»Ob Sie mir sagen können, wo hier der Graf Udo Toto von Moto Homo wohnt.«

»Moto Homo, die Gummipuppe vom Zirkus Renz?«

»Nein, Moto Homo, der Graf aus Kosbuchna.«

»Ein Graf aus Kosbuchna soll in Ziegenhals wohnen?«

Der Befragte kicherte und ging von dannen.

»Blödsinniger Glatzer Natzla ...«, murmelte Kaczmarek.

Und er wiederholte seine Frage bei einem andern.

»Soso ... Sie sind Oberschlesier? Na, wie ist das dort unten bei euch? Immer feste die Polacken umbringen. Richtig so. Immer feste.«

Kaczmarek ließ ihn reden, antwortete indes nicht und fragte erneut: »Können Sie mir sagen, wo der Graf Udo Toto von Moto Homo wohnt?«

»Nein, leider. Kann ich nicht sagen.«

Und er fragte einen Dritten. Vierten. Die wußten es alle nicht.

Da ging er aufs Rathaus.

»Können Sie mir sagen ...«

»... Ist hier nicht gemeldet. Nur ein Graf Moto Homsky aus Kosbuchna.«

»Hm.«

»Und wo wohnt der Graf Moto Homsky?«

»Kleine Wiesenau.«

»Danke.«

Kaczmarek begab sich mit seinem räudigen Hund zur Kleinen Wiesenau, und sie legten sich beide ins Gras, das da vor der Villa herumwuchs.

Der Holzberg spendete harzige Luft ihren Nasen, und Kaczmarek sprach zum räudigen Hund: »Du verstehst doch auch etwas von Bergen. Schau doch diese herrliche durchsichtige Luft an.«

»Luft ist immer durchsichtig ...«, sprach der räudige Hund, »außerdem ist durchsichtige Luft eine Erfindung für Vaterlandsretter.«

Dann schauten sie beide in die durchsichtige Luft.

»Ich habe vor, hier die Luft dick zu machen ...«, erwiderte Kaczmarek.

»Tu das ...«, sprach der räudige Hund.

»Also, du bleibst hier liegen und paßt gut auf. Ich gehe jetzt auf die Hofseite, mal schauen.«

Kaczmarek umging das ganze Haus und orientierte sich.

Am Abend, als die unwiderstehlichen, reizvollen Berge näherrückten und noch mehr durchsichtige Luft spendeten als sonst ... erschien Udo Toto, neben ihm seine herrlichblonde Jolandabombina, am Fenster, öffnete es und schaute den Holzberg an, die göttliche Luft genießend. –

»Ist er das ...?« fragte der räudige Hund.

»Ja ..., das ist er ...«, antwortete Kaczmarek.

Alsdann schlich sich Kaczmarek leise zur Hofseite und nahm aus seinem Wagen etwas mit.

Nach einer Stunde kam er wieder zum räudigen Hund: »Räudiger Hund. Bei unserem Heiland Jesus Christus ... Lassen wir den Udo am Leben! Gib mal Packpapier her.«

Räudiger Hund holte aus dem Wagen Packpapier.

Darin verpackten sie das Dynamit, und der räudige Hund machte von sich aus noch etwas rein. Dann schnürten sie das Paket zu.

Kaczmarek nahm seinen Bleistift, ein Stück Papier und schrieb:

»An den Edlen und preußischen Junker Udo Toto von Moto Homo, residierend auf Kosbuchna.
Hier sende ich Ihnen die Osthilfe.
Kaschpar Theophil Kaczmarek.«

Kaczmarek klingelte am Gartentor. Ein allerliebstes Zöfchen erschien und nahm das Paket dankend entgegen.

»Hast du Phantasie, räudiger Hund ...?« fragte ihn Kaczmarek.

»O ja.« –

»Überlege mal, wie die Villa geflogen wäre samt ihren Rokoko- und sonstigen Möbeln, Ofenrohren, Klavieren und Zimbeln.«

»Und die Luft wäre eine Weile undurchsichtig ...«, pflichtete der räudige Hund bei.

»Und er wäre im Himmel seiner Schweine und Säue.«

»Wer?«

»Na, der Filou.«

»Was ist ein Filou?«

»Ein Filou ist ein Mensch, der an Gott glaubt ...«, meinte Kaczmarek, und dann fuhren sie in den herrlichen Altvater: Soupieren.

Tatitata.

## Tatitata

Den Sonntag darauf, als die Menschen am frühen Morgen aus den fürstlichen Walddörfern zur Messe ins Dorf Bolatitz zogen, sahen sie den Kaczmarek samt seinem räudigen Hund und dem Wagen im Walde stehen, unweit der edlen Douglastanne, wo man durch eine Lichtung hinausschauen kann nach Deutschland.

Aus allen Dörfern ringsumher läuteten die Glocken den Sonntagmorgen ein, und diese Gottesmusik wogte hin über die Grenzen des Reichs, durch die Wälder, fernab zum Oderfluß und Oppafluß, wo treudeutsche Menschen ehrlich und brav ihre Pflicht erfüllen als Deutsche und als Menschen. –

Während des Hochamts in der großmächtigen Pfarrkirche von Bolatitz schritt bald danach Kaczmarek im verwehenden Orgeltakt über den Naplatkihügel, auf dessen Abhang diese Kirche steht und zu sehen ist im weiten Oppatal.

Es erhob sich plötzlich ein schwerer Sturm von den Beskidenbergen her.

Kaczmarek samt seinem räudigen Hund, nebst Laura, seinem Wagen, marschierte in den Sturm hinein.

Erst verschwanden seine Stiefel. Dann sein Rumpf. Dann sein Kopf. Zuletzt seine lange Fasanenfeder, die am Spitzhut immer triumphierte, wovon bisher leider nicht die Rede war. In der Ferne verwehte noch ein Pfiff.

Tatitata.

Dann kam noch ein Orgelmusikfetzen nachgeschlichen.

Dann bellte der räudige Hund noch einmal zum Abschied, aber so gewaltig, daß es dröhnte, gleich dem Donner eines Odertalgewitters.

Dann war alles aus.

## Ostwind

Wind aus dem Osten, schau mich an!

Meine Hände sind leer und ich bereit zu sterben um die Wahrheit.

Gibt es ein Vaterland für dich, Wind aus dem Osten ... für dein Wehen, Wind aus dem Osten, dann schau mich.

In den Steppen deines Ursprungs suche ich dich ..., Wind ...

Wind aus dem Osten.

In der Wiege der Menschheit singst du, Hauch eines Wüstensohnes ..., Wind ... Wind aus dem Osten.

Meine Hände sind leer und ich bereit zu sterben um die Wahrheit ..., Wind ... Wind aus dem Osten.

Die Flächen meiner Erkenntnis sind rauh. Die Steppen deiner Kindheit aber sind eben ..., Wind ... Wind aus dem Osten.

Ich irre auf meinen eigenen Flächen. Versinke in mir,

und in den Grüften meiner Natur weht dein Gesang ..., Wind ... Wind aus dem Osten.

Wind ... herrlicher Wind aus dem Osten, schau mich an. Auf dem Kirchturm meiner Kindheit bin ich stehengeblieben und schaue nach dir im Horizont, Wind ... Wind ... herrlicher Wind aus dem Osten.

Durch meinen Kirchturm ziehst du deinen ewigen Weg und ich schaue dir nach gen Westen ..., Wind ... kleiner herrlicher Wind aus dem Osten ..., schau mich an.

Ich sehe vom Kirchturm meiner Kindheit ... die Oder ..., den Fluß meiner Heimat, wie er schwingt ... schwingt, gleich dem Pendel einer Riesenuhr, die die Zeiten schlägt: Mitteleuropa.

Gen Westen im Wind des Ostens.

Gen Osten im Wind des Westens.

Ticktack.

Die Butzenscheibe dieser Riesenuhr ... dieses Oderpendels ..., das ist sie: meine kleine Heimat Oberschlesien ..., voll des einfältigen Glaubens ..., voll der grandiosen Trauer ..., voll der unendlichen Freude ..., voll des albernen Teufels ..., voll der unerquicklichen Schmach ..., voll des entsetzlichsten Unrechts ...

Wind ... allerherrlichster Wind aus dem Osten ..., schau mich an.

Es schwankt mein Kirchturm und wankt.

Und wir sausen mit dir, Wind aus dem Osten. Wir schwingen mit dir gen Westen, Wind aus dem Osten.

Denn, ach wie herrlich ist Westen.–

Wind ... aus dem Osten, schau mich an.

Es schwankt mein Kirchturm und wankt.

Und wir fahren dir entgegen in den Osten. Und du pfeifst uns entgegen und singst: Ticktack.

Meine Hände aber sind leer. Und ich weine vor Freude und bin bereit zu sterben für dich, Wind ... Wind ... allerherrlichster Wind aus dem Osten.

Ticktack.

# Nachwort

Wer erinnert sich noch an den Namen August Scholtis? Eines deutschen Schriftstellers, 1901 im schlesisch-mährischen Bolatitz geboren, 1969 in Berlin verarmt gestorben. Er veröffentlichte als 31jähriger seinen ersten Roman ›Ostwind‹ bei S. Fischer; sein letztes Buch ›Die Reise nach Polen‹ erschien 1962. Ein abgeschlossener Roman ›Schloß Fürstenkron‹ befindet sich, noch unveröffentlicht, im Nachlaß-Archiv der Berliner Akademie der Künste. Scholtis ist heute so gut wie vergessen. Und doch ist er einer der originärsten Schriftsteller deutscher Sprache. Mit ihm ist noch eine Entdeckung zu machen. Vor allem mit dem Roman ›Ostwind‹.

Jedes Buch hat seine Zeit, sagt man. Dieses Buch hatte keine. Es erschien im Herbst 1932 als Debüt eines jungen, gänzlich unbekannten Autors. Immerhin bei S. Fischer. Es bekam ein paar erste, zögernde Kritiken und Ermunterungen, von Ihering, Fechter und Bruno E. Werner. Doch bevor es in seiner ganzen Thematik überhaupt diskutiert werden konnte, war es im Januar 1933 bereits verboten. Obwohl Scholtis damals in einer Art schöpferischen Schubs innerhalb weniger Jahre fünf Romane herausschleuderte, nützte das wenig seiner Reputation. Denn ›Baba und ihre Kinder‹ (1934) und ›Jas, der Flieger‹ (1935) erschienen bei Bruno Cassirer, einem jüdischen Verlag, wo Max Tau als Lektor wirkte, dem auch der junge Wolfgang Koeppen seine Manuskripte übergab.

Bücher aus jüdischen Verlagen wurden damals kaum noch besprochen und hatten keine größere Verbreitung mehr. Wenig später erhielt Scholtis auch Schreibverbot. Er hat dann, später, noch zwei Romane veröffentlicht, und nach dem Krieg Erzählungen und Novellen, die, wie etwa ›Die Zauberkrücke‹ als Beispiel eines phantastischen Realismus gesehen wurden, aber sie konnten nur kurze Zeit darüber hinwegtäuschen, daß Scholtis' schöpferische Kraft in den Zwängen der Nazizeit zerbrochen ist.

›Ostwind‹ ist auf seine Weise – ja, ich scheue mich nicht, das zu sagen – ein Geniestück. Oskar Loerke, der das Buch für S. Fischer lektorierte, muß das geahnt haben. Er schrieb in sein Tagebuch darüber: »Ein merkwürdiges Buch, teils roh und dilettantisch, teils von volkstümlich ergreifender dichterischer Kraft.«

In ›Ostwind‹ war ein ganz neuer Ton. Die zornige, aufrührerische Gestik des späten Expressionismus wird überwunden von der kühlen Vivisektion der neuen Sachlichkeit. Und durchgehend die glühende, litaneihafte Mystik der östlichen Erde. Schnoddrig, frech, trocken, humorvoll und in grotesker Übertreibung erzählt. Ganz anders als Bronnen in seinem spektakulären Roman ›O/S‹, der drei Jahre vorher erschienen war und Schlagzeilen gemacht hatte. Das war von außen gesehen und im Grunde politischer Boulevard. Scholtis schrieb von Innen. Er kam aus jener Provinz Oberschlesien, die durch Nationalitätenhaß, religiöse Gegensätze, Aufstände, Plebiszit und schließlich Teilung für jahrelange Unruhe in Deutschland gesorgt hatte. Er kam aus dem mährischen Teil, den sich die Tschechen einverleibt hatten und der zwischen den Kriegen »Hultschiner Ländchen« genannt wurde. Er kam von der Grenze, und er wußte sein Lebtag nicht, wohin er wirklich gehörte. So wählte er auch als Motto für den Roman einen Satz von René Schickele, dem Elsässer, dem er sich in der nationalen Ambivalenz verbunden fühlte: »Mein Herz ist zu groß für ein Vaterland, und zu klein für zwei.«

Er war ein Häuslerssohn, hatte nur die Volksschule besucht, war aufgeweckt und fiel dem Fürsten Lichnowsky auf, der ihn als Kanzleischreiber in Pleß beschäftigte. Später wurde er Redakteur in Waldenburg und Gerichtsreporter in Gleiwitz. Er hat die Versammlungen der Hakatisten besucht und die des Wojciech Korfanty, er war bei den Aufständischen wie bei den Freikorps-Kämpfern, nahm an den Grubenstreiks teil und an der Abstimmung. Dann ging er nach Berlin, wo er, arbeitslos, im Nachtasyl lebte und Hamsunsche Hunger-Erfahrungen durchmachte.

Er schrieb das alles auf, besser: schrie, fluchte, betete und heulte es heraus, als ›Roman der oberschlesischen Katastrophe‹. Es war eine zornige Litanei gegen die reichen Magnaten, die chauvinistischen Politiker, die demagogischen Priester und die ideologischen Verführer – hier und dort. Zugleich ein leidenschaftliches Plädoyer für die armen, ausgebeuteten kleinen Leute, die immer und überall die Verlierer waren. »Deutsche oder Polen: Sie waren arm, auf beiden Seiten.«

Und er widmete das Buch: »dem Deutschen Volke. Ich widme es den sogenannten guten und auch den sogenannten schlechten Deutschen. Auch denen, die gegen ihr besseres Wissen dummes Zeug reden ...«

Ein Schelmenroman nach dem Vorbild des niederländischen Uylenspiegel. Solch eine Figur ist auch der Held des Buches »Kaschpar Teophil Kaczmarek, den das Dorf Tyl nannte«, ein Lumpensammler, der mit seinem Karren von Straße zu Straße, von Dorf zu Dorf, von Städtchen zu Städtchen zieht, durch das ganze Oberschlesien und Zweisprachenland, ein tumber Tor. In Wahrheit ein Schelm, ein Narr, ja, ein Weiser. Er schlägt nicht die Blechtrommel, aber er bläst in die Blechtrompete, und wo er sein Tatitata ertönen läßt, kommen die Leute zusammen, vor allem die Kinder und Halbwüchsigen, die schon immer die Sprache der Narren besser verstanden. Geboren wurde dieser Kaczmarek von Milka Balzerova, die sich auf dem Heimweg vom Wallfahrtsort Czenstochau zum Sterben in einen Chausseegraben legt und dabei das Knäblein zwischen ihren Beinen ausstößt. Tatitata!

Das könnte von Grass sein. Ist aber 25 Jahre früher. Und so sprachmächtig fängt das an: »Emilia, von den Kundigen Milka Balzerova genannt, Landstreicherin im Namen der allerheiligsten Jungfrau Maria von Czenstochau: Dreckig. Speckig. Klein von Wuchs. Gedrungen von Gestalt. Gedunsen von Gesicht. Weichselzöpfig. Krätzig zwischen den Fingern. Tochter des längst in Gott abgetretenen totgeprügelten Leibeigenen, Freiheitskriegers und Ackerknechtes zunamens Balzer, brach alljährlich entschlossen, einsam und allein gen Czenstochau auf, dem berühmten Wallfahrtsort im Russisch-Polnischen, um dort der schwarzen, wundertätigen lieben Frau zu danken, für abgewendete Epilepsie, etwelche ihr ungarische Honvedhusaren 1866 mutig tapfer und fürs Vaterland, unweit Ratibor, nahe dem Österreichischen, in den dreckigen Leib gehauen . . .«

Kaczmarek ist aus jenem Brotteig gemacht, der im Volke gärt. Aber er ist kein Schwejk. Ihm ist das Lachen längst vergangen. Er redet sich nicht um das Leben. Er redet überhaupt mit den Tieren lieber als mit den Menschen. Oder gleich mit der Mutter Maria. Und er streitet mit dem Teufel, der übrigens (ebenso wie der völkische Lehrer mit dem Namen Larrifarri) stets mit dem Faschistengruß grüßt. (Das allein hätte schon für die Nazis ein Grund sein müssen, das Buch zu verbieten.)

Kaczmarek ist einer, der gelernt hat, zwischen den Fronten zu leben, zwischen den Sprachen, zwischen den Göttern. Zwischen Mensch und Tier. Zwischen Mensch und Natur. Er muß sich anpassen. Mit List. Mit Verschlagenheit. Und mit Tücke auch. Hauptsächlich aber mit Mutterwitz. Er wechselt auch schon mal die Fronten, wechselt die Sprachen, wechselt die Götter. So kommt er durch Krieg, Abstimmung, Inflation. Wenn auch oft genug mit Blessuren.

So konnte Kaczmarek zu einem Typ werden, ja, zu einem Begriff. Ihn gibt es auch heute noch. Ich sehe ihn vor mir, während der Nazizeit, im Nachkrieg, im heutigen Polen. Der Lumpensammler, der sich mit der Blechtrompete ankündigt. Tatitata! Der die Ideologien durchschaut. Der die Phrasen durchlöchert. Der das Pathos lächerlich macht.

Dieser Lebensweg des Kaczmarek durch ein reales und phantastisches Oberschlesien der Kaiserzeit, der Wojciech-Zeit und der Irredenta, wird nicht chronologisch erzählt, sondern sprunghaft, willkürlich, eruptiv, zerrissen – eine Inszenierung in Bildern, Episoden, Anbetungen, Anrufungen, Beschwörungen, Litaneien. Eine Kompositionstechnik, die, wie Hans Schwab-Felisch 1964 feststellte, »heute moderner wirkt als zur Zeit ihres Erscheinens«. Ich möchte sagen: die erst heute in ihrer Kühnheit und Modernität begriffen werden kann.

Das gleiche gilt für die politische Aussage. Sie war damals wohl zugedeckt durch die fabulöse, sur-reale Handlung. Wenn man von Handlung überhaupt sprechen kann. Heute wird deutlich, daß ›Ostwind‹ auch ein eminent politischer Roman ist. Mit Scharfblick und Hellsicht hat Scholtis schon damals hinter dem Nationalitätenhaß die Konflikte als das erkannt, was sie tatsächlich waren: der Kampf zwischen Reich und Arm, zwischen Besitzenden und Besitzlosen, zwischen der vermeintlichen Herrenrasse und den sogenannten »Wasserpolacken«. Deshalb nimmt er auch nicht eindeutig Stellung für Polen oder für Deutschland, für Katholizismus oder Preußentum. Diese Unentschiedenheit, die in Wahrheit ein Plädoyer für das Changierende, stets sich Verändernde ist, haben ihm alle, die an Grundsätze und Standpunkte glauben, übelgenommen. Bis heute. Auch die vertriebenen Schlesier. Die ihn doch als den Kronzeugen ihrer zerrissenen, ambivalenten Seele anerkennen müßten, haben Scholtis zwar im Deutschlandhaus in Berlin ein museales Zimmer eingerichtet, ihn aber nicht wirklich angenommen.

Achtunddreißig Jahre nach der ersten Ausgabe ist ›Ostwind‹ 1970 noch einmal erschienen. Diese Neuausgabe, bei der unverständlicherweise die furiose Widmung fehlte, ist nahezu ohne Echo geblieben.

Ich habe den Roman erst spät gelesen. Aber dann mehrfach. Für mich, als einen späten Nachfahren dieser Welt, war er, natürlich, weit über das Literarische hinaus, interessant, ja, erregend und aufregend. Ein Spiegelbild meiner Herkunft. So vieles, was im Vagen, im Ungenauen geblieben war, wurde mir durch dieses Buch plötzlich klar und deutlich. Aber ich glaube, darüber hinaus ist es ein literarisches Dokument deutscher Geschichte. Ein beredtes Zeugnis unserer zerrissenen Vergangenheit. Und es ist vor allem ein ganz originäres Kunstwerk. Ein sprachmächtiges Beispiel für jene Epoche des Übergangs vom Expressionismus zur Neuen Sachlichkeit. Eine Anarchie des Erzählens, wofür es beim frühen Céline Parallelen gibt und bei Cendrars, aber nicht in der deutschen Literatur. Und das will etwas heißen.

Scholtis hat den Anschluß an die Nachkriegsliteratur nicht gefunden. Die Novellen und Erzählungen, die noch vor der Währungsreform erschienen, wurden nur wenig beachtet. Dann ging sein Verlag, der Berliner Chronos-Verlag, pleite, und niemand wollte mehr etwas von ihm drucken. Auch seinen letzten Roman nicht, ›Schloß Fürstenkron‹, an dem er zehn Jahre lang gearbeitet hat. Da erreichte ihn vom List-Verlag in München, der sich auf Memoiren spezialisieren wollte, die Anfrage, ob er nicht seine Erinnerungen aufschreiben wolle. Er tat es, und das Buch erschien 1959 unter dem Titel ›Ein Herr aus Bolatitz‹, eine Anspielung auf ein Werk des von ihm verehrten Alexander Lernet-Holenia, ›Ein junger Herr aus Polen‹.

Obwohl er einer armen Häusler-Familie entstammte, war er doch ein Herr geworden. Ja, das war er! Er sprach ein alarmierendes Oberschlesisch mit rollendem r und langgequetschtem i – er wollte seine Herkunft ja niemals verleugnen. Er zeichnete sich durch besondere Korrektheit aus. Er trug, auch zu Haus, stets einen Anzug und ein blütenweißes Ziertuch in der oberen Revers-Tasche.

Ich habe ihn einmal in seiner Steglitzer Wohnung besucht. Ich erinnere mich nur, daß da ein riesiger Konzertflügel alles andere verdrängte. (Laut seinen Erinnerungen hat er ja eine Zeitlang sein Leben als Barpianist bestritten.) Ansonsten lagen überall, aber wirklich überall, Zeitungen herum, auf jedem freien Platz, im Flur, in der Küche, ja sogar im Klo, so hohe Zeitungsstapel, daß ich befürchtete, eines Tages müßte der Estrich unter der Last dieser Papiermengen einstürzen.

Scholtis war ein leidenschaftlicher Zeitungsleser. Freilich konnte man meinen, er kaufe Zeitungen nur, um sich über ihre Schlagzeilen zu empören. Denn immer, wenn man ihm begegnete, versetzte er einen in einen heftigen Disput über die aktuellsten Nachrichten und schrie dabei seinen ganzen Unmut und Protest heraus. Ich hatte das (etwas deprimierende) Gefühl, daß er in den letzten Jahren am intellektuellen Streit mehr Lust hatte, als an seiner eigenen schöpferischen Arbeit. Die Briefe würden es bezeugen. Denn er schrieb am Schluß fast nur noch Briefe, heftige, passionierte, empörte, attackierende, ja, und beleidigende. Er hat mir davon erzählt. Vielleicht bringt ein Verlag einmal seine Briefe heraus. Es ging ihm finanziell sehr schlecht in diesen Jahren. Ingeborg Drewitz hat mir erzählt, daß Scholtis vom Berliner Senat eine laufende Unterstützung bekommen sollte. Dazu mußte er in einem Fragebogen seine Einkünfte angeben. Da er sich genierte, einfach »nichts« hinzuschreiben (oder, um mit seinen Worten zu reden: pschczynna, was heißt etwa so viel wie Null Komma nischt), fügte er eine erfundene, eher beträchtliche Summe ein. Worauf man ihn beim Senat stillschweigend von der Bedürftigen-Liste strich.

Er starb 1969. Seine letzte Sekretärin, ja man kann sagen: Sympathisantin, Freundin, saß auf seinem Nachlaß und gab erst einmal nichts heraus. Sie hatte jahrelang für ihn getippt, ohne einen Pfennig dafür bekommen zu haben. Nun wollte sie ein paar Mark aus der Hinterlassenschaft. Als die Berliner Akademie der Künste, deren Mitglied Scholtis gewesen war, den Nachlaß haben wollte, stellte sie ziemlich unrealistische Geldforderungen. Man hat sich schließlich geeinigt, und nun liegt der Nachlaß bei der Akademie.

Und jüngst geschah etwas, was wahrhaftig eine literarische Überraschung genannt werden darf. Wolfgang Koeppen, ein alter Freund von Scholtis, brachte mir ein Buch von ihm, mit dem Titel ›Jas, der Flieger‹, 1935 bei Cassirer erschienen. Er selbst hatte es erst vor ein paar Tagen von einem Leser zugeschickt bekommen. Es war ihm bis dahin gänzlich unbekannt gewesen. Er war zwar in dieser Zeit im freiwilligen Exil in Holland, aber er hatte nach seiner Rückkehr Scholtis oft genug gesehen und mit ihm gesprochen, ebenso wie mit ihrer beider Lektor Max Tau, der erst 1939 nach Norwegen emigriert war. Nie war von diesem Roman die Rede gewesen. Der Titel taucht auch nur in einigen Bibliographien auf. Und – es wird immer mysteriöser – in den Erinnerungen erwähnt Scholtis das Werk mit keinem Wort. Koeppen und ich, wir dachten gleich, vielleicht hat er den Roman verschwiegen, weil er ein wenig braun angehaucht ist. Ich las ihn also sofort, in zwei Nächten, Seite für Seite. Nicht ein Satz, nicht ein Wort darin macht eine Konzession an die neuen Machthaber. Im Gegenteil. Es ist ein geradezu anarchisches Buch, das vom wilden, schäumenden, faszinierenden Rhythmus der Asphaltstadt Berlin erzählt, hauptsächlich von den Schattenseiten, vom Elend und von der Armut, aber auch vom Triumph des gesteigerten Lebens.

Es ist Scholtis' eigene Biographie, wie er sie, nüchtern, in den ›Erinnerungen‹ streift. Als er nämlich von Schlesien nach Berlin ging, sich nachts in den Asylen herumtrieb und tagsüber in den Lesesälen der Bibliotheken, wo er sich bildete und vom Ruhm der Literatur träumte. Ja, das genau ist auch das Thema von ›Jas, der Flieger‹ – in eine phantastische Erzählung gekleidet. Die Beschreibung der Symphonie einer Großstadt – es gibt (außer bei Döblin) nichts im deutschen Roman, was diese Inflations- und Wirtschaftskrisen-Zeit so genau einfängt.

Scholtis ist ein durchaus singulärer Autor. Die Romane der Dreißiger Jahre sind ein Beweis dafür. Heute vielleicht sogar ein deutlicherer als vordem. Karl Korn hat 1959 in der ›FAZ‹ Scholtis' »kräftige, pralle, breughelisch scharf gezeichnete Bolatitzer Volkswelt« gelobt und seinen Platz in der deutschen Literatur hervorgehoben: »Da rühmt man den Schwejk und ergötzt sich – mit Recht – an den weiter östlich sitzenden Prachtmenschen der Joseph Roth und Rezzori, und weiß nicht, daß unser deutscher, in West-Berlin ziemlich einsiedlerisch, aber unentwegt losen Mundwerks und hellen Kopfs dahinlebender August Scholtis es mit denen allen an innerer und äußerer Souveränität, an Scharfsinn und schriftstellerischer Begabung aufnehmen kann.«

Wir können es uns gar nicht leisten, einen solchen Autor zu vergessen. Ein großer Realist ist zu entdecken. Und ein großer Phantast. Beides zusammen ist in unserer Literatur selten genug. Hier haben wir es.

Horst Bienek

# Erinnerungs-Literatur bei Limes

Ein Zeugnis menschlicher Schicksale während des Zweiten Weltkriegs und ein wesentlicher Beitrag zum Verständnis zwischen den Völkern.

312 Seiten

Schicksalsjahr 1945

Ein packender Roman zur Zeitgeschichte aus eigenem Erleben.

ca. 100 Seiten

# Siegfried Lenz

»...gehört nicht nur zu den ohnehin raren großen Erzählern in deutscher Sprache, sondern darüber hinaus auch noch zu den ganz wenigen, die Humor haben...«
(Rudolf Walter Leonhardt)

dtv 7163

dtv 276

dtv 336

dtv 600

1381/großdruck 2576

1445/großdruck 2571